국가가 보지 못한
국민들

국가가 보지 못한 국민들

17분의 1 작은 대한민국

함윤호 지음

프롤로그   인간의 존엄과 언론의 역할   8

1장 소수의 목소리

1	남원 부자 자살 사건	15
2	리싸이클링타운 노조 파업	19
3	장애인 이동권	22
4	65세 중증 장애인 활동 보조인	24
5	장애인의 집 인권 침해와 노동력 착취	25
6	학교 비정규직 노동자들이 거리로 나선 이유	29
7	상용직 노동자들	32
8	시설 폐쇄 명령 내려진 장애인의 집	34
9	대중교통 장애인 이동권	38
10	경비원 노동자들	42
11	학교 돌봄전담사	45
12	그림자 노동 간병인	48
13	발달장애인 센터 사각지대	51
14	돌봄전담사 돌봄 기본법	56
15	휴게소 노동자들	60
16	리싸이클링타운의 파업이 반복되는 이유	63
17	학교 비정규직 연대회의 권리 쟁취	66
18	대출 상환 못하는 소상공인들	71
19	가습기 살균제 피해자들	75
20	보훈 대상자와 가족들의 삶	78
21	떠나는 학교 급식 노동자들	81

| | 22 | 학교 안 예술강사들의 생계 호소 | 85 |

2장 삶의 현장

	1	하수관거 현장	91
	2	한빛원전 사고 이후	95
	3	GM 군산 공장 떠나는 노동자들	99
	4	공공어린이재활병원	102
	5	폐기물 유출과 주민	104
	6	내기마을의 여전한 고통	107
	7	소각 시설 건립 반대하는 주민들	110
	8	돼지 농장 재가동 반대하는 주민들	114
	9	아파트에 입주하지 못하는 주민들	117
	10	코로나19 의료 현장	120
	11	코로나19 실업급여	125
	12	수마가 할퀴고 간 현장	129
	13	코로나19 속 의료 종사자	133
	14	민식이법 시행 1년	137
	15	코로나 직격탄 맞은 소상공인들	139
	16	반복되는 쓰레기 대란	143
	17	성매매 집결지에서 여성 인권 공간으로	146
	18	수확 앞둔 벼 병해 확산	150
	19	요소수 품귀 현상	154
	20	특성화고 현장실습 현주소	158

21	아파트 건설 현장 안전검사	162
22	익산 장점마을 집단 암 발병	167
23	전주 천변 벌목 현장	171
24	바닥으로 떨어진 교권	175
25	세계 스카우트 잼버리 1	178
26	원전 오염수 방류 논란	182
27	세계 스카우트 잼버리 2	185
28	신탁 전세 사기 피해자들	189
29	아수라장 된 수해 현장	192
30	송전선로 건설에 반대하는 주민들	195
31	지리산 산악열차 찬반	199
32	무주 산불 진화대	203

3장 지역의 위기와 현실

1	전주 한옥마을	209
2	귀농귀촌 동상이몽	213
3	로컬푸드 공동체 부엌	217
4	암 발병 장점마을	220
5	임실 조월마을 환경인상	223
6	태양광이 삼킨 마을	227
7	동학농민혁명 유적지	229
8	태양광과 주민들	232
9	새만금 국제공항 찬반 논란	235

10	전통시장과 청년몰	239
11	인 서울에서 인 완주	243
12	77년 역사 비안도초등학교 폐교	246
13	전기도 수도도 없는 마을	250
14	노인 고독사	254
15	벚꽃 엔딩 지방 대학	257
16	외국인 계절노동자	261
17	선유도초등학교 휴교	265
18	안전한 스쿨존	269
19	자전거도로 조성 중 중단	273
20	수신료와 공영방송의 가치	276
21	전통시장 청년몰 쇠퇴	279
22	존폐 기로에 선 농촌 학교	282
23	문 닫는 막걸리 골목	286
24	생명평화의 길을 걷다, 도법 스님	289
25	2036 하계 올림픽 전주	293
26	길바닥 신부 문규현	297
27	협력업체의 기적	299
28	강준만 교수에게 묻는 지역의 미래	303

	감사의 글	308

프롤로그
인간의 존엄과 언론의 역할

국가는 언제나 국민을 말합니다. 그러나 국가가 보지 못하는 국민이 많습니다. 국가의 시선이 닿지 않는 곳에서 그 존재가 가려지고 지워진 사람들, 국가가 유야무야 외면하는 사람들, 이 책은 바로 그들의 이야기입니다.

국가란 무엇일까요? 그리고 국민이란 어떤 존재일까요? 이 책이 던지는 질문은 단순한 사회적 수사가 아니라, 우리가 너무도 쉽게 간과해 온 현실에 대한 본질적인 물음입니다.

경제 성장과 민주주의, 복지국가의 표면 아래 여전히 제도 밖에서 살아가는 이들이 있습니다. 장애인, 비정규직, 이주노동자, 돌봄 노동자, 고령 빈곤층, 그리고 이름조차 분류되지 못하는 사람들. 이 책이 기록하는 것은 정치와 행정, 복지의 사각지대에 놓인 우리 사회의 그늘이기도 합니다.

저는 지금도 마이크를 들고 방송국을 처음 나섰던 그날을 잊지 못합니다. 뉴스 스튜디오 안에서 '말'로만 세상을 전하던 제가 처음으로 '현장'과 만난 순간이었습니다. 이 책에는 제가 KBS 전주방송총국에서 근무한 20여 년 동안 현장에서 만난 이들의 이야기가 담겨 있습니다.

책의 제목을 뒷받침하는 문구인 '17분의 1 작은 대한민국'은 17개 광역지방자치단체 중 하나인 '전북'(현 전북특별자치도)을 가리킵니다. 17분의 1이라는 수치 속에는 중심에서 밀려나 있는 한 지역의 현실, 그리고 여전히 존재를 증명해야만 하는 이들의 삶이 녹아 있습니다. 전북의 현실은 곧 대한민국의 축소판이기도 합니다.

저는 KBS 전주방송총국 제1라디오의 〈패트롤 전북〉을 진행하고 있습니다. 1996년 11월 4일부터 30년 동안 이어온 이 프로그램은 라디오 방송 시간 중 황금 시간대인 아침 8시 30분부터 8시 58분까지 방송됩니다. 주로 정치와 경제 분야의 주요 이슈를 다루고, 인물에 초점을 맞추고 있습니다. 15년째 이 프로그램과 함께하면서 저는 지역의 하루하루를 가장 가까운 곳에서 바라볼 수 있었습니다.

그중에서도 제가 가장 애정을 쏟는 코너가 '함앵커가 간다'입니다. 이 코너는 2017년과 2018년 전국언론노동조합이 파업하는 동안 우리 회사가 다루었던 '적폐 청산'이라는 담론 속에 지역의 담론이 빠져 있다는 아쉬움에서 시작했습니다. 제 성씨인 '함(다 함, 咸)'의 의미처럼 '모두가 함께한다'는 의미와 '앵커'라는 언론 본연의 기능, '간다'라는 실천이라는 의미를 담고 있습니다.

"여기까지 찾아와줄 줄은 몰랐어요"라고 했던 출연자들의 말이 저를 계속 현장으로 향하게 했습니다. 이 책의 뼈대가 된 이야기들은 모두 그 현장에서 태어났습니다.

저는 거창한 영향력이나 바람을 기대하지 않습니다. 이 책을 통해 한 사람의 시선을 1도만 바꿀 수 있다면 그것으로 충분하다고 생각합니다. 마이크를 들고 서 있던 수많은 순간들, 땀과 눈물, 그리고 소리 없는 외침들. 누군가는 스쳐갔겠지만, 저에게는 결코 가볍지 않은 이야기들이었습니다. 전북이라는 공간에서 저는 매일같이 작은 땅이 얼마나 큰 삶을 품고 있는지 확인했습니다.

그래서 저는 늘 현장으로 갔습니다. 스튜디오 대신 농촌의 좁은 골목으로, 멈춘 공장의 산업단지로, 화재 현장과 무너진 건설 현장으로. 20년 동안 붙잡았던 단 하나의 신념은 '소외된 목소리를 가려서는 안 된다'는 것이었습니다. 언론이 제 역할을 다한다는 것은 결국 현장의 눈높이에서 세상을 바라보는 일입니다.

지역 방송은 때로 작고 왜소해 보입니다. 하지만 저는 확신합니다. 지역 방송이야말로 진짜 언론의 뿌리라는 것을. 진짜 방송의 힘은 규모에 있지 않다는 것을.

지역 방송은 바로 이곳 사람들을 위한 유일한 목소리이며, 소수의 이야기가 다수에 묻히지 않고 살아 숨 쉬게 하는 공기와도 같습니다. 전북이 겪는 위기와 좌절, 그리고 그 속에서도 꺼지지 않는 희망을 가장 가까운 자리에서 기록하는 역할. 누군가의 삶을 외면하지 않고, 그 삶이 사회의 변두리로 밀려나지 않도록 기록하는 것. 그것이야말로 지역 언론이 존재해야 할 이유이자 제가 현장으로 나가는 이유입니다.

저는 수많은 인터뷰를 기억합니다. 밤을 지새운 분양자들의 절규, 무너진 현장에서 기계를 멈추고 서 있던 노동자의 굳은 얼굴, 빚더미 앞에서도 웃음을 잃지 않던 소상공인의 떨리는 눈빛. 모두가 "내 이야기를 들어달라"고 말하고 있었습니다. 그 목소리를 외면하지 않기 위해 저는 마이크를 들고 그 자리에 섰습니다. 그들의 목소리가 바로 이 책의 문장으로 살아 숨 쉬고 있습니다. 그 순간들의 현장감을 생생히 전하기 위해 이 책에서는 인터뷰 당시의 시점을 그대로 살렸다는 점을 말씀드립니다.

언론은 '권력 감시'라는 거대한 사명으로만 이야기되지만, 저는 그것이 전부는 아니라고 생각합니다. 언론의 역할은 거창한 권력의 언어를 좇는 것에 있지 않습니다. 길모퉁이 작은 가게의 주인, 농사짓는 어르신, 마을버스를 타는 학생, 아침마다 시장에서 생선을 손질하는 상인의 목소리, 비정규직, 특수 노동자, 경력 단절 여성, 구직을 원하는 청년, 이들의 목소리를 세상 앞에 올려놓는 것. 그것이야말로 언론의 뿌리이자 존재 이유입니다.

이 책은 거대한 담론이 아닌 오히려 가장 작은 이야기, 가장 낮은 목소리, 가장 눈에 띄지 않는 삶에 대한 기록입니다. 저는 믿습니다. 이 작은 목소리가 모여 세상을 바꿀 수 있다는 것을. 소수가 침묵하지 않을 때, 다수의 풍경 또한 달라진다는 것을. 언론이 그 다리를 놓을 때, 지역은 결코 고립되지 않고 더 큰 대한민국 속에서 자신의 자리를 지켜낼 수 있다는 것을.

이 책이 누군가의 마음에 작은 울림이 되어, 소외된 이들의 목소리가 결코 사라지지 않도록 기억되기를 바랍니다.

2025년 11월

함윤호

1장
소수의 목소리

1
남원 부자 자살 사건

이른 새벽, 아직 어둠이 가시지 않은 시간에 동충동 주민센터 앞에 도착했다. 이곳은 남원에서 발생한 아버지와 아들의 자살 사건과 관련이 깊은 곳이다. 주민센터 조환희 동장을 만나 이야기를 나누기로 했다. 주민센터로 들어서니 고요한 분위기 속에서도 분주한 손길들이 바쁘게 움직였다. 어쩌면 이곳에서 일하는 사회복지사들은 매일같이 이러한 사건을 마주해야 할지도 모른다. 조 동장은 사건에 대한 이야기를 꺼내며 깊은 한숨을 내쉬었다.

조 동장은 올해만 해도 그 부자가 주민센터를 찾아와 여섯 차례나 상담을 받았다고 말했다. 그 과정에서 그들이 겪고 있는 경제적 어려움과 건강 문제, 정신적인 고통에 대한 이야기를 들었다고 한다. 하지만 결국 도움을 받지 못한 채 비극적인 결말을 맞이한 것이다. 사회복지사들은 두 명

뿐이었고, 그들이 담당해야 할 저소득층과 독거노인 가구만 해도 174세대, 독거노인은 248명에 달했다. 한 명의 복지사가 수십 명의 사람들을 돌보아야 하는 현실 속에서 세심한 관리가 어려웠을 것은 분명했다.

복지사들의 업무는 단순한 행정 처리에서 끝나지 않는다. 이들은 직접 방문하여 어르신들의 건강을 살피고, 의료 급여와 생활 지원 여부를 확인하며, 필요한 경우 추가적인 복지 혜택을 받을 수 있도록 돕는다. 하지만 방문조차 쉽지 않은 경우가 많다. 당사자가 외부와의 접촉을 꺼리는 경우도 있고, 단순히 연락이 닿지 않는 경우도 허다하다. 이번 사건에서도 마지막으로 연락이 닿은 후 한 달이 지난 뒤에야 비극이 발견되었다. 경찰 조사에 따르면, 두 사람은 그 기간 동안 아무도 찾지 않는 외로운 죽음을 맞이했다.

조 동장은 읍이나 면 단위에서는 서로의 안부를 전하며 사회적 관계망이 유지되지만, 도심에서는 이러한 체계가 부족하다고 지적했다. 단절된 사회 속에서 혼자 사는 노인들이나 경제적 어려움을 겪는 사람들이 위기를 맞았을 때, 이를 감지하고 도움을 줄 수 있는 시스템이 제대로 작동하지 않는다는 것이었다. 사회복지 인력이 턱없이 부족한 상황에서, 이 문제를 해결하기 위해서는 보다 근본적인 대책이 필요했다.

사건이 벌어진 주택을 찾았다. 허름한 집 앞에 서자 주변은 너무도 조용했다. 같은 건물에 사는 할머니를 만나 이야기를 들었다. 16년 동안 그곳에서 살아온 할머니는 이웃 부자에 대해 이야기를 꺼내며 깊은 탄식을 내쉬었다. 아버지와 아들은 늘 조용했고, 집에서 큰소리가 나는 법이 없었다고 한다. 할머니는 자신도 처음에는 그들이 그곳에서 스스로 목숨을 끊었다는 사실을 믿지 못했다고 했다. 너무도 조용한 사람들이었기에, 그렇게 극단적인 선택을 할 것이라고는 상상조차 하지 못했다.

할머니는 사건이 발생하기 전부터 그 집에서 이상한 낌새를 느꼈다고 했다. 화장실을 사용하지 않는 듯했고, 현관문도 오랫동안 닫힌 채였다. 주민센터에도 문의해보았지만 뚜렷한 답을 얻지 못했다. 결국 돌봄 서비스 담당자가 방문해서야 비로소 참혹한 광경이 발견되었다. 할머니는 동사무소에서 제공하는 복지 지원을 받으며 생활하고 있었지만, 정작 그들은 그러지 못했다. 주변의 관심이 조금만 더 있었다면 결과는 달라졌을까.

사건이 알려지면서 지역 사회에는 깊은 충격이 퍼졌다. 많은 사람들이 이러한 비극이 반복되지 않기를 바라는 마음으로 다양한 의견을 내놓았다. 어떤 이들은 복지 시스템을 개선해야 한다고 주장했고, 또 어떤 이들은 사회가 개인주의적으로 변하면서 이웃 간의 관심이 줄어든 것이 문제라고 했다.

한편으로 복지 공무원들의 인력 확충이 필요하다는 목소리도 나왔다. 현재 복지 담당 공무원들은 과중한 업무에 시달리며 하루에도 수십 명을 상대해야 한다. 하지만 공무원 증원에 대한 부정적인 시각이 여전히 존재하는 것도 사실이다. 복지를 위한 공무원 채용을 단순한 일자리 창출 정책으로 폄하하는 시각이 존재하는 한, 복지 사각지대에서 신음하는 사람들을 구하기는 어려울 것이다.

이 사건은 단순한 개인의 문제가 아니다. 사회가 해결해야 할 근본적인 문제이기도 하다. 단순히 복지 공무원을 늘리는 것만으로는 해결될 수 없는 문제일 수도 있다. 하지만 복지 사각지대를 해소하고, 고립된 사람들을 찾아내기 위한 보다 정교한 시스템이 필요하다는 점은 분명하다. 주민들 스스로가 지역 사회의 일원으로서 역할을 할 수 있도록 도와주는 것이 중요하다. 단순히 행정적 지원을 넘어서 공동체적인 돌봄 시스템이 구축되어야 한다.

남원의 한 주민은 사회적 고립을 해결하기 위해 지역 내 안부 묻기 프로그램을 운영하고 있다고 했다. 혼자 사는 어르신들에게 주기적으로 전화를 걸어 안부를 묻는 프로그램이다. 이런 작은 관심이 누군가에게는 생명을 지켜주는 일이 될 수도 있다.

하지만 여전히 많은 독거노인들은 이러한 관심조차 거부한다. 자신의 생활을 노출하고 싶어 하지 않는 사람들이 많기 때문이다. 그럼에도 불구하고 우리가 지속적으로 관심을 가져야 하는 이유는 분명하다. 그들이 스스로를 세상과 단절시키지 않도록 하는 것, 그리고 우리가 그들의 삶에 조금 더 가까이 다가가는 것이야말로 진정한 복지가 아닐까.

이번 사건을 보며 우리는 다시 한 번 질문을 던져야 한다. 사회가 개인을 어디까지 돌볼 수 있는가? 그리고 우리는 공동체의 일원으로서 어떤 역할을 해야 하는가?

단순한 시혜적인 복지를 넘어, 서로가 서로를 돌볼 수 있는 구조를 만들어 나가는 것이 중요하다. 그렇지 않으면 또 다른 부자가 같은 선택을 하는 비극이 반복될지도 모른다. 우리가 이 문제를 외면하지 않고, 더 이상 같은 일이 발생하지 않도록 해야 한다. 개인의 고통을 사회가 함께 나누는 것이야말로 진정한 공동체의 의미일 것이다.

2
리싸이클링타운 노조 파업

전주시청 앞, 천막이 자리 잡고 있었다. 23일째 파업 중이라는 문구가 걸려 있고, 그 안에는 노동자들이 앉아 있었다. 전주시 종합리싸이클링타운에서 음식물 쓰레기 처리 업무를 담당하는 노동자들이다. 그들은 고용 불안을 해결하고 노동환경을 개선하기 위해 거리로 나섰다. 나는 윤두원 부분회장을 만나 이야기를 나눴다.

그는 처음엔 사태가 이토록 길어질 거라 생각하지 못했다고 했다. 시와 태영건설이 원만하게 해결할 것이라 기대했지만, 협상이 제대로 진행되지 않으면서 결국 파업으로 이어졌다. 사측과 여덟 차례 교섭했지만 합의된 내용은 하나도 없었다. 노동조합이 요구하는 것은 단순하다. 1년 단위 계약이 아니라 고용 안정이 보장되는 형태로 전환해달라는 것이다. 하지만 태영건설 측은 명확한 답을 내놓지 않고 있고, 전주시 역시 적극적인 해결 의지를 보이지 않는다.

음식물 쓰레기 처리장의 노동환경은 상상을 초월한다. 이곳에서 하루 평균 250~400톤의 음식물 쓰레기가 처리된다. 설비는 300톤을 감당할 수 있도록 설계되었으나, 실제로는 150톤밖에 처리하지 못한다. 결국 24시간 기계가 돌아가야 하는 구조가 되었고, 노동자들은 주야 12시간 교대 근무를 해야 한다. 악취는 기본이고, 음식물이 부패하면서 발생하는 황화가스와 유해가스가 공장 안을 가득 메운다. 공장이 365일 멈추지 않고 가동되기 때문에 설비 점검이나 유지 보수가 원활히 이루어질 수 없는 현실이다.

　이곳에서 일하는 노동자들은 하루하루가 고통스럽다고 말했다. 리싸이클링타운에서 근무하는 전원식 씨는 "가족들에게도 떳떳하게 일한다고 말할 만큼 자부심이 있다"면서도, 매년 재계약을 해야 하는 불안감을 갖고는 그 자부심마저 무너질 때가 많다고 했다. 그는 여섯 살 난 딸이 있는 가장이었다. "내년에도 일을 할 수 있을까? 만약 계약이 끊기면 어디로 가야 할까?" 하는 불안이 늘 머릿속을 맴돈다고 말했다.

　이들은 노동환경을 개선해달라는 거창한 요구를 하는 것이 아니다. 단 하나, 고용의 안정성을 보장해달라는 것이다. 1년마다 계약이 갱신되면서 언제든 일자리를 잃을 수 있다는 압박감은 노동자들에게 심각한 스트레스로 다가온다. 이에 대해 태영건설 측은 회사가 운영하는 방식이라며 책임을 회피하고 있고, 전주시는 직접적인 해결 의지를 보이지 않고 있다.

　음식물 쓰레기 처리장은 단순한 공장이 아니다. 전주시 65만 시민의 음식물 쓰레기를 처리하는 중요한 공간이다. 하루라도 음식물 쓰레기를 수거하지 않으면 도시 전체가 혼란에 빠진다. 하지만 정작 그 일을 하는 노동자들은 사회적으로 투명한 존재가 되어버렸다. 그들의 노고는 쉽게 잊히고, 문제가 발생하면 가장 먼저 비난을 받는다.

　파업이 진행되면서 일부 직원들은 송천동 감량화 시설에서 파견을 나와 대체 업무를 수행하고 있다. 그러나 인력 부족으로 인해 업무 강도가 훨씬 높아졌다고 했다. 파업에 참여하지 않은 노동자 두 명은 과부하에 시달리고 있으며, 송천동에서 파견된 인력 역시 본래 담당하던 업무를 제대로 수행할 수 없는 상황이었다.

 음식물 쓰레기 처리는 단순히 기계가 자동으로 해결해주는 일이 아니다. 시민들이 배출한 쓰레기에는 온갖 이물질이 섞여 있다. 볼링공, 신발, 작업복에 심지어 동물 사체까지 음식물 쓰레기와 함께 들어온다. 이를 분리해내는 작업이 필수적이며, 이 과정에서 기계 고장이 빈번하게 발생한다. 이러한 문제를 해결하기 위해 노동자들은 더 긴 시간, 더 위험한 환경에서 일할 수밖에 없다.

 시민들은 당장 큰 불편함을 느끼지 못할 수도 있다. 하지만 음식물 쓰레기 처리장 노동자들이 일을 멈추면 도시 전체가 쓰레기로 뒤덮일 것이다. 그렇기에 이 문제는 단순히 노동자들의 문제가 아니라 시민들의 문제이기도 하다.

 나는 파업에 참여한 노동자뿐만 아니라 현장에서 대체근무를 하고 있는 직원들도 만나보았다. 그들은 파업을 이해한다고 했다. "같이 일하던 동료들이 거리로 내몰렸는데 마음이 좋을 리가 없죠." 한 직원은 이렇게 말했다. 하지만 일을 멈출 수는 없었다. 시민들이 내다 버린 쓰레기가 하루도 쉬지 않고 나오기 때문이다.

 전주시청 앞 천막에서 만난 노동자들은 더 이상 거리에서 밤을 보내고 싶지 않다고 말했다. "고용만 보장된다면 당장이라도 현장으로 돌아가죠." 그들의 목소리는 절박했다. 하지만 시와 태영건설은 여전히 명확한 답을 내놓지 않고 있다.

 시민들은 이 사태를 어떻게 바라보고 있을까? 시민 인터뷰에서 한 분은 "음식물 쓰레기통을 열 때마다 구역질이 날 정도로 냄새가 심한데,

그걸 치워주시는 분들 덕분에 깨끗한 환경에서 살 수 있다"며 "그런 분들이 제대로 된 대우를 받아야 한다"고 말했다. 또 다른 시민은 "파업이 길어지면 불편하겠지만, 이분들이 새벽부터 힘든 일을 하는 걸 생각하면 존중받아야 한다"고 했다.

그들의 목소리는 노동자들이 원하는 단 하나의 바람과 닿아 있었다. "우리는 떳떳하게 일하고 싶다. 하루하루 불안한 미래가 아니라, 안정된 직장에서 시민들을 위해 일하고 싶다."

전주시와 태영건설은 이 문제를 더 이상 미루지 말아야 한다. 이는 단순한 노동쟁의가 아니라, 우리가 살아가는 도시의 기본적인 환경과 연결된 문제다. 음식물 쓰레기 처리장이 멈춘다면, 시민들이 겪을 불편은 상상을 초월할 것이다. 노동자들이 거리에서 싸우고 있는 동안에도 음식물 쓰레기는 계속해서 쌓이고 있다. 다행히 전주시의 조율로 복귀했다.

3
장애인 이동권

장애인의 이동권에 대해 이야기하고자 한다. 이동의 자유, 그것은 누구에게나 당연한 권리처럼 보인다. 하지만 휠체어에 앉은 이들에게는 매 순간이 도전이다. 나는 휠체어를 타고 저상버스를 직접 체험해보기로 했다. 이 도전은 나에게 새로운 세상을 열어주었다.

처음으로 휠체어를 타고 인도를 따라 움직였을 때, 평소에는 전혀 인식하지 못했던 불편함들이 눈앞에 펼쳐졌다. 울퉁불퉁한 보도, 높은 턱, 불법 주정차로 가려진 시야. 겨우겨우 버스 정류장에 도착해서 저상버스 알림 벨을 눌렀지만 버스는 그냥 지나쳤다. 기사님은 깜빡이는 불빛을 보지 못했다고 했다. 나는 손짓으로 겨우 버스를 멈춰 세웠다.

버스에 오르는 과정도 쉽지 않았다. 기사님은 차도를 따라 휠체어를 움직이기를 요구했고, 리프트는 고장이 나 있었다. 결국 주변 사람들의 도움으로 간신히 버스에 오를 수 있었다. 이 모든 과정에서 느낀 것은 단순한 불편함이 아닌 시스템과 인식의 부족이었다.

전북장애인 이동권연대의 한 회원은 말했다. "우리는 단순히 버스를 타고 싶다고 말하는 것이 아닙니다. 우리는 이동할 권리를 요구하는 것입니다." 이 말은 가슴 깊이 와 닿았다. 이동권은 단순한 편의의 문제가 아니라 인간의 존엄과 직결된 권리였다.

장애인 콜택시의 부족, 시외로 나가는 교통수단의 부재, 고장 난 리프트와 무관심한 시선들. 이 모든 것이 장애인의 일상이다. 하지만 문제는 시설의 부족만이 아니었다. 장애인에 대한 인식, 그리고 그들의 목소리에 귀 기울이지 않는 사회적 무관심이 더 큰 벽이었다.

나는 이 여정을 통해 깨달았다. 진정한 언론의 역할은 멀리서 관찰하는 것이 아니다. 현장의 목소리를 듣고, 그들의 눈높이에서 세상을 바라보는 것이다. 이동권은 단순한 교통수단의 문제가 아니다. 그것은 누구나 어디든 갈 수 있는 자유, 그리고 그 자유를 당연하게 누릴 수 있는 권리다.

4
65세 중증 장애인 활동 보조인

65세를 앞두고 있는 한 부부를 만났다. 그들의 일상은 다른 이들과 다르지 않았다. 단지 움직임 하나하나가 더딜 뿐이었다. 남편은 중증 장애를 앓고 있었고, 아내는 그의 손과 발이 되어 하루하루를 살아가고 있었다. 그들에게 닥친 가장 큰 불안은 시간이 지나면 지원이 끊길지도 모른다는 사실이었다.

"65세가 되면 더 이상 장애인 활동 보조인 지원을 받을 수 없어요. 대신 노인 장기요양 서비스로 전환되는데, 지원 시간이 크게 줄어들죠. 그 시간으로는 일상생활을 감당할 수 없어요." 아내의 목소리는 담담했지만, 그 안에 담긴 절박함은 숨길 수 없었다.

장애의 무게는 시간과 함께 더해지는데, 법은 그들의 나이를 기준으로 지원을 가르는 선을 그어버렸다. 활동 보조인의 지원 없이 하루를 버티는 것은 상상조차 어려운 일이다. 화장실을 가는 것도, 식사를 준비하는 것도, 심지어 응급 상황에 대응하는 것조차 불가능해진다.

기자회견장에서 만난 또 다른 장애인은 이렇게 말했다. "법은 약자를 보호해야 하는데, 우리는 법의 사각지대에 있어요. 65세가 되는 것이 두려워요. 나이를 먹는 것이 공포로 다가온다는 게 말이 되나요?"

서울시는 이러한 문제를 인식하고 중증 장애인을 위한 추가 지원 방안을 마련했다. 하지만 지방에서는 여전히 예산 부족을 이유로 개선이 지연되고 있었다. 전라북도에서는 중증 장애인의 생존권이 단순한 복지 문제가 아닌, 기본적인 인권의 문제임을 인식해야 했다.

나는 또 다른 장애인 가족을 찾았다. 아들은 중증 장애를 가지고 있었고, 부모는 하루 종일 그의 곁을 지키고 있었다. "우리 아이는 자립이 불가능해요. 그런데 65세가 되면 보호자가 없다는 전제하에 노인 요양 서비스만 받을 수 있다니……. 지금의 활동 지원 체계가 유지되지 않으면 우리는 함께 살아갈 수 없어요."

정부 관계자들은 법 개정이 필요하지만 예산 문제와 현실적인 한계 때문에 쉽게 해결할 수 없다고 답한다. 그러나 당사자들에게는 더 이상 기다릴 시간이 없었다. 장애인은 나이가 들면서 더 많은 지원이 필요하지만, 오히려 지원이 줄어드는 구조적인 모순 속에서 그들은 절망하고 있었다.

기자회견이 끝난 후 나는 한참 동안 자리에 앉아 있었다. 이들의 외침이 단순한 요구가 아닌 살아가기 위한 절규임을 실감했다. 취재를 마치고 돌아오는 길, 나는 스스로에게 물었다. '우리는 왜 이토록 당연한 권리를 얻기 위해 싸워야 하는가?'

5
장애인의 집 인권 침해와 노동력 착취

장애인의 집. 이름만 들어서는 보호와 돌봄이 제공되는 따뜻한 공간이 떠오른다. 하지만 내가 찾은 '그곳'은 생각과 전혀 달랐다. 차가운 공기와 정적이 감도는 복도, 벽 너머에서 들려오는 희미한 신음, 그리고 창밖을 바라보는 텅 빈 눈빛. 이곳은 '집'이 아니라 '갇힌 공간'이었다.

장수의 한 장애인 복지시설에서 발생한 인권 침해 문제를 조사하기 위해 현장을 찾았다. 이 시설은 오랜 시간 동안 운영되어왔으며, 많은 장애인이 이곳에서 생활해왔다. 하지만 최근 이곳에서 심각한 인권 침해와 노동력 착취가 이루어졌다는 제보가 들어왔다. 그동안 시설 내부에서 어떤 일들이 벌어졌는지, 그리고 그 피해자들은 어떤 목소리를 내고 있는지 직접 듣고 싶었다.

시설에서 생활하는 장애인들을 만났다. 말을 걸자 몇몇은 조심스레 고개를 들었고, 어떤 이들은 아예 눈을 마주치지 않으려 했다. 마치 말을 하면 안 되는 사람들처럼.

나는 물었다. "여기서 생활하신 지 얼마나 되셨나요?"

"9년 됐어요." 9년이라는 시간 동안 그는 이곳에서 어떤 생활을 해왔을까.

조심스레 추가 질문을 던졌다. "혹시 불편한 점이 있나요?"

"맞았어요. 그리고 벌을 받았어요." 이 짧은 말 속에 담긴 무게가 너무도 컸다. 맞았다는 사실, 벌을 받았다는 사실, 그리고 그것을 담담히 말하는 태도가 내 가슴을 짓눌렀다. 그는 덧붙였다. "규칙을 어기면 벌을 받아요. 하루에 108배를 해야 했어요. TV를 못 보게 하거나 밥을 굶게 하기도 했어요."

함께 있던 다른 장애인은 목소리를 낮추며 말했다. "선생님이 화나면 우릴 때렸어요. 우린 아무 말도 할 수 없었어요." 이곳에서 생활하는 장애인들에게 벌어졌던 일들은 단순한 불편함이 아니었다. 그것은 폭력이고 착취였으며 침묵을 강요당한 억압이었다.

"여기에서 계속 살아야 하나요?"라고 내가 묻자, 시설에서 생활하는 한 장애인은 이렇게 말했다. "여기를 나가고 싶어요. 하지만 갈 곳이 없어요." 또 다른 장애인은 내 눈을 똑바로 바라보며 말했다. "시설이 아닌 곳에서 살고 싶어요. 하지만 그게 가능할까요?"

이 시설을 나간다고 해도 그들을 받아줄 곳이 없다는 현실이 더욱 참담했다. 우리 사회에서 장애인들은 여전히 시설 중심의 삶을 강요받는다. 독립적인 생활을 원해도 제도적인 지원이 부족하고, 지역 사회가 받아줄 준비도 되어 있지 않다. 지금 이곳에 있는 이들은 시설이 아니라 지역 사회에서 함께 살아가야 하는 사람들이었다. 하지만 이들은 평생 이곳에 갇혀 있어야 한다는 운명을 받아들이는 것처럼 보였다.

이 시설에서 발생한 문제는 단순한 인권 침해를 넘어, 장애인의 노동력을 착취한 정황까지 포함되어 있었다. 장애인들에게 특정 작업을 강요했고, 그 대가는 제대로 지급되지 않았다. "우리는 일했어요. 하지만 돈은 받지 못했어요." 일을 하면 대가를 받아야 한다는 것이 상식이다. 하지만 이곳에서는 그것이 당연한 일이 아니었다. 장애를 이유로 그들의 노동력을 착취하고, 제대로 된 보상을 주지 않은 것이다.

이런 문제는 전국 곳곳의 장애인 시설에서 반복적으로 발생하고 있다. 노동을 강요하면서도 이를 '재활 프로그램'이라고 포장하고, 노동의 가치를 인정하지 않는 시스템. 장애인의 노동력을 활용하면서도 정당한 임금조차 지급하지 않는 구조. 책임은 어디에 있는가?

이번 사건이 알려진 후 행정기관은 시설에 대한 조사를 시작했다. 하지만 이미 너무 오랜 시간 동안 이곳에서 이런 문제들이 지속되어왔다는 사실을 생각하면, 행정의 대응이 얼마나 늦었는지 실감할 수밖에 없었다.

"이전에도 점검이 있었을 텐데, 왜 이런 일이 벌어질 때까지 아무도 몰랐던 걸까요?" 나는 행정 관계자에게 물었지만, 돌아온 대답은 형식적인 절차 이야기뿐이었다. 정기 점검이 있었고, 문제를 발견하면 조치한다고 했다. 하지만 지금까지 이곳에서 일어난 일들은 아무런 조치도 없이 계속되었다.

시설이 폐쇄되는 것이 정답일까? 아니면 운영 방식을 바꾸고 감독을 철저히 하는 것이 해결책일까? 중요한 건 장애인들이 시설이 아니라 자신이 원하는 삶을 선택할 수 있는 환경을 만드는 것이다. "우린 더 이상 갇혀 있고 싶지 않아요." 이곳에서 만난 많은 장애인은 같은 말을 했다. "나가고 싶어요." 그들은 보호받기를 원하는 것이 아니라, 스스로 선택할 수 있는 삶을 원했다.

우리 사회는 장애인을 '보호해야 할 존재'로만 바라본다. 하지만 보호를 명분으로 이뤄지는 억압과 통제는 결코 정당화될 수 없다. 장애인이 자유롭게 선택하고 스스로 살아갈 수 있는 환경이 마련되지 않는다면, 이런 문제는 계속 반복될 것이다.

나는 시설을 떠나며 마지막으로 한 장애인의 말을 떠올렸다. "우리는 보호받고 싶지 않아요. 그냥 우리 삶을 살고 싶어요." 이 간단한 말이 우리 사회가 장애인을 바라보는 시선을 근본적으로 바꿔야 한다는 걸 말해주고 있었다.

6
학교 비정규직 노동자들이 거리로 나선 이유

학교는 우리가 평등을 배우는 공간이라고들 한다. 교육의 목적이 지식 전달을 넘어 모두가 공정한 기회를 누릴 수 있도록 하는 것이라면, 학교만큼 평등의 가치를 중시해야 할 곳도 없을 것이다. 하지만 나는 오늘 학교라는 공간에서 오히려 차별이 얼마나 깊이 뿌리내리고 있는지를 목격했다. 교실에서는 '평등'을 가르치지만, 그 교실을 유지하는 사람들은 차별받고 있었다.

전라북도 교육청 앞에는 학교 비정규직 노동자들이 피켓을 들고 서 있었다. 그들은 학생들에게 따뜻한 밥을 해주고, 아이들을 돌보며, 학교를 깨끗하게 유지하는 사람들이다. 하지만 그들의 계약서는 달랐고, 급여 체계도 달랐으며, 정규직 교사와 같은 학교에서 일하면서도 완전히 다른 대우를 받고 있었다. 나는 한 조리사를 만났다. 그녀는 8년째 학교 급식실에서 일하고 있었다.

"아이들이 '잘 먹었습니다'라고 인사할 때마다 참 뿌듯해요. 하지만 아이들이 가끔 '선생님도 정규직이에요?'라고 물을 때가 있어요. 그럴 때마다 뭐라고 대답해야 할지 몰라 그냥 '선생님은 급식 선생님이야'라고 얼버무려요."

어린아이들조차 정규직과 비정규직이 다르다는 걸 알고 있었다. 누군가는 안정적인 고용과 적절한 급여를 받으며 일하지만, 또 다른 누군가는 1년짜리 계약서에 서명하며 언제든 일자리를 잃을 수 있는 불안을 감수해야 했다. 우리는 학교에서 평등을 배운다고 하지만 현실은 정반대였다.

비정규직 노동자들이 거리로 나온 이유는 단순했다. 학교 안에서는 그들의 목소리를 들어주는 사람이 없었기 때문이다. 한 돌봄교사는 말했다. "우리는 같은 공간에서 같은 아이들을 돌보지만, 언제든 학교를 떠나야 할지도 모르는 사람들이에요. 계약이 1년 단위로 갱신되기 때문에 내년에도 여기서 일할 수 있을지 장담할 수 없어요. 정규직 선생님들과 같은 공간에서 일하지만, 우리는 그들과 동등한 위치에 있지 않아요."

돌봄교사, 조리사, 청소 노동자, 행정 직원. 학교를 지탱하는 수많은 사람들이 정규직이 아니라는 이유만으로 차별받고 있었다. 한 청소 노동자는 이렇게 말했다. "학교에서 '공기청정기'가 필요하다는 얘기가 나왔어요. 정부 지원이 나와서 교실마다 공기청정기가 설치됐죠. 그런데 돌봄교실은 예외였어요. 돌봄교실은 학교 안에 있지만 정규 수업이 아니니까 지원 대상에서 빠진 거예요. 같은 공간에서 아이들을 돌보는데도 말이죠."

정규직이나 비정규직이냐에 따라 같은 공간에서조차 대우가 달라지는 현실이었다. 이 차별을 가장 가까이에서 보고 배우는 것은 다름 아닌 학생들이었다.

"우리는 정규직이 되고 싶다고 외치는 게 아니에요. 우리는 차별받고 싶지 않다고 외치는 거예요." 한 노동자의 말이 머릿속에 깊이 박혔다. 학교에서 가르치는 것은 평등인데, 정작 학교 안에서는 차별이 너무나도 당연한 일이 되어 있었다.

또 다른 노동자를 만났다. 그는 학교에서 15년을 일했지만, 여전히 1년 단위 계약을 맺고 있었다. "아이들은 저를 선생님이라고 부릅니다. 하지만 저는 매년 '1년짜리 계약서'에 서명해야 하죠. 행정실에서는 저를 그냥 '기간제 노동자'로만 볼 뿐이에요. 학교에서 일하면 학교의 일부일 줄 알았어요. 그런데 그렇지가 않아요."

학교에서 일하면서도 학교의 구성원으로 인정받지 못하는 사람들. 같은 공간에서 같은 역할을 하면서도, 계약서 하나로 완전히 다른 세상을 사는 사람들.

비정규직 노동자들의 임금은 최저임금 수준에서 크게 벗어나지 않는다. 방학 동안에는 급여가 나오지 않기 때문에 생계를 유지하는 것이 쉽지 않다. 급식 노동자들은 무거운 냄비를 들고 하루 종일 서서 일해야 하지만, 그들의 노동은 정규직 교사나 공무원과는 달리 철저히 '소모품'처럼 취급된다. 누군가는 이들을 대신해 일할 수 있다고 생각하기 때문이다.

나는 교육청 앞에서 피켓을 들고 있는 사람들을 바라보았다. "최소한의 인간다운 대우를 원합니다." "차별 없는 학교를 만들어주세요." 그들의 외침은 절실했다. 학교가 가르치는 것이 '차별'이 아니라 '평등'이 되려면, 학교에서 일하는 사람들이 '보이지 않는 사람'이 아니라 '당당한 구성원'이 되려면, 이제는 우리가 그들의 목소리를 들어야 한다.

7
상용직 노동자들

전주 한복판, 고용노동부 전주지청 앞에 노동자들이 모여 있었다. 그들의 손에 들린 피켓에는 단순한 임금 인상을 요구하는 문구가 적혀 있는 것이 아니었다. "노동자의 권리를 보호하라." "부당노동행위를 중단하라." 이들의 요구는 단순한 경제적 이익이 아니라, 자신들의 노동이 정당하게 인정받기를 바라는 절박한 외침이었다. 나는 전국민주노동조합총연맹(민주노총) 전북본부를 찾아가 노동자들의 이야기를 들었다.

KT 협력업체에서 일하는 상용직 노동자들. 그들은 매일 전신주에 올라가고, 지하 맨홀로 들어가 통신선을 연결한다. 통신망이 멈추지 않도록, 사람들의 인터넷과 전화가 끊기지 않도록 말이다. 이들의 노동환경은 열악했다. 점심 제공이 끊기고 기숙사가 철거되었으며, 심지어 단체교섭이 끝난 후에도 사측은 합의를 제대로 이행하지 않았다.

노동자들은 참다못해 고용노동부에 항의 방문을 했고, 그곳에서 해결을 요구하며 농성을 벌였다. 그러나 돌아온 것은 노동부의 '고소'였다. 노동자들은 말했다. "우리는 협상을 하자고 했고, 단체교섭을 성실히 진행하겠다는 약속도 받았어요. 하지만 다음 날 출근하니 식사 제공이 중단됐고, 기숙사는 강제로 철거됐어요. 우리는 갈 곳이 없었어요. 그래서 노동부에 갔죠. 우리가 갈 곳은 그곳뿐이었어요."

나는 순간 가슴이 답답해졌다. 노동자들이 가장 믿어야 할 기관, 부당노동행위를 감시하고 관리해야 할 기관이 그들을 보호하기는커녕 '형사 고발'이라는 방식으로 대했다는 사실이 도저히 납득되지 않았다. 고용노동부 전주지청은 "공공기관의 질서를 어지럽혔다"는 이유로 KT 상용직 노동자 30여 명과 민주노총 전북본부 간부들을 형사 고발했다. 노동자들이 노동부 청사에 항의 방문을 하고, 복도에서 연좌시위를 했다는 이유였다.

노동부 관계자는 "업무가 마비될 정도로 점거가 심각했다"고 주장했지만, 노동자들은 반박했다. "우리는 출입을 막거나 폭력을 행사하지 않았어요. 그저 우리의 목소리를 들어달라고 했을 뿐이에요."

나는 그들에게 물었다. "노동부가 중재자로서 역할을 하지 않았다고 보시나요?"

노동자의 대답은 단호했다. "노동부가 사측을 향해 법과 원칙을 적용한 적이 있나요? 사측이 1년 넘게 교섭을 지연하고, 노동자들에게 차별을 가했을 때 노동부는 무엇을 했나요? 우리가 법을 위반했다고 한다면, 사측이 부당노동행위를 한 것은 왜 문제 삼지 않나요?"

노동자들이 직면한 현실은 이것이었다. 노동을 제공하는 노동자는 법의 엄격한 심판을 받지만, 노동을 착취하는 구조 속에서는 사측이 아무런 책임을 지지 않는다는 것.

KT 협력업체의 노동자들은 누구보다 위험한 일을 한다. 전신주에 올라가다 사고를 당한 노동자, 지하 맨홀에서 가스 중독으로 목숨을 잃은 노동자, 과로로 쓰러진 노동자. 그들의 노동은 단순한 '고용 문제'가 아니다. 그것은 '생존의 문제'다. 하지만 그들은 쉽게 해고될 수 있고, 계약서 한 장으로 권리를 빼앗길 수 있으며, 부당한 대우를 받아도 쉽게 저항

할 수 없다.

한 노동자는 말했다. "우리는 단순히 임금을 올려달라고 싸우는 게 아니에요. 우리가 사람답게 일하고, 사람답게 대우받고 싶어서 싸우는 거예요." 그는 이어서 말했다. "우리는 전신주 위에서 일해요. 밑을 내려다보면 한순간에 떨어질 수도 있는 곳에서요. 하지만 노동부는 우리의 현실을 내려다보지 않아요. 우리는 투명인간 같아요."

나는 노동자들에게 마지막으로 물었다. "이 투쟁이 끝나면, 가장 바라는 게 무엇인가요?" 한 노동자는 한참을 생각하다가 이렇게 답했다. "우리도 똑같이 일하는 노동자잖아요. 우리도 사람답게 살 수 있도록 법이 우리 편이 되어줬으면 좋겠어요."

8
시설 폐쇄 명령 내려진 장애인의 집

장수군의 한적한 시골 마을, 깊숙한 산자락 아래 자리한 한 시설이 폐쇄된다는 소식이 들려왔다 '장수 벧엘 장애인의 집', 이곳에서 수십 년을 살아온 장애인들에게 이제 새로운 삶을 선택해야 하는 순간이 왔다. 하지만 과연 이들이 시설을 떠난다고 해서 그들의 삶이 바뀔까? 시설이 사라진다고 해서 차별과 소외가 함께 사라지는 것일까? 나는 이 질문에 대한 답을 찾기 위해 다시 현장을 찾았다.

시설로 들어가는 길은 좁고 험했다. 오래된 건물 벽에는 세월이 남긴

혼적이 고스란히 남아 있었다. 나는 그곳에서 여전히 시설에 남아 있는 장애인들과 시설 폐쇄를 둘러싼 논란 속에서 방향을 잃은 사람들을 마주했다.

"여기를 떠나야 한다고요?" 한 장애인이 내게 물었다. 그는 10년 넘게 이 시설에서 살아왔다. 그에게는 이곳이 유일한 집이었다. 시설이 폐쇄되면 다른 시설로 가야 한다고 했다. 하지만 그는 고개를 저었다. "시설에서 시설로 옮겨 다니는 삶이 싫어요. 나도 내 집에서 살고 싶어요."

그는 시설을 벗어나 지역 사회에서 살고 싶다고 말했다. 하지만 현실은 녹록지 않았다. 갈 곳이 없었다. 시설이 폐쇄된다고 해서 곧바로 자립할 수 있는 환경이 만들어지는 것은 아니었다. 장애인들이 지역 사회에서 살아가기 위해 필요한 지원과 체계는 부족했고, 정착을 위한 과정도 충분히 마련되지 않았다.

그는 말했다. "시설에서 나가고 싶어요. 하지만 내게는 선택권이 없어요. 어디로 가야 할지 모르겠어요."

나는 순간 할 말을 잃었다. 장애인에게 시설이 전부가 되어버린 현실, 그것이 문제의 본질이었다. 시설이 사라진다고 해서 차별과 소외가 함께 사라지는 것이 아니라면, 우리는 무엇을 해야 할까?

또 다른 장애인을 만났다. 그는 이곳이 자신의 두 번째 시설이라고 말했다. "처음에는 양평에 있었어요. 그 시설이 폐쇄되면서 여기로 왔죠. 그런데 여기서도 다시 떠나야 해요." 그는 피곤한 얼굴로 말했다. "어디로 가야 할까요?"

시설을 떠난다고 해서 끝이 아니다. 또 다른 시설이 기다리고 있을 뿐이었다. 장애인들은 시설에서 시설로 이동하며 삶을 이어가고 있었다. 자립과 독립적인 삶은 먼 이야기였다. 지역 사회에서 살아갈 수 있는 기반이 마련되지 않는 한, 시설에서 벗어나더라도 결국 또 다른 시설로 갈 수밖에 없었다.

"그냥 또 다른 곳에서 살아야겠죠. 그게 우리가 할 수 있는 전부니까요." 그의 말이 내내 머릿속을 맴돌았다. 우리는 정말 이들에게 '삶'을 돌려주고 있는 것일까?

시설 폐쇄가 결정된 후 많은 직원들이 시설을 떠났다. 시설장과 사회복지사, 조리사까지 하나둘 자리를 비웠다. 이제 남은 장애인들은 직접 밥을 지어 먹어야 했다.

시설이 사라지는 것은 단순한 행정 절차가 아니었다. 여기에서 살아온 사람들에게는 '살아가는 방식' 자체가 무너지는 일이었다. 새로운 곳으로 가더라도 제대로 된 지원이 없다면 시설에서와 다를 바 없는 삶이 이어질 뿐이었다. 밥을 해줄 사람이 없는 것처럼, 이들을 돌볼 사람도 보호해줄 사람도 없었다. 시설이 폐쇄되는 과정에서 장애인들의 삶을 고민한 이는 과연 얼마나 있었을까?

시설 폐쇄가 결정된 후 행정은 이곳 장애인들의 전원을 추진했다. 문제는 이들을 위한 구체적인 계획이 없다는 것이다. "그냥 다른 시설로 보내겠다고 했어요. 하지만 우리는 시설에서 벗어나고 싶어요."

장수군은 장애인들을 위해 임대주택을 지원하고, 자립할 수 있도록 돕겠다고 발표했다. 하지만 실제로 자립을 원하는 이들에게 필요한 지원은 거의 이루어지지 않았다. "우리 의견은 아무도 묻지 않았어요. 그냥 정해진 대로 따라가라고 했어요."

자립을 원하면 자립할 수 있도록 환경을 만들어줘야 한다. 하지만 그 과정이 생략된 채 '시설 폐쇄'만이 강조되고 있었다. 시설이 사라지는 것이 곧 자립이 아니라면, 우리는 어떤 준비를 해야 하는가?

시설이 폐쇄되면 이곳에서 일하던 직원들도 떠나야 한다. 남아 있는 장애인들은 더욱 힘든 상황에 놓이게 된다. 원장이 사퇴하고, 생활 교사들이 줄어들고, 조리사가 없어진 시설에서 장애인들은 매일 끼니를 걱정해야 했다. "우리가 살아갈 수 있도록 도와줘야 하는 거 아닌가요?" 이곳에 남은 사람들은 최소한의 생활조차 유지하기 어려운 상황에 놓였다. 시설 폐쇄는 단순한 정책 결정이 아니라 한 사람 한 사람의 삶과 연결된 문제였다.

나는 시설 앞에서 텐트를 치고 농성 중인 시민단체 활동가들에게 물었다. "어떻게 해야 할까요?" 그들은 대답했다. "장애인이 시설이 아닌 지역 사회에서 살아갈 수 있는 환경을 만들어야 해요. 하지만 지금은 그런 준비가 전혀 되어 있지 않아요."

장애인은 보호받아야 하는 존재가 아니다. 그들도 스스로 선택하고 결정하고 살아갈 권리가 있다. 하지만 우리는 여전히 그들을 '관리의 대상'으로만 보고 있었다.

시설 폐쇄는 단순한 행정 절차가 아니다. 그것은 한 사람의 삶을 결정하는 일이다. 장애인들이 시설이 아닌 곳에서 살아갈 수 있도록 돕는 것, 그것이 우리가 해야 할 일이다. 하지만 현실은 아직 거기에 도달하지 못했다.

나는 이곳을 떠나면서 마지막으로 한 장애인의 말을 떠올렸다. "우리는 보호받고 싶지 않아요. 그냥 우리 삶을 살고 싶어요." 이 간단한 말이 우리 사회가 장애인을 어떻게 바라봐야 하는지, 그리고 앞으로 무엇을 해야 하는지를 분명하게 보여주고 있었다.

9
대중교통 장애인 이동권

전주 고속버스터미널에 나와 있다. 이곳에서 장애인 이동권과 관련한 중요한 변화가 시작되었다. 2019년 10월 28일부터 휠체어 탑승이 가능한 고속버스가 시범 운행을 시작했다. 장애인들이 휠체어를 탄 채로 고속버스를 이용할 수 있게 된 것이다.

이 법은 사실 2006년에 시행되었지만, 실제로 이동할 수 있는 버스가 만들어진 것은 13년이 지나고 나서다. 하지만 아직 갈 길이 멀다. 시험 운행되는 노선은 서울, 전주, 당진, 강릉, 부산 등 단 4개 노선뿐이며, 그마저도 10개 버스 회사만 참여하고 있다. 전국의 장애인들이 자유롭게 이동하기에는 여전히 한계가 많다.

터미널에서 장애인차별철폐연대 유승권 대표를 만났다. 그는 휠체어로 이동할 수 있는 고속버스가 운행되기 시작한 것을 두고 "오랜 싸움 끝에 얻어낸 성과지만 여전히 아쉬움이 많다"고 말했다. 그는 한 번도 고속버스를 이용해본 적이 없다고 했다. 터미널은 익숙했지만, 그것은 이동을 위한 공간이 아니라 장애인 이동권을 요구하기 위해 찾아온 곳이었다. 매년 설을 앞두고 장애인들이 고속버스 이용을 요구하며 시위를 벌여왔지만, 이번 변화도 아주 작은 시작에 불과했다.

유 대표는 "서울까지 가는 버스가 하루에 2~3회 운행된다고 하지만 여전히 예약이 필수적이고, 휠체어를 탑승할 수 있는 좌석이 두 개밖에 없습니다. 3일 전에 예약해야 하고, 터미널에는 미리 도착해야 하며, 심지어 일반 버스와는 다르게 좌석을 접어서 공간을 마련하는 과정도 필요합니다"라고 지적했다.

그는 여전히 장애인들이 이동할 수 있는 권리가 완전히 보장되지 않았다고 말했다. 실제로 버스를 타본 사람도 적었다. 홍보가 부족해 아직 장애인들조차 이런 변화가 있었다는 사실을 모르고 있었다.

터미널에서 휠체어를 탄 한 장애인을 만났다. 그는 "기차는 탈 수 있어도 버스는 꿈도 꾸지 못했다"며 "이제야 조금씩 변화가 시작된 것 같다"고 말했다. 하지만 그는 "여전히 서울 말고는 갈 수 있는 곳이 없다"며 "부산, 강원도 같은 다른 지역으로 가는 노선도 더 늘어나야 한다"고 했다. 그는 이동권이란 단순히 '어디론가 갈 수 있는 것'이 아니라 '언제든 자유롭게 이동할 수 있는 것'이어야 한다고 강조했다. 지금처럼 제한적인 상황에서는 이동권이 완전히 보장되었다고 보기 어려웠다.

고속버스를 운행하는 기사들과 이야기를 나눴다. 기사들은 휠체어를 탑승시키고 내리는 과정이 쉽지 않다고 했다. "휠체어 탑승을 위해 리프트를 조작해야 하고, 좌석을 접고 고정 장치를 설치해야 합니다. 이 과정에서 시간이 꽤 걸립니다. 장애인 승객이 탑승하면 배차 시간이 지연될

"우리는 특별한 혜택을 바라는 것이 아닙니다. 비장애인과 같은 권리를 누리고 싶을 뿐입니다."

수도 있죠." 하지만 그들은 "그럼에도 불구하고 장애인들도 이동할 권리가 있습니다. 일반 승객들이 조금만 이해해준다면 큰 문제는 아닐 것"이라고 말했다.

문제는 장애인 승객이 탑승할 경우 시간이 지연되는 상황에서, 이를 이해하지 못하는 일부 승객들이 불만을 제기한다는 것이었다. 기사들은 "장애인 승객이 탑승하면 미리 방송으로 안내하고, 일반 승객들도 조금만 양보하는 분위기가 조성되면 좋겠다"고 말했다.

버스터미널에서 만난 한 장애인의 활동지원사는 "휠체어를 탄 장애인이 혼자 여행을 가는 것은 아직도 어렵다"고 했다. 보호자 없이 혼자 이동하려면 출발지와 도착지에서 도움을 받을 수 있는 환경이 필요하지만, 아직 그런 시스템이 제대로 갖춰져 있지 않았다.

"고속버스를 타고 이동하는 것만이 문제가 아닙니다. 도착한 이후에 이동할 수 있는 교통수단이 부족하다는 것도 큰 문제죠." 실제로 고속버스를 타고 서울에 도착한 장애인이 그 후 시내버스를 이용하려면 저상버스를 기다려야 하지만, 저상버스는 배차 간격이 길고 언제 도착할지도 알기 어려운 경우가 많았다. 기차역처럼 장애인이 도움을 받을 수 있는 시스템이 갖춰진 것도 아니었다.

전주시의 이남숙 시의원을 만나 장애인 이동권과 관련한 문제점을 짚어보았다. 그는 "전주에서 운영되는 장애인 콜택시가 150대나 있지만 여전히 부족하다"고 말했다. 장애인들이 이동하려면 사전에 예약을 해야 하고, 갑자기 병원에 가야 할 경우 이용이 어려운 점이 많다고 했다. "예약제는 장애인의 삶을 더욱 제한하는 제도입니다. 장애인들도 언제든 자유롭게 이동할 수 있어야 하는데, 현재 시스템에서는 그러기가 어렵습니다." 그는 "이동권이란 단순히 버스를 탈 수 있는 문제가 아니라, 장애인이 원하는 시간에 원하는 곳으로 갈 수 있는 시스템이 갖춰지는 것"이라고 말했다.

장애인 이동권 문제는 비단 고속버스만의 문제가 아니었다. 횡단보도가 없는 도로, 경사가 가파른 인도, 리프트가 고장 난 지하철역, 이용하기 어려운 장애인 콜택시 등 장애인이 이동할 때 겪는 불편은 한두 가지가 아니었다. "전주에는 장애인운전지원센터도 있지만, 아직 많은 장애인들이 이런 제도가 있다는 것조차 알지 못합니다." 한 장애인은 "운전면허를 따고 싶어도 교육받을 수 있는 기회가 제한적이고, 운전면허 시험장까지 가는 것조차 힘든 경우가 많다"고 말했다.

이동권 보장을 위한 노력은 점점 확대되고 있다. 장애인운전지원센터가 전국적으로 확대 운영되고 있으며, 시외버스와 고속버스에도 휠체어 탑승이 가능한 차량이 조금씩 늘어나고 있다. 하지만 여전히 해결해야 할 과제는 많다. 장애인이 비장애인과 동등한 환경에서 자유롭게 이동할 수 있으려면, 단순히 버스 몇 대를 늘리는 것만으로는 부족하다. 보다 근본적인 제도 개선과 사회적 인식 변화가 필요하다.

오늘 만난 장애인들은 모두 같은 말을 했다. "우리는 특별한 혜택을 바라는 것이 아닙니다. 비장애인과 같은 권리를 누리고 싶을 뿐입니다." 이동권이란 단순히 길 위에서 이동할 수 있는 것이 아니라, 원하는 삶을 살아갈 수 있도록 보장하는 기본권이다. 우리는 이 기본권이 모두에게 공평하게 주어지고 있는지 다시 한 번 돌아봐야 한다.

휠체어 탑승이 가능한 고속버스는 3개월 동안 시범 운행한 뒤 결국 중단되었다.

10
경비원 노동자들

경비 노동자들의 삶은 눈에 띄지 않지만, 우리 사회에서 반드시 돌아봐야 할 중요한 이야기이다. 최근 서울에서 발생한 한 아파트 경비원의 비극적인 죽음은 우리 사회 전반에 걸친 경각심을 일깨웠다. 그는 입주민의 지속적인 폭언과 폭행, 인격 모독으로 결국 극단적인 선택을 하고 말았다. 이는 결코 개인의 문제에 그치지 않고, 우리 사회가 안고 있는 구조적 문제를 드러내는 사례였다.

이번 취재를 통해 우리 지역에서도 결코 예외가 아님을 깨달았다. 지역 아파트에서 2년째 경비 업무를 하고 있는 박 선생님을 만나 그의 삶과 노동의 현실을 들여다보았다. 박 선생님은 자신도 여러 아파트를 거쳐 왔지만, 최근의 사건을 보며 깊은 슬픔과 함께 "왜 이런 일이 일어나야 했는가"라는 의문을 반복했다. 그는 경비 노동자들에 대한 입주민들의 갑질이 가족 같은 관계로 개선될 수 있기를 간절히 바랐다. 그러나 그의 현실은 녹록지 않았다.

박 선생님은 장애인 주차 구역에 무단 주차한 차량을 단속하는 과정에서 폭언과 인격적 모독을 당했다. 해당 입주민은 자신이 낸 돈으로 경비원이 급여를 받는다는 이유로 온갖 폭언을 퍼부었다. 이는 단순히 한 사람의 잘못된 행동이 아니라, 사회적으로 만연한 경비 노동자에 대한 잘못된 인식과 연결된다. 경비 노동자들이 주민의 모든 요구를 들어줘야 한다는 잘못된 생각이 이와 같은 갈등을 반복적으로 일으키고 있었다.

박 선생님과의 대화 속에서 드러난 경비원의 일상은 생각보다 훨씬 과중하고 복합적이었다. 그는 아파트 내 모든 일을 처리해야 했다. 단지 순찰부터 청소, 분리수거, 시설 관리까지 그 업무는 끝이 없었다. 명목상 주어진 휴게시간도 사실상 업무 연장이나 다름없었다. 주민들이 언제든 그를 찾으면 그는 업무를 봐야만 했다. 이것은 단순히 과로의 문제가 아니라 인간으로서 최소한의 존엄조차 보장받지 못하는 현실이었다.

이러한 노동 환경을 개선하기 위해 노력하고 있는 지역 정치인과 전문가들의 목소리도 들었다. 전주시의회 의원은 경비 노동자들의 노동환경 개선을 위해 실질적인 휴게 시설 마련과 근무환경 개선이 필수적이라고 강조했다. 그는 특히 휴게시간의 형식적인 운영과 그 시간 동안에도 실질적으로 업무에서 벗어나지 못하는 현실을 비판하며, 이를 개선하기 위한 정책적 접근이 시급하다고 역설했다.

전주시 노인취업지원센터에서도 이 문제의 심각성을 확인할 수 있었다. 이곳을 찾는 구직자들 중 많은 수가 경비와 청소 업무에 몰려 있지만, 고용 형태는 대부분 1년 미만의 단기 계약이었다. 심지어 3개월 계약직도 있어 고용 불안은 더욱 심각했다. 열악한 휴게 시설, 과도한 근무시간, 그리고 주민과의 잦은 갈등으로 인한 정신적 스트레스가 이들에게는 일상적이었다.

그러나 취재 과정에서 또 다른 희망도 발견했다. 몇몇 입주민들은 경비 노동자들을 진심으로 존중하고 아끼는 태도를 보였으며, 이들과 가족 같은 관계를 맺고 있었다. 일부 주민들은 직접 차를 건네거나 간식을 나누며 감사의 마음을 전했다. 이는 비록 작지만 우리 사회가 나아가야 할 긍정적인 방향을 보여주는 사례였다.

경비 노동자들은 입주민들과 함께 살아가는 가족이자 공동체의 일원이다. 그들은 우리가 생각하는 것보다 훨씬 더 중요한 역할을 맡고 있으며, 그들의 헌신적인 노동 덕분에 주민들은 안전하고 쾌적한 환경에서 살아갈 수 있다. 이번 취재를 통해 경비 노동자들이 겪고 있는 현실을 생생히 보았고, 그들이 겪는 부당한 대우와 열악한 노동환경이 개선되어야 함을 절실히 느꼈다.

우리 사회가 더 이상 이들의 목소리를 외면하지 않고, 모두가 존중받는 사회로 나아가기 위해서는 경비 노동자들의 노동환경 개선이 반드시 필요하다. 이들의 노동과 인격이 정당한 가치를 인정받을 때, 비로소 우리 사회는 진정으로 성숙한 공동체가 될 것이다.

11
학교 돌봄전담사

학교는 단순히 아이들이 공부하는 곳이 아니다. 학교는 아이들을 돌보고 보호하며 함께 성장하는 공간이다. 그러나 현실은 다르다. 특히 돌봄전담사들의 이야기를 들으며, 우리 교육 현장이 얼마나 위태로운 균형 위에 서 있는지를 다시금 깨닫는다. 아이들이 수업을 마친 후에도 안전한 환경에서 보호받아야 하는 것은 너무나 당연하다. 하지만 돌봄전담사들은 한정된 시간과 인력 속에서 모든 것을 감당해야 한다.

이들은 단순히 아이들을 지켜보는 역할이 아니다. 출석을 체크하고, 아이들의 방과 후 수업을 조정하며, 독서 활동과 창작 활동을 지원한다. 또래 관계에서 갈등이 생기면 중재자의 역할을 해야 하고, 아이들이 아프면 부모에게 연락을 취하고 약을 챙겨야 한다. 간식도 제공해야 하고 환경을 정리해야 하며, 무엇보다 아이들에게 정서적인 안정감을 주어야 한다. 하지만 이 모든 일을 단 네 시간 안에 해내야 한다는 사실은 아이러니하다.

특히 코로나19가 시작된 이후 이들의 업무는 더욱 가중되었다. 아이들이 오고 간 자리를 소독하고, 거리두기를 유지하며, 돌봄 공간의 위생을 철저히 관리해야 한다. 하지만 현실은 어떤가. 초과 근무를 인정받기 어려운 구조 속에서 이들은 자신의 시간을 희생하며 버텨야 한다. 행정업무는 계속 늘어나는데 이를 수행할 수 있는 시간은 제한적이다. 교육청에서는 "추가 근무를 하면 수당을 지급한다"고 하지만 현실적으로 신청하는 것조차 눈치가 보인다. 마치 당연히 감수해야 하는 일처럼 여겨지는 분위기에서 돌봄전담사들은 점점 지쳐가고 있다.

더욱 문제는 이들의 역할이 단순한 보육으로 치부된다는 점이다. 하지만 돌봄은 교육이다. 아이들은 이곳에서 단순히 시간을 때우는 것이 아니라, 또래 친구들과 관계를 맺고 사회성을 키우며 새로운 경험을 쌓는다. 그러나 교육청은 여전히 돌봄을 단순한 관리 업무로만 바라보며, 이들에게 교육자로서의 역할을 부여하지 않는다. 돌봄전담사들은 아이들을 가르치고 싶어도 공식적으로 그럴 권한이 없다. 그러면서도 실제 현장에서는 아이들을 지도해야 하는 역설적인 상황에 놓인다.

이런 구조 속에서 가장 큰 피해자는 결국 아이들이다. 정해진 인원보다 훨씬 많은 아이들이 한 공간에 몰려 있고, 거리두기가 어려운 환경에서도 별다른 지원 없이 돌봄이 운영된다. 인력이 부족한 상황에서도 돌봄전담사들은 아이들을 최대한 안전하게 돌보려 애쓰지만, 체계적인 지원이 없는 한 한계가 분명하다.

학교 내에서 돌봄전담사들은 하나의 공식적인 학급도, 교사로서의 위치도 가지지 못한다. 그들은 학교에 속해 있으면서도 완전히 속하지 못한 존재다. 한 학교에서 오랜 시간 일하더라도 그들에게는 안정적인 고용이 보장되지 않는다. 돌봄이 필수적인 만큼 돌봄전담사들도 학교의 필수 구성원이 되어야 하지만, 현실은 여전히 계약직의 불안 속에서 이들의 역할을 가볍게 취급하고 있다.

이들이 한목소리로 외치는 말을 기억한다. "우리도 아이들을 위해 더 좋은 환경에서 일하고 싶다." 이들은 단순히 자신의 처우 개선을 요구하는 것이 아니다. 그들이 원하는 것은 아이들에게 더 나은 돌봄을 제공할 수 있는 환경이다. 충분한 시간이 보장되고, 체계적인 지원이 마련되며, 돌봄 공간이 안전하게 운영될 수 있도록 하는 것. 그러나 지금의 시스템에서는 이 모든 것이 쉽지 않다.

학교가 문을 닫았을 때도 아이들을 위한 공간을 지키기 위해 이들은 쉼 없이 움직였다. 하지만 그 노력은 정당한 평가를 받지 못하고 있다. 그리고 결국 그 부담은 다시 아이들에게 돌아온다. 돌봄이 단순한 '보호'의 개념에서 벗어나, 아이들의 성장과 교육의 한 부분으로 인정받아야 할 때다. 돌봄전담사들의 노동이 존중받고 그들의 역할이 교육 시스템 안에서 정당한 위치를 가져야 한다. 그들이 안정적으로 일할 수 있을 때 아이들도 안정적으로 성장할 수 있다.

교실 안에서 배우는 지식만이 교육이 아니다. 함께 생활하고 관계를 맺고 돌봄을 받으며 성장하는 과정 자체가 교육이다. 그 과정이 무너지는 순간 결국 피해를 입는 것은 아이들이다. 우리 교육이 진정으로 아이들을 위한 것이라면, 이제는 돌봄전담사들의 목소리에 귀를 기울여야 한다. 교육의 한 축을 담당하는 이들이 제대로 설 수 있을 때 비로소 학교는 아이들에게 안전한 배움터가 될 수 있다.

12
그림자 노동 간병인

코로나19 이후 더욱 두드러진 돌봄 노동의 현실을 직접 마주하고, 그 속에서 살아가는 이들의 이야기를 하고 싶다. 돌봄 노동은 우리가 살아가는 데 없어서는 안 될 필수적인 노동이지만, 정작 그 일을 하는 사람들은 사회적으로 제대로 인정받지 못하고 있다. 특히 간병인과 가사 노동자들은 보이지 않는 곳에서 하루 종일 힘든 노동을 하면서도, 법적 보호를 받지 못한 채 낮은 임금과 불안정한 고용 속에서 살아가고 있다. 그들이 어떻게 일하고 있는지, 어떤 어려움을 겪고 있는지 직접 듣기 위해 비정규직노동자지원센터를 찾았다.

센터에서 만난 노현정 정책국장은 돌봄 노동이 단순한 개인의 서비스가 아니라 사회를 유지하는 필수적인 역할을 한다고 설명했다. 문제는 이 노동이 여성들에게 당연한 의무로 여겨지면서 제대로 된 노동으로 인정받지 못하고 있다는 것이다. "우리는 돌봄 노동자라고 부르지만, 많은 사람들은 이 일을 그냥 '도와주는 것'이라고 생각해요. 돈을 받고 하는 일이 아니라, 그냥 누군가를 위해 희생하는 것처럼 보는 거죠."

그녀의 말처럼 돌봄 노동은 오래전부터 여성들이 해오던 일이었고, 여전히 사회는 그 일을 당연하게 받아들이고 있다. 하지만 이 노동이 없다면 병원에는 환자를 돌볼 사람이 없고, 가정에는 아이들과 노인들을 보살필 사람이 사라진다. 결국 이 노동이 우리 사회를 유지하는 데 필수적인데도 이를 담당하는 사람들은 그만큼의 존중을 받지 못하는 것이다.

코로나19 이후 돌봄 노동의 필요성은 더욱 커졌지만 노동자들의 처우는 개선되지 않았다. 오히려 더 많은 위험과 부담이 이들에게 전가되었다. 병원에서는 감염 우려 때문에 보호자들의 출입을 제한했고, 그 빈자리를 간병인들이 채워야 했다. 그러나 간병인들은 병원 직원이 아니었기 때문에, 병원에서 제공하는 방역 지원도 제대로 받지 못했다. 병실에 머무르면서도 코로나 검사는 사비로 받아야 했고, 하루 종일 환자를 돌봐도 휴식 공간조차 마련되지 않았다. 병원에서의 존재감은 분명하지만, 법적으로는 어디에도 속하지 않는 애매한 위치에 놓인 것이다.

간병인 한 분을 직접 만나 이야기를 들어보았다. 그녀는 병원에서 하루 24시간을 환자 곁에서 보내지만, 정작 환자의 보호자로부터 폭언을 듣거나 의심을 받는 경우가 많다고 했다. "어떤 환자가 지갑을 잃어버렸어요. 그랬더니 보호자가 바로 저한테 '혹시 가져간 거 아니냐'고 묻더라고요. 제가 일을 한 지 10년이 넘었지만 여전히 의심받고 무시당하는 일은 줄어들지 않아요."

간병인들은 환자를 돌보면서도 보호자에게 감시당하고, 병원에서는 마치 존재하지 않는 사람처럼 취급된다. 또 환자를 부축하다 허리를 다쳐도 치료비는 스스로 부담해야 하고, 성희롱을 당해도 제대로 된 보호를 받을 수 없다. 하지만 그녀는 일을 그만둘 수 없다고 했다. "이게 내 생계니까요. 남편이 번 돈으로는 생활이 안 돼요. 하루만 쉬어도 그만큼 돈이 깎이니까 아파도 그냥 참고 일할 수밖에 없어요." 생계를 위해 자신의 건강과 존엄을 희생해야 하는 현실. 그것이 돌봄 노동자들의 삶이었다.

가사 노동자들의 상황도 다르지 않았다. 또 다른 노동자를 만나 이야기를 들었다. 그녀는 하루에 두세 군데의 집을 방문해 청소와 정리를 하지만, 고객의 변덕에 따라 임금을 받지 못하는 경우도 있다고 했다. "어떤 집에 갔는데, 처음에는 깨끗이 청소해달라고 하더라고요. 열심히 했죠. 그런데 나중에 와서 보더니 마음에 안 든다고 하면서 돈을 안 주겠다는 거예요. 다시 청소하라고 해서 또 했는데, 그래도 불만을 계속 얘기하더라고요. 결국 돈을 못 받고 나왔어요."

가사 노동자들은 정해진 노동시간을 채우고도 고객이 마음에 들지 않는다고 하면 임금을 받지 못하는 경우가 많았다. 또 창틀을 닦거나 높은 곳을 청소하다가 다치는 경우도 많지만, 산재보험이 적용되지 않아 치료비를 스스로 부담해야 했다. 노동자로서의 권리는커녕 제대로 된 보호도 받지 못한 채 위험한 환경에서 일해야 하는 것이다.

이들의 노동은 분명 가치 있는 일이지만 여전히 사회적 인식은 따라오지 못하고 있다. 가사 노동자나 간병인들은 자신이 하는 일이 '진짜 직업'으로 인정받지 못하는 현실에 좌절한다. 돌봄 노동을 단순한 서비스가 아니라, 사회의 중요한 부분으로 인정하고 보호할 수 있는 시스템이 필요하다. 몇몇 지역에서는 가사 노동자들을 위한 지원 조례가 마련되고 있지만, 여전히 많은 곳에서는 이들을 위한 정책이 부족하다. 간병인들은 병원에서 필수적인 역할을 하면서도 직원으로 인정받지 못하고, 가사 노동자들은 고객의 기분에 따라 해고되는 불안정한 노동을 이어가고 있다.

돌봄 노동자들이 한 세대가 지나야 사회적 인식이 바뀔 거라고 체념하는 모습을 보면서, 그 변화가 더 빨리 오기를 바랐다. 돌봄 노동이 사회를 유지하는 데 필수적이라는 사실을 더 많은 사람들이 깨닫고, 정부와 사회가 이들을 보호하는 정책을 마련해야 한다. 병원 내에서 간병인들이 쉴 수 있는 공간을 마련하고, 코로나 검사를 받을 때 지원을 받을 수 있도록 해야 하며, 가사 노동자들이 노동자로서의 권리를 보장받을 수 있도록 제도적 변화가 필요하다.

돌봄 노동자들은 단순한 서비스 제공자가 아니다. 우리의 부모와 아이들, 그리고 우리의 미래를 지키는 사람들이다. 이들이 안정적인 환경에서 일할 수 있도록 정책적, 제도적 지원이 이루어질 때 우리 사회도 더 따뜻한 공동체로 나아갈 수 있을 것이다.

13
발달장애인 센터 사각지대

진안에 위치한 '보듬청소년지원센터'(현 '사회적협동조합 보듬')를 찾았을 때, 이곳이 단순한 돌봄 시설이 아니라는 걸 단번에 알 수 있었다. 센터 곳곳에는 아이들이 직접 그린 그림과 손수 만든 작품들이 걸려 있었고,

교실에서는 선생님과 학생들이 함께 웃으며 수업을 진행하고 있었다. 하지만 이곳을 운영하는 조연희 센터장의 이야기를 듣고 나서야 이곳이 만들어진 배경에 얼마나 깊이 고민하고 노력했는지를 실감할 수 있었다.

조 센터장은 발달장애를 가진 아이를 둔 부모로 자신의 아이가 겪었던 어려움을 계기로 센터를 설립했다. 발달장애 청소년들은 일반 아동센터나 학원에 다닐 수 없는 경우가 많고, 방과 후에는 갈 곳이 없어 집에서만 시간을 보내거나 거리로 나설 수밖에 없는 실정이었다. 부모들은 생업 때문에 아이들을 돌볼 수 없는 경우가 많았고, 장애가 있는 아이들을 맡아줄 기관은 전무했다. 결국 부모들과 뜻을 같이한 사람들이 모여 보듬청소년지원센터를 설립하게 된 것이다.

보듬이라는 단어 자체가 '엄마가 아이에게 젖을 물려 돌본다'는 뜻을 담고 있다고 했다. 이곳은 단순히 장애 청소년들을 보호하는 공간이 아니다. 그들이 자립할 수 있도록 돕고 교육하는 곳이다. 하지만 운영 과정은 쉽지 않았다.

센터를 시작할 때부터 정부의 지원을 받을 수 없는 상황이었다. 어쩔 수 없이 학부모들의 작은 후원금으로 운영을 이어갔다. 이후 발달장애 학생들을 위한 '방과 후 활동 서비스' 바우처 사업을 따내면서 겨우 안정적인 운영이 가능해졌다. 그럼에도 바우처 사업 자체가 공공 돌봄 시스템이 아닌 민간사업 형태이기 때문에 언제 끊길지 모르는 불안정한 구조였다.

센터를 이용하는 학생들은 초등학교 5학년부터 고등학교 3학년까지 다양했다. 하지만 실제로 센터를 필요로 하는 학생들은 이보다 훨씬 많았다. 장애를 가진 청소년들은 성장할수록 돌봄의 사각지대에 놓이게 된다. 초등학교 저학년까지는 지역아동센터에서 수용이 가능하지만 고학년이 되면 문제 행동이 많아지고, 중학생 이상이 되면 거의 모든 돌봄 시설에서 배제된다. 그렇게 학교가 끝난 후 방황하는 아이들은 결국 집에만 갇히거나 보호자의 손길 없이 거리를 배회하게 된다.

그러나 발달장애 청소년들을 위한 돌봄센터는 전국적으로도 거의 찾아보기 어렵다. 대부분의 지방자치단체에서는 장애인 복지시설을 운영하지만 이는 주로 성인을 위한 시설이다. 청소년들을 위한 별도의 지원체계는 마련되어 있지 않았다. 보듬센터는 진안에서 유일한 장애 청소년 돌봄 기관이었지만, 이마저도 공식적인 사회복지시설로 인정받지 못해 정부의 지원을 받을 수 없었다. 그저 개인이 운영하는 사업체로만 분류되었기 때문에 센터의 운영이 지속될 수 있을지조차 불확실한 상황이었다.

센터에서는 단순히 아이들을 보호하는 것에 그치지 않았다. 아이들이 자립할 수 있도록 교육을 제공하고, 사회에서 살아갈 수 있는 기술을 익히게 하는 데 집중했다. 바리스타 교육, ITQ(문서 프로그램) 자격증 취득 수업, 미술치료, 글쓰기 교육 등이 이루어지고 있었다. 실제로 몇몇 학생들은 바리스타 자격증을 취득했고, 학교를 졸업한 후에는 센터를 찾아 후배들을 가르치는 역할을 맡기도 했다.

선생님들은 "이 아이들은 단순히 배우는 속도가 조금 느릴 뿐 기회를 주고 기다려주면 충분히 성장할 수 있다"고 강조했다.

센터에서 일일 선생님 교육을 제안해서 글쓰기 수업을 진행했다. 학생들에게 '엄마'를 주제로 글을 써보라고 했다. 몇몇 학생들은 펜을 들지 못한 채 멍하니 있었다. 한 학생은 "엄마를 모른다"고 했고, 어떤 학생은 "엄마가 싫다"고 말했다. 센터장은 설명했다. "이곳에는 시설에서 생활하는 아이들이 많아요. 태어나자마자 엄마와 떨어진 아이들도 있고, 가정폭력을 겪거나 부모가 장애를 가진 경우도 많아요. 그래서 '엄마'라는 단어가 아이들에게 좋은 기억이 아닐 수도 있어요."

한참을 망설이던 학생들이 조금씩 글을 써 내려가기 시작했다. 한 학생은 엄마를 한 달에 한 번밖에 보지 못한다고 적었다. "그래도 우리 엄마가 제일 좋아요. 엄마가 오면 기분이 좋아져요." 다른 학생은 "엄마는 나를 항상 사랑했다"는 문장을 반복하며 글을 채웠다. 한 학생은 "엄마는 돌아가셨다. 그때 난 열 살이었다. 장례식을 치른 기억이 난다. 그 외에는 잘 기억이 나지 않는다"라고 적었다. 짧은 글이었지만 아이의 마음이 고스란히 담겨 있었다.

학생들이 차례로 자신의 글을 읽어 내려가자 교실 안은 숙연해졌다. 몇몇 학생들은 글을 읽다가 울먹였고, 선생님들도 눈물을 훔쳤다. 엄마에 대한 기억이 없는 아이들도 있었고, 엄마를 미워하는 아이들도 있었다. 그럼에도 모든 아이들이 엄마를 사랑하고 보고 싶어 하는 마음을 글 속에 담아냈다.

학생들의 글을 들으며 이곳이 단순한 배움의 공간이 아니라, 상처받은 아이들의 마음을 보듬어주는 공간이라는 걸 깨달았다. 그리고 이곳에서 일하는 선생님들과 센터장 역시 같은 상처를 겪고 있는 부모이거나 장애 아이들을 키우는 사람들이다. 그들은 누구보다 아이들의 아픔을 잘 알고 있었고, 그렇기에 더 깊이 공감하고 이해할 수 있었다.

보듬센터는 현재 11명의 정규 학생과 15명의 등록 학생이 이용하고 있지만, 실제로 이곳을 필요로 하는 아이들은 훨씬 많다. 센터를 운영하는 조 센터장은 "계속해서 대기자가 있는데 인력 부족과 공간 문제로 더 많은 아이들을 받을 수 없는 현실이 가장 안타깝다"고 말했다. 그동안 여러 차례 지자체에 지원을 요청했지만 공식적인 사회복지시설이 아니라는 이유로 번번이 거절당했다. "사회복지시설이 아니면 지원할 근거가 없다"는 행정적 이유가 발달장애 청소년들의 삶을 외면하는 결과를 낳고 있었다.

발달장애 청소년들은 우리 사회에서 가장 돌봄이 필요한 아이들이다. 하지만 그들은 가장 보호받지 못하고 있으며, 사회복지의 사각지대에 놓여 있다. 지역아동센터는 초등학생까지밖에 수용하지 못하고, 성인이 되면 그나마도 갈 곳이 없다. 결국 이들은 방치되거나 시설로 들어갈 수밖에 없는 현실이다.

"이 아이들이 사회에서 스스로 살아갈 수 있도록 하는 것이 우리의 목표입니다. 그래서 단순한 돌봄이 아니라 직업교육과 자립교육을 함께 하고 있어요. 하지만 안정적인 운영이 어려워요. 우리가 원하는 건 거창한 지원이 아니라 최소한의 안정적인 운영을 위한 제도적 기반이 마련되는 것입니다." 센터장의 말이었다.

14
돌봄전담사 돌봄 기본법

전국 초등학교 돌봄전담사들이 또다시 총파업을 선언했다. 돌봄전담사들은 왜 이 같은 결정을 내릴 수밖에 없었을까? 현장의 목소리를 직접 듣기 위해 학교비정규직노동조합 전북지부장을 만나 이야기를 나눴다.

전북의 학교에는 약 7000여 명의 비정규직 노동자들이 근무하고 있다. 급식실, 교무실, 돌봄교실, 특수교육 지원 등 다양한 업무를 담당하는 이들은 학교 운영에 필수적인 역할을 맡고 있다. 하지만 여전히 열악한 근무환경과 차별 속에서 일하고 있다. 특히 돌봄전담사들은 아이들을 돌보면서도 최소한의 근무시간조차 보장받지 못하는 상황이었다.

"현재 돌봄전담사들은 하루 4시간 근무를 기본으로 하고 있습니다. 보통 12시 30분이나 1시부터 4시 반, 5시까지 근무하지만 실제 아이들을 돌보는 시간만 계산할 것이 아니라 준비와 정리, 그리고 추가적인 행정 업무까지 고려하면 이 시간은 턱없이 부족합니다. 그런데도 교육청은 근무시간 확대를 거부하고 있습니다."

돌봄전담사들은 아이들을 돌보는 것 외에도 각종 행정 업무까지 떠맡고 있었다. 교사들이 기피하는 업무가 돌봄전담사들에게 전가되는 일이 비일비재했다. 이로 인해 노동 강도는 점점 높아지지만, 정작 이에 맞는 근무시간 보장은 이루어지지 않고 있다.

"지난 8월 4일(2021년) 교육부가 초등 돌봄교실 운영 개선안을 발표하면서 기본적으로 근무시간을 6시간으로 확대하고, 그중 2시간은 행정 업무를 할 수 있도록 하자는 내용이 포함됐습니다. 또 학부모들의 요구를 반영해 돌봄교실 운영시간을 늘려 엄마들이 퇴근할 때까지 아이들을 학교에서 돌봐주자는 계획이었습니다. 교사들은 돌봄 업무를 줄일 수 있고, 돌봄전담사들은 근무시간이 확대되면서 안정적인 환경에서 일할 수 있는 구조였죠. 하지만 전북교육청은 이를 거부했습니다."

교육부가 인건비 지원을 약속했음에도 불구하고, 전북교육청은 근무시간 확대에 대한 의사가 없다고 선언했다. 현행 유지만 하겠다는 입장을 고수하면서, 노조와의 교섭에도 소극적으로 임했다. 결국 노조는 파업을 선택할 수밖에 없었다.

"우리는 처음부터 모든 요구를 한 번에 다 들어달라고 한 것이 아닙니다. 적어도 협상을 통해 점진적으로 돌봄교실을 발전시킬 수 있도록 논의하고 싶었어요. 그런데 전북교육청은 대화조차 거부하고 있습니다."

특히 1~2학년 자녀를 둔 학부모들에게 돌봄교실 운영시간 확대는 절실한 문제였다. 돌봄이 오후 4시 반에 끝나면 부모들은 퇴근 전까지 아이들을 맡길 곳을 찾아야 했다. 돌봄교실이 운영시간을 늘려 저녁까지 아이들을 맡아준다면, 부모들은 훨씬 안정적으로 직장 생활을 할 수 있다.

"학부모들조차도 돌봄 운영시간을 늘려달라고 요구하고 있습니다. 그런데도 교육청은 이런 현실을 외면하고 있어요. 학부모 여론조사에서도 분명히 필요성이 나왔는데도 말이죠."

돌봄전담사들의 시위 현장을 찾았다. 돌봄전담사들은 교육청 로비에서 구호를 외치며 교육청의 입장 변화를 촉구하고 있었다. 한 전담사는 목소리를 높였다. "아이들을 돌보는 게 우리 일이지만 우리는 하루 종일 아이들과 함께하는 동안 휴식시간도, 기본적인 노동의 권리도 보장받지 못하고 있습니다. 그러면서도 행정 업무까지 떠맡고 있죠. 이렇게는 더 이상 일할 수 없습니다."

다른 돌봄전담사도 깊은 한숨을 내쉬며 말했다. "아이들에게 행복하게 지내라고 말하려면 우리도 행복해야 하지 않겠어요? 그런데 우리는 지금 너무 힘듭니다. 불합리한 대우를 받으면서도 아이들에게는 밝은 모습으로 대해야 하니까요."

이번 파업에 대한 학부모들의 의견도 들어보았다. 한 학부모는 파업으로 인해 아이를 돌봐야 하는 상황에 대해 답답함을 토로했다. "일하는 부모들은 어쩌라고요? 학교에서 아이들을 돌봐줘야 하는데, 파업 때문에 갑자기 학원 시간을 조정해야 하고 돌봄이 끝나는 시간에 맞춰서 퇴근해야 하니 너무 힘들어요."

하지만 학부모들도 돌봄전담사들의 처우가 개선될 필요가 있다는 점에는 공감했다. "돌봄 선생님들이 처우 개선을 요구하는 이유도 이해는 가요. 하지만 아이들을 볼모로 삼는 건 아닌지 걱정이 되기도 해요. 결국 중요한 건 서로 대화하는 거 아닐까요?"

다시 민주노총 공공운수노조 전북교육공무직본부의 박미경 부지부장을 만나 이야기를 들었다. 그녀는 현재 돌봄전담사들의 처우가 심각하게 열악하다고 말했다. "우리는 정규직으로 전환되면서 무기계약직이 됐지만 여전히 4시간 아르바이트 노동자로 취급받고 있습니다. 교사 자격증이나 보육교사 자격증을 요구하면서도, 정작 우리에게는 교사로서의 대우는커녕 기본적인 처우조차 개선되지 않고 있어요."

방학 기간에는 돌봄전담사들이 8시간 근무를 하기도 하지만, 이는 자발적인 선택이 아니라 학교의 요구에 따라 이루어지는 경우가 많다고 했다. "방학에는 8시간씩 근무하면서도, 학기 중에는 4시간만 근무하라는 게 말이 되나요? 결국 필요한 시간만큼 일은 시키면서 기본적인 권리는 인정해주지 않는 겁니다."

전북교육청은 공식 입장을 내놓았다. 파업으로 인해 돌봄 공백이 생기지 않도록 가정 돌봄을 안내했고, 지역의 돌봄 기관과 협조하고 있으며, 부득이하게 돌봄이 어려운 학생들에게는 교실을 개방하는 등 조치를 취하고 있다고 밝혔다. 또한 돌봄전담사들의 근무시간 확대에 대해서는 교육부와의 논의가 필요하다는 입장이었다.

하지만 돌봄전담사들은 교육청이 적극적인 해결 의지를 보이지 않는다고 반발했다. "다른 지역 교육청들은 점진적으로 근무시간을 확대해 나가고 있습니다. 그런데 전북교육청은 여전히 소극적인 태도를 보이고 있어요. 결국 교육청의 의지가 부족한 겁니다."

돌봄전담사들의 파업은 단순한 근무시간 문제가 아니다. 이는 돌봄교실이 단순한 아이 돌봄 공간이 아니라, 공적 돌봄의 역할을 강화해야 한다는 문제의식과도 연결되어 있다. 돌봄전담사들이 안정적으로 일할 수 있어야 부모들도 안심하고 아이를 맡길 수 있고, 아이들도 보다 나은 돌봄 환경을 누릴 수 있다.

"우리는 단순히 우리 근무시간을 늘려달라는 것이 아닙니다. 돌봄교실이 공적 역할을 다할 수 있도록 만들어야 합니다. 학부모들도 만족하고, 아이들도 안전하게 머물 수 있는 공간이 되길 바랍니다."

전북교육청과 돌봄전담사들의 갈등이 쉽게 해결될 것 같지는 않았다. 하지만 분명한 것은 돌봄교실이 아이들에게 중요한 공간이라는 점, 그리고 이를 운영하는 돌봄전담사들의 처우 개선이 결국 우리 사회 전체의 돌봄 시스템을 강화하는 길이라는 점이다.

15
휴게소 노동자들

여산휴게소 노동자들이 목소리를 높이며 투쟁을 이어가고 있는 곳. 이곳에서 고속도로를 오가며 스쳐 지나갔던 휴게소의 다른 얼굴을 마주하게 되었다. 그동안 휴게소를 단순히 사람들이 잠시 들러 쉬었다 가는 곳, 출출할 때 간단히 끼니를 해결하는 곳으로만 여겼다. 그러나 그곳을 지키는 노동자들에게는 이곳이 생존의 공간이자 삶의 터전이었다.

2017년 휴게소 운영 업체가 바뀌면서 모든 것이 달라졌다. 기존의 운영사가 40년간 유지되면서 쌓였던 안정적인 노동환경이 한순간에 무너졌다. 새로운 운영사는 비용 절감을 이유로 노동자들의 임금을 삭감했다. 특히 상여금 600퍼센트가 폐지되고 가족수당과 교통수당이 사라지면서 실질적인 임금이 하락되었다. 노동자들이 거세게 반발할 수밖에 없는 이유였다.

당시 상여금 폐지로 연봉이 절반 가까이 줄어든 노동자도 있었다. "2017년 이전과 비교하면 제 연봉은 반 토막이 났습니다. 코로나 이후에는 연장 근무도 없어져서 수입이 더욱 줄었어요." 한 노동자의 말은 단순한 불만이 아니라 생계를 위협받는 현실을 대변하고 있었다.

이들의 투쟁은 2019년부터 본격적으로 시작되었다. 회사 측은 근속수당 폐지를 시도했지만, 노동자들은 필사적으로 막아냈다. 이 수당마저 사라진다면 임금의 안정성조차 보장되지 않기 때문이다. 하지만 회사는 노동자들의 목소리를 외면한 채 '근속수당 폐지'를 계속해서 추진했다. 노동자들은 강하게 반발했고, 결국 노동부가 개입하여 임금 체불 사실을 인정했다.

법적으로도 임금 체불이 확정된 상황에서조차 회사는 이를 부정했다. "노동부에서도 체불이 맞는다고 판정을 내렸는데, 회사는 여전히 부정하고 있어요. 이런 태도를 보면 개선의 의지가 전혀 없다는 걸 알 수 있습니다." 노동자들의 분노가 폭발할 수밖에 없는 순간이었다.

회사는 경영난을 이유로 노동자들의 요구를 받아들일 수 없다고 주장했다. "코로나 이후 매출이 급격히 감소했고, 운영이 어렵기 때문에 임금을 올려줄 수 없습니다." 하지만 노동자들의 이야기는 달랐다. 운영 업체 변경 이후에 노동 강도는 높아졌고, 인력이 줄어든 만큼 노동자 1인당 부담이 커졌다. 실제로 여산휴게소의 노동자 수는 100여 명에서 60명으로 줄어들었지만, 매출 감소와 비례한 것이 아니라는 게 노동자들의 입장이었다. "매출이 줄었다면 인력 감축도 이해할 수 있겠지만, 매출 감소 이상으로 노동자들을 줄여서 부담을 전가하고 있는 겁니다."

사측의 입장을 듣기 위해 인터뷰를 요청했지만, 그들은 서면으로 입장을 전달하는 것에 그쳤다. "부당노동행위는 없었으며 임금 체불 역시 없었다." 회사의 입장은 명확했다. 그러나 노동자들의 현실은 달랐다. 노동부가 인정한 임금 체불이 있었고, 근속수당 폐지를 지속적으로 시도하는 등의 조치가 있었던 것도 사실이었다. 노동자들은 자신들이 조직적으로 괴롭힘을 당하고 있다고 호소했다. "휴일 근로수당을 제대로 지급하지 않는 것뿐만 아니라, 특정 노동자들을 의도적으로 힘든 업무에 배치하는 등 보복성 인사 조치도 계속되고 있어요."

이 문제의 해결을 위해서는 도로공사의 역할이 중요했다. 여산휴게소는 도로공사의 위탁 운영 시설이었고, 도로공사는 관리 책임이 있었다. 하지만 도로공사의 입장은 단호했다. "임금 협상과 근로조건은 노사 간의 자율 협상에 의해 결정될 부분으로, 도로공사가 직접 개입할 수 없다." 그들의 입장은 원론적인 수준에 그쳤고, 실질적으로 노동자들의 고통을 해소할 의지는 보이지 않았다.

그렇다면 여산휴게소의 노동자들은 어떻게 해야 할까? 단순히 지금의 임금 인상을 요구하는 것이 아니라, 노동환경 전반을 개선할 필요가 있었다. 현재와 같은 구조가 유지된다면 운영 업체가 바뀔 때마다 노동자들은 다시 임금 삭감과 근로조건 악화를 감수해야 할 것이다. 노동자들은 이를 막기 위해 도로공사가 더 적극적으로 개입해야 한다고 주장했다. "도로공사가 노사 분쟁이 지속되는 업체에 대해서는 향후 입찰 시 불이익을 주는 등의 조치를 해야 합니다. 그렇지 않으면 앞으로도 같은 문제가 반복될 수밖에 없습니다."

휴게소 노동자들의 현실은 단순한 한 사업장의 문제가 아니다. 대한민국의 수많은 휴게소에서 유사한 문제가 발생하고 있으며, 이는 고속도로를 이용하는 모든 시민들에게도 영향을 미친다. 휴게소는 단순히 음식을 사 먹고 잠시 쉬어가는 공간이 아니다. 수많은 노동자들이 삶을 이어가는 곳이다. 그리고 그들의 권리가 제대로 보장되지 않는다면 그 피해는 결국 우리 모두에게 돌아오게 될 것이다.

우리가 휴게소에서 먹는 음식과 이용하는 서비스가 과연 정당한 노동의 결과물인가? 그 뒤에 숨겨진 부당한 현실을 외면한 채 우리는 편안한 휴식을 취하고 있지는 않은가? 노동자들의 목소리가 단순한 불평으로 치부되지 않기를 바라며, 그들이 인간다운 삶을 보장받을 수 있도록 사회가 더 많은 관심을 기울여야 한다고 느꼈다.

여산휴게소 노동자들은 자신들의 권리를 지키기 위해 싸웠다. 그 싸움은 단순히 그들만의 것이 아니라, 모든 노동자의 싸움일지도 모른다. 노동은 존중받아야 하고, 그 대가는 정당하게 지급되어야 한다.

16
리싸이클링타운의 파업이 반복되는 이유

전주 리싸이클링타운 현장으로 향했다. 음식물 쓰레기 처리 시설에서 어떤 일이 벌어지고 있는지 직접 보고 듣기 위해서였다. 냄새가 진동하는 그곳에서 노동자들은 묵묵히 일하고, 공장의 기계음은 쉼 없이 울려 퍼지고 있었다. 나는 마스크를 단단히 쓰고 있었지만 공기 중에 떠도는 악취는 어쩔 수 없이 코를 찔렀다. 하지만 이곳에서 일하는 사람들에게는 이것이 일상이었다.

도착하자마자 노동조합 관계자를 만났다. 그는 오랜 시간 이곳에서 일해온 사람이었고, 파업을 주도한 주요 인물 중 한 명이었다. 그의 얼굴에는 피곤함과 분노가 동시에 서려 있었다. 그에게 현재의 상황을 물었다. 그는 깊은 한숨을 내쉬며 말했다. "우리는 지난 몇 년 동안 같은 요구를 해왔어요. 임금 인상, 안전한 근무환경, 기계 보수. 하지만 매번 돌아오는 답은 '예산 부족'뿐이었죠."

사실 이곳의 문제는 어제오늘의 일이 아니다. 리싸이클링타운이 문을 연 이후로 이곳에서는 크고 작은 문제가 끊이지 않았다. 설비는 점점 낡아갔고, 악취는 점점 심해졌다. 그럼에도 노동자들은 묵묵히 일해왔다. 결국 더 이상 참을 수 없는 한계점에 도달했다. 임금 협상은 결렬되었고, 노동자들은 파업을 선택했다. 시민들은 음식물 쓰레기 처리가 멈추면 어떤 혼란이 벌어질지 걱정했지만, 정작 이곳에서 일하는 사람들의 처우에는 관심을 두지 않았다.

공장을 둘러보면서 작업환경을 직접 목격했다. 지하 2층, 환기가 제대로 되지 않는 공간에서 노동자들은 하루 종일 음식물 쓰레기와 싸우고 있었다. "여름이면 더 심각해요. 암모니아 냄새에 눈이 따갑고 숨 쉬기가 힘들어요." 한 노동자가 말했다. 그는 손을 들어 자신의 팔을 보여줬다. 작은 화상 자국이 군데군데 남아 있었다. "뜨거운 기름이나 증기에 닿는 건 일상이죠. 하지만 누구도 신경 쓰지 않아요."

리싸이클링타운에서 보낸 몇 시간을 통해 이곳에서 일하는 사람들이 처한 현실을 조금이나마 이해할 수 있었다. 이곳은 단순한 쓰레기 처리장이 아니라 노동자들의 생존이 걸린 공간이었다. 하지만 그들은 존중받지 못했다. 노동환경은 열악했고 안전장치는 턱없이 부족했으며, 보상은 그만한 위험을 감당하기에는 너무도 미약했다.

시청 관계자도 만나보았다. 그는 행정의 입장에서 이 문제를 바라보고 있었다. "우리는 관리 감독을 하고 있습니다. 하지만 민간 업체가 운영하는 시설이기 때문에 개입할 수 있는 범위가 제한적입니다." 그의 말은 얼핏 타당해 보였지만, 결국 노동자들의 처우 개선을 위해 적극적으로 나설 의지가 없다는 의미처럼 들렸다. 실제로 전주시가 이 시설의 운영을 민간에게 맡긴 이유 중 하나는 비용 절감이었다. 그 비용 절감의 대가를 노동자들이 감당하고 있었다.

한 가지 질문을 던졌다. "그렇다면 시민들은 어떻게 해야 할까요? 이 문제를 단순한 노사 갈등으로만 바라봐야 합니까?" 그는 잠시 고민하다가 조심스럽게 대답했다. "시민들도 음식물 쓰레기 처리가 어떻게 이루어지는지, 그 과정에서 어떤 문제가 있는지 좀 더 관심을 가져주셨으면 합니다. 결국 이 문제는 모두가 함께 해결해야 하는 문제니까요."

그 말에 동의하면서도 현실적으로 시민들이 이 문제에 관심을 가지기란 쉽지 않다는 것을 알고 있었다. 대부분의 사람들은 쓰레기를 버리는 순간 그것이 어떻게 처리되는지 신경 쓰지 않는다. 하지만 그 뒤에는 매일같이 악취 속에서 일하는 노동자들이 있었다. 그리고 그들의 목소리는 점점 더 작아지고 있었다.

며칠 후 다시 리싸이클링타운을 방문했다. 파업은 끝났지만 문제는 여전히 해결되지 않았다. 노동자들은 다시 일터로 돌아갔고, 기계는 멈췄던 시간을 만회하듯 바삐 돌아가고 있었다. 하지만 그들의 표정에서 여전히 불안감을 읽을 수 있었다. 언제 또 같은 일이 반복될지 모른다는 불안감이었다.

과연 이 문제를 어떻게 해결할 수 있을까? 단순한 임금 협상을 넘어서 보다 근본적인 변화가 필요하다는 것은 분명했다. 민간 위탁 운영의 한계를 극복하고, 보다 공정하고 지속 가능한 시스템을 구축해야 한다. 노동자들의 처우 개선은 단순한 복지가 아니라 필수적인 사회적 과제다. 그리고 그것은 노동자들만의 몫이 아니라 시민과 행정, 기업이 함께 해결해야 할 문제다.

다시 이곳을 찾게 될 것임을 직감했다. 왜냐하면 이 문제는 아직도 끝나지 않았기 때문이다. 예감은 틀리지 않았다. 수년 사이에 한 명이 숨지고 네 명이 다치는 사고가 났다. 리싸이클링타운에서 흘러나오는 악취만큼이나 이곳에서 일하는 사람들의 한숨도 여전히 공기 중에 떠돌고 있었다.

17
학교 비정규직 연대회의 권리 쟁취

학교 급식실이다. 학생들에게 따뜻한 한 끼를 제공하는 이곳에서 일하는 분들의 목소리를 듣기 위해서다. 급식실은 하루에도 몇 번씩 뜨거운 증기를 뿜고 기름이 튀는 곳이다. 커다란 가마솥에서 뿜어져 나오는 열기,

기름을 부어 조리하는 과정에서 발생하는 유해물질, 조리 기구에서 나오는 가스와 먼지까지. 여기에 환기 시설조차 제대로 갖춰져 있지 않다면, 급식실은 단순한 조리 공간이 아니라 '위험한 작업장'이 될 수밖에 없다.

"지금 여기 환기 시설이 단 하나밖에 없어요. 후드 하나에 의존하고 있는데, 그마저도 기준에 못 미쳐요. 지난해 노동조합에서 전국적으로 급식실 작업환경을 조사했는데, 기준에 부합하는 학교가 단 한 곳도 없었습니다." 한 급식 노동자는 이렇게 말했다. 기준 이하의 풍속, 제대로 빠져나가지 않는 유해물질, 그리고 그것을 매일같이 들이마시며 일하는 급식 노동자들.

환풍기 아래에서 조리하는 모습을 지켜보았다. 커다란 가스 불판 위에서 튀김이 만들어지고 전이 부쳐지는 동안 기름 냄새가 진동했다. "이게 조리흄이에요. 발암물질이라고 알려져 있죠. 저희는 하루에도 몇 시간씩 이걸 들이마시고 있어요." 기름이 타면서 발생하는 유해물질이 후드를 통해 빠져나가지 못하고, 조리하는 사람의 코와 입을 지나 공기 중으로 퍼지는 것이 현실이었다.

급식 노동자들이 겪는 문제는 유해물질만이 아니다. 뜨거운 기름과 물을 사용하는 환경에서 화상 사고는 일상이었다. "큰 솥에서 요리를 하면 최대한 몸을 가까이 붙여야 해요. 그래야 안에 있는 음식을 저을 수 있거든요. 그런데 그 상태에서 끓는 기름이 튀거나 솥을 들다가 미끄러지면 바로 화상을 입죠." 그는 팔을 걷어 보이며 말했다. 손목과 팔뚝에는 크고 작은 화상 자국이 선명했다. "뜨거운 물로 설거지를 하다가 물이 장화 속으로 들어가는 일도 많아요. 한 번 데이면 바로 물집이 생기죠."

학생들에게 건강한 한 끼를 제공하는 사람들은 과연 얼마나 건강하게 일할 수 있는가?

급식실에서는 흔히 '넘어짐 사고'도 발생한다. 바쁜 시간대에는 조리 기구 사이를 빠르게 오가며 일을 해야 한다. 그런데 조리 과정에서 바닥에 물이나 기름이 떨어지면 그 위를 밟고 미끄러지기 쉽다. "급식실에서는 항상 조심해야 해요. 한 번 넘어지면 그냥 넘어지는 게 아니거든요. 손에 들고 있던 조리 도구가 떨어지거나 뜨거운 음식이 쏟아지면 크게 다칠 수도 있어요."

이런 위험을 줄이기 위해 노동자들은 인력 충원을 요구하고 있다. 하지만 현실은 정반대다. "현재 공기업에서는 50~80명당 급식 노동자 한 명 배치가 기준인데, 학교 급식실은 120~150명당 한 명으로 잡혀 있어요. 거의 두 배 차이가 나죠. 업무 강도가 당연히 높을 수밖에 없어요."

학교 급식 노동자들은 공식적으로 '교육공무직'이라는 이름을 얻었다. 하지만 처우 개선은 여전히 더딘 상황이다. "교육공무직이 됐다고 해서 모든 문제가 해결된 게 아니에요. 임금 체계 자체가 불분명합니다. 대부분 186만 원 정도를 받는데, 이 금액이 어떻게 책정된 건지 기준이 없어요. 그냥 해마다 노동자들이 요구하고 싸워서 조금씩 오른 거예요."

여기에 방학 기간에는 급여를 받지 못하는 문제가 있다. "많은 분들이 방학 중에도 급여를 받는다고 생각하시는데, 실제로는 무급이에요. 학교가 방학을 하면 급식실도 문을 닫으니까, 우리는 일할 수 없고 그동안은 급여도 없습니다." 방학 기간에는 추가적인 생계를 위해 아르바이트를 하는 급식 노동자들도 적지 않다. 하지만 나이가 많거나 건강이 좋지 않은 사람들에게는 현실적으로 쉽지 않은 일이다.

"결국 급식 노동자들은 방학 때 임금이 없으니까 다른 일자리를 찾아야 하지만, 정작 계약직이 아니고 교육공무직이라는 무기 계약직으로 묶여 있기 때문에 다른 곳에서 일하기도 어려운 상황이죠."

학교 급식실 환경 개선을 위해 교육청에서도 움직이고 있다. "전라북도 교육청에서는 올해부터 환기 시설을 점검하고, 환기 설비를 교체하는 작업을 진행하고 있습니다. 하지만 여전히 많은 학교에서 환기 설비가 기준에 미치지 못하고 있어요." 대변인은 이렇게 말했다. 교육청은 전기식 조리 기구로 교체하는 작업도 진행 중이다. 하지만 여기에 따른 문제점도 존재한다. "전기식 조리 기구는 가스보다 조리 시간이 오래 걸려요. 그러다 보니 현장에서는 여전히 가스를 쓰는 게 낫다고 하는 경우도 많습니다."

인력 문제에 대한 해결책도 논의되고 있다. "현재 인력풀 제도를 운영하고 있지만, 대체 인력을 구하기 어려운 상황이에요. 그래서 급식 노동자를 포함한 TF 팀을 구성해서 보다 효율적인 대체 인력 제도를 마련하고자 합니다."

하지만 노동자들은 여전히 부족한 인력이 가장 시급한 문제라고 지적한다. "세척기, 건조기 같은 시설이 수도권에서는 자동화되고 있는데, 우리 지역은 여전히 수작업이 많아요. 그럼 인력이라도 충원해야 하는데, 인원 충원 없이 기존 인력만으로 운영하니까 근골격계 질환이 생기는 건 당연하죠."

급식 노동자들의 요구는 거창한 것이 아니다. 그들은 "학생들에게 건강한 음식을 제공하려면 우리도 건강해야 한다"라고 말한다. 조리 과정에서 발생하는 유해물질을 줄이기 위한 환기 시설 교체, 화상과 낙상을 줄이기 위한 안전장치 마련, 그리고 지나치게 높은 업무 강도를 완화할 수 있도록 인력 충원이 필요하다.

이 문제를 해결하기 위해서는 교육청뿐만 아니라 학부모와 학생들의 관심도 필요하다. "학생들이 먹는 급식이 어떻게 만들어지는지, 그 과정에서 어떤 어려움이 있는지 더 많은 사람들이 알았으면 좋겠어요." 급식실의 노동환경이 개선된다면 학생들에게도 더 안전하고 건강한 식사가 제공될 수 있다.

학교는 교육의 공간이지만, 그 교육을 위해 묵묵히 일하는 사람들이 있다. 급식 노동자들은 단순히 밥을 만드는 사람이 아니다. 그들은 아이들의 건강을 책임지는 중요한 역할을 맡고 있다. 그렇다면 우리 사회는 그들의 건강을 어떻게 책임지고 있는가? 급식실 노동자들의 목소리가 정책으로 반영되고, 더 안전한 환경이 조성될 수 있을까? 학생들에게 건강한 한 끼를 제공하는 사람들은 과연 얼마나 건강하게 일할 수 있는가?

18
대출 상환 못하는 소상공인들

전주 서부 신시가지에 들어서자 상가들의 네온사인이 여전히 밝았지만 거리는 생각보다 조용했다. 점심시간이면 북적일 것 같은 식당들도 절반 이상이 한산했다. 주말 저녁이면 사람들이 몰려 북적일 이곳이지만, 평일 낮의 모습은 전혀 달랐다. 자영업자, 소상공인들의 현실을 듣기 위해 이곳을 찾았다. 코로나19의 충격에서 벗어나기도 전에 고금리, 물가 상승, 대출 상환 부담까지 겹쳐 벼랑 끝에 내몰린 이들의 목소리를 직접 듣고 싶었다.

가장 먼저 만난 사람은 전북소상공인협회 임규철 회장이었다. 그는 긴 한숨을 내쉬며 말했다. "솔직히 말하면 코로나 시국보다 지금이 더 힘들어요. 그때는 그래도 정부가 지원이라도 해줬잖아요. 지금은 지원도 줄었고, 대출금은 상환해야 하고, 손님은 줄고……. 하루하루 버티는 게 기적 같은 상황입니다." 그의 말에서 현실의 무게가 느껴졌다.

실제로 많은 자영업자들이 코로나19 때 받은 긴급대출로 버텼는데, 이제 그 대출의 원금과 이자를 갚아야 하는 시기가 왔다. 그러나 매출이 예전처럼 회복되지 않았다. 이들에게 이제 대출은 숨통을 틔워준 것이 아니라 올가미가 되어버렸다.

한 식당을 찾았다. 문을 열고 들어서자 점주는 힘들게 말문을 열었다. "이제 4년 차인데, 코로나 때보다 지금이 더 힘들어요. 당시에는 그래도 정부에서 대출도 해주고, 지역사랑상품권도 있었잖아요. 지금은 그런 지원이 다 끊기고, 대출금을 갚아야 하는데 매출은 줄고 손님들도 씀씀이를 줄였어요."

그의 이야기에 집중했다. 그의 말대로 정부의 지역사랑상품권 예산이 전액 삭감되면서, 전통시장과 소상공인 상권을 살리던 소비자들의 발길도 줄어들었다. "예전에는 손님들이 지역화폐를 많이 썼어요. 그런데 이제는 그 혜택이 없으니 소비 자체가 줄었어요. 정부에서는 경제가 정상화됐다고 하는데, 우리한테는 전혀 정상적이지 않아요."

그는 대출을 받아서 버텨왔지만, 이제는 그마저도 한계에 다다랐다고 했다. "대출받은 돈으로 가게 운영하고 직원 월급 주고 임대료 내고 했어요. 그런데 이제는 원금과 이자를 갚으라고 하니까 도저히 감당이 안 돼요."

그에게 현재 대출 상황을 물었다. "이자만 해도 한 달에 몇백만 원씩 나가요. 원금까지 갚으려면 손에 남는 게 없어요. 가게 운영하면서 내 월급은커녕 적자만 쌓이는 상황이에요." 그가 힘겹게 웃었다. "폐업을 고민하기도 해요. 그런데 폐업을 하면 빚을 어떻게 갚아요? 그러면 진짜 길거리에 나앉아야 하거든요. 폐업을 하고 싶어도 대출금을 다 갚아야 폐업할 수 있어요."

그의 가게를 둘러보았다. 메뉴는 제육볶음, 버섯전골, 해물전골 같은 대중적인 음식들이었다. 매출을 올리기 위해서는 더 많은 손님이 필요했다. 그런데 소비 심리는 위축됐고, 사람들은 외식을 줄였다. 게다가 가게는 2층에 자리 잡고 있었다. "1층 자리 임대료가 너무 비싸서 2층으로 왔는데, 확실히 장사가 어렵죠. 그래서 SNS 마케팅을 하면서 버티고 있어요." 요즘 자영업자들에게 온라인 마케팅은 필수가 되었지만, 그것만으로는 한계가 있었다.

그는 인건비를 줄이기 위해 서빙 로봇과 키오스크를 도입했다고 했다. "예전에는 직원이 두세 명 있었어요. 주문받고 서빙하고 결제하고. 그런데 지금은 다 자동화했어요." 그는 테이블 위에 놓인 작은 터치스크린을 가리켰다. "이걸로 손님이 직접 주문하고 결제까지 해요. 그리고 서빙 로봇이 음식을 가져다주죠. 직원이 하는 일이 줄어드니까 인건비가 확 줄었어요."

나는 "그럼 아르바이트생들은 어떻게 됐나요?" 하고 물었다.

그는 잠시 망설이다가 대답했다. "일자리는 줄었죠. 그런데 솔직히 말하면 요즘 아르바이트생 구하는 것도 어려워요. 시급이 계속 오르고 인력을 뽑아도 오래 일하지 않으려 해요. 차라리 로봇을 도입하는 게 낫다고 판단했어요."

이 상황이 단순한 인건비 절감 문제가 아니라 소비자와 자영업자, 그리고 아르바이트 노동자들 모두가 영향을 받는 문제라는 것을 실감했다. 자영업자들은 생존을 위해 자동화 기술을 도입하고 있지만, 그 때문에 일자리가 줄어들고 기존 아르바이트 노동자들이 피해를 보는 구조가 만들어지고 있었다. 결국 이 변화는 단순한 기술 도입이 아니라 자영업 생태계 자체를 변화시키고 있는 셈이었다.

또 다른 자영업자를 만났다. 이번에는 비교적 규모가 큰 식당이었다. 그는 "우리 같은 대형 식당도 쉽지 않아요. 매출이 줄고 재료비가 폭등했어요"라고 했다. "식자재 값이 말도 안 되게 올랐어요. 한 달 전보다 또 올랐어요. 고기, 채소, 밀가루까지 안 오른 게 없어요. 그런데 가격을 올리면 손님이 줄어드니까 결국 우리가 감당해야 해요."

그는 정부의 지원책이 실질적이지 않다고 비판했다. "소상공인 지원금이 있다고 하는데, 기존 대출을 받은 사람은 제외되는 경우가 많아요. 가장 힘든 사람들이 혜택을 못 받는 거죠." 실제로 전라북도의 소상공인 지원 사업이 있었지만, 기존에 지원을 받은 사람들은 추가 지원을 받을 수 없는 조건이 많아 실질적인 도움이 되지 못하고 있었다. "우리는 코로나 때 대출을 받았어요. 그런데 이제 대출금이 문제예요. 폐업을 하고 싶어도 대출이 남아 있어서 폐업도 못해요."

소상공인들은 폐업을 선택할 자유조차 없었다. 대출을 갚아야 하기에 장사를 이어가지만, 매출이 줄어들면서 빚은 더욱 늘어나는 악순환에 빠져 있었다. 이 문제를 해결하려면 단순한 지원책이 아니라 소상공인들이 실제로 살아남을 수 있는 정책과 환경이 필요했다.

19
가습기 살균제 피해자들

가습기 살균제 피해자들. 14년이 넘도록 이들은 고통 속에서 살아왔고, 오늘도 같은 싸움을 반복하고 있었다. 국회 앞에서, 거리에서, 기자회견장에서. 하지만 사람들은 이제 이 이야기에 익숙해졌고, 그 익숙함은 무관심이 되었다.

전북가습기피해자연합의 이요한 대표를 만났을 때 그는 이미 지쳐 있었다. 오랜 싸움이 그의 얼굴에 고스란히 남아 있었다. "국회의원들도 만나고, 기자들도 만나고, 방송에도 나가고, 할 수 있는 건 다 해봤어요. 그런데도 변하는 건 없어요. 선거철이 다가오면 다들 지역구로 내려가 버리고, 우리는 다시 혼자가 됩니다." 그의 말은 체념에 가까웠다. "13년이 흘렀어요. 처음엔 뭔가 바뀔 거라고 믿었죠. 하지만 지금은요? 피해자들은 여전히 고통 속에 있고, 어디에 하소연해야 할지도 모릅니다."

그는 딸 이야기를 꺼냈다. 가습기 살균제 피해로 폐 기능이 망가진 딸은 지금도 방 안에서 생활하고 있었다. "학교도 못 가고, 밖에도 잘 못 나가요. 호흡기 문제는 계속 악화되고 있고, 이제는 만성 폐쇄성 폐 질환까지 왔다고 해요. 자다가도 숨이 막혀서 깨요. 어느 날은 저한테 그러더라고요. '아빠, 나 그냥 자다가 죽는 거 아니야?' 그 말을 듣는데 정말 죽고 싶었습니다."

그의 손이 떨리고 있었다. "산소통을 들고 다니면 오래 못 산대요. 기계에 의존하면 스스로 숨 쉬는 기능이 더 저하된다고 해요. 하지만 그런

거 다 떠나서 내 딸이 평범한 삶을 살 수 없다는 게 너무 억울해요."

그의 말을 들으며 이 싸움이 얼마나 지독한 것인지 다시금 깨달았다. 피해자들은 단순히 보상을 원하지 않았다. 그들은 정상적인 삶을 원했다. 그러나 정부는 여전히 책임을 회피하고 있었고, 기업들은 배상보다는 소송을 질질 끄는 데만 집중하고 있었다.

"2012년에야 원인을 알았어요. 하지만 2016년에 가서야 피해자로 인정받았죠. 그런데도 보상은커녕 치료비조차 제대로 지원받지 못하고 있어요. 의료비 신청하면 두 달씩 걸려요. 그동안 치료는 어떻게 하라고요?" 그는 한숨을 내쉬었다. "이제 피해자들은 은행 대출도 못 받아요. 돈이 없어서 치료도 못 받고, 결국 기초생활수급자로 전락하는 사람들이 많아요. 가정이 파탄 나고, 어떤 사람들은 요양병원에서 쓸쓸히 생을 마감하기도 해요. 도대체 이게 뭐냐고요."

또 다른 피해자를 만나러 갔다. 이병식 씨. 그는 부모님 두 분을 가습기 살균제로 잃었다. "처음엔 몰랐어요. 그게 위험한 줄도 모르고, 살균이 된다니까 좋다고 생각했죠. 그런데 몇 년 지나니까 부모님이 감기처럼 기침을 하기 시작했어요. 병원에서도 원인을 몰랐어요. 결국 아버지가 폐렴으로, 어머니가 폐암으로 돌아가셨어요." 그는 담담하게 말했지만, 손은 떨리고 있었다. "돌아가시고 나서야 원인을 알았어요. 가습기 살균제 때문이었어요. 너무 늦었죠."

그는 부모님의 피해를 인정받기까지도 오랜 시간이 걸렸다고 했다. "2018년에 신청했어요. 그런데 1년이 넘게 걸렸어요. 인정받기도 힘들었고, 4단계 피해자로 분류됐어요. 단계가 뭔지 아세요? 1단계, 2단계는 그나마 보상이 되지만 3단계, 4단계는 피해자로 인정받기도 힘들어요. 결국 부모님은 4단계로 인정받았고 보상도 거의 없었어요." 그는 한숨을 쉬었다. "내가 부모님께 그걸 사다 드렸어요. 내가 죽인 거나 마찬가지예요. 어머니는 돌아가시기 전에 나한테 그러셨어요. '내가 너 때문에 죽는다'고. 그 말이 10년이 지나도 잊히지 않아요."

그는 형제들과도 멀어졌다고 했다. "우리는 이 일 때문에 가족이 깨졌어요. 형제들도 나를 원망해요. 부모님이 돌아가신 후부터 우리는 제대로 된 대화를 해본 적이 없어요." 그는 한동안 말을 잇지 못했다. "어머니가 꿈에 나와요. 그럴 때마다 미칠 것 같아요. 나는 그저 효도한다고 생각했는데, 그게 부모님을 죽인 일이 돼버렸어요."

이 모든 이야기를 들으며 가슴이 답답해졌다. 피해자들은 여전히 싸우고 있었다. 국가가 책임을 인정하기까지도 오랜 시간이 걸렸고, 이제 겨우 일부 판결이 나왔지만 보상액은 터무니없이 적었다. "300만 원, 400만 원, 500만 원. 이게 우리한테 내려진 국가배상금이에요. 이걸로 뭘 하라는 거죠?" 최예용 소장은 말했다. "이 사건은 단순한 기업의 실수가 아니에요. 정부도 책임이 있어요. 그런데도 책임지는 사람이 없어요. 피해자들만 계속 죽어가고 있어요."

그가 하는 말이 무엇인지 너무도 잘 알았다. 이 싸움은 끝나지 않았다. 피해자들은 여전히 거리에서 목소리를 높이고 있고, 정부는 여전히 미온적인 태도로 일관하고 있으며, 기업들은 책임을 회피하고 있다. 이 싸움을 계속해서 기록해야 한다. 이들이 더 이상 외롭지 않도록, 그들의 목소리가 묻히지 않도록.

이요한 대표에게 물었다. "끝까지 싸우실 건가요?"

그는 힘없이 웃었다. "그렇죠. 우리가 멈추면 아무도 이 일을 기억하지 않을 테니까요."

20
보훈 대상자와 가족들의 삶

전북 보훈회관을 찾았을 때 한낮의 더위 속에서도 푸른 제복을 입은 사람들이 모여 있었다. 그들은 참전 용사였고 전몰군경의 유가족이었으며, 여전히 몸과 마음에 전쟁의 흔적을 안고 살아가는 보훈 대상자들이었다. 그들의 이야기를 듣기 위해 이곳을 찾았다. 호국보훈의 달, 우리는 매년 이 시기에 그들의 희생을 기억하지만, 그 기억이 단 한 달에만 머물러서는 안 된다. 그들이 살아가는 현실을 깊이 들여다보고 싶었다.

월남전참전자회 전북지부를 찾아가자 70대 중반을 넘긴 노병들이 삼삼오오 모여 이야기를 나누고 있었다. 고광남 지부장은 반갑게 맞으며 말했다. "우리 회원이 5200명이었는데 지금은 4900명도 안 될 겁니다. 매달 전우들이 하나둘씩 세상을 떠나고 있거든요. 6·25 참전 용사들보다도 빠르게 줄어들고 있어요." 그의 목소리엔 쓸쓸함이 배어 있었다.

"우리는 전쟁이 끝난 후에도 전쟁을 계속하고 있어요. 고엽제 후유증, 외상 후 스트레스 장애PTSD, 각종 질환들. 전쟁터에서 살아남았지만 제대로 숨 쉬며 살아가는 게 힘듭니다." 그는 1971년 의무병과 소속으로 월남전에 파병되었다.

"우리는 전투만 치른 게 아니었어요. 부상자를 실어 나르고 사망자를 확인하고 끝없는 포격 속에서 버텨야 했습니다. 헬기가 떨어지고 팬텀기가 폭격을 가하고, 그 속에서 우리는 살아남아야 했죠. 하지만 더 끔찍한 건 우리가 맞서 싸워야 했던 적이 누군지조차 알 수 없었다는 거예요. 베트콩인지 일반 주민인지 분간이 안 갔어요. 그렇게 하루에도 수십 명이 쓰러졌습니다."

그의 손이 떨리고 있었다. "그 기억이 평생 떠나지 않아요. 밤마다 악몽을 꿉니다. 지금도."

그의 말처럼 월남전 참전 용사들은 단순한 신체적 후유증을 넘어 정신적인 트라우마를 평생 안고 살아간다. 하지만 그들에게 돌아온 것은 무엇이었을까? 보훈 수당은 지역별로 차이가 컸고, 전북은 여전히 전국 평균보다 낮았다. "타 지역은 60만 원도 받는데, 우리는 20만 원도 못 받습니다. 이게 말이 됩니까?" 그는 분노했다. "우리는 나라를 위해 싸웠어요. 그런데 정작 나라가 우리를 잊고 있는 것 같아요."

대한민국전몰군경미망인회 전북지부도 찾았다. 전쟁에서 남편을 잃고, 평생을 혼자 자녀를 키우며 살아온 여성들이 모여 있었다. 양승이 지부장은 말했다. "우리 남편들은 나라를 위해 희생했어요. 그런데 우리가 살아가는 건 너무 힘듭니다. 연금이 부족해서 생활이 어려워요. 병원비 지원도 충분하지 않고, 교통비조차 지원이 안 됩니다. 90세가 넘은 회원들도 많아요. 이동하는 것도 힘든데, 버스 한 번 타려면 돈 걱정을 해야 해요."

또 다른 회원 방재순 씨는 남편이 고엽제 후유증으로 세상을 떠났다고 했다. "남편이 살아 있을 때는 병원비가 너무 많이 들어서 힘들었어요. 그런데 남편이 떠나고 나니까 이제는 나 혼자 살아가는 게 너무 힘들어요. 연금이 적어서 생활이 어려워요. 병원비도 부담되고 아이들도 키우느라 고생했어요. 그런데 아무런 혜택이 없어요."

그녀의 말은 곧 미망인들의 현실이었다. "남편이 국가유공자여도 우리가 그 혜택을 그대로 받을 수 있는 게 아니에요. 남편이 살아 있을 때는 의료 지원을 받았지만 미망인이 되면 모든 지원이 끊깁니다. 우리는 왜 보호받지 못하는 걸까요?"

전몰군경의 가족들도 비슷한 어려움을 겪고 있었다. 정복순 씨는 남편이 6·25 전쟁 당시 부상을 입고, 결국 후유증으로 세상을 떠났다고 했다. "젊었을 때는 남편 간호하느라 내 몸 돌볼 새도 없었어요. 그런데 이제는 내가 너무 아파요. 병원을 가야 하는데 의료 혜택이 부족해서 갈 엄두가 안 나요. 우리도 이제 나이가 많은데 국가가 좀 더 신경 써줬으면 좋겠어요."

다시 월남전 참전 용사들을 찾았다. 그들은 2022년에야 '해외 파병 용사의 날'이 국가 기념일로 지정됐지만 여전히 예산 지원이 부족하다고 했다. "정부에서 기념일을 지정해준 건 좋은데 예산이 없어요. 그래서 행사를 하기도 어렵습니다. 내년에는 국가가 제대로 예산을 책정해서 우리를 위한 기념식을 제대로 열어줬으면 좋겠어요."

그들의 요구는 거창한 것이 아니었다. 최소한의 생활을 유지할 수 있는 지원, 병원에 갈 수 있는 의료 혜택, 그리고 자신들의 희생이 잊히지 않도록 하는 예우다. 하지만 현실은 여전히 그들의 기대를 충족시키지 못하고 있었다.

21
떠나는 학교 급식 노동자들

전북의 한 학교 급식실에 들어섰을 때 가장 먼저 느낀 것은 뜨거운 열기였다. 창문을 모두 열어놨지만 공기는 무겁게 가라앉아 있었고, 주방의 조리대에서는 계속해서 뜨거운 김이 올라왔다. 급식실 노동자들은 얼굴에 땀을 흘리며 분주하게 움직이고 있었다.

그들이 만들어내는 한 끼가 학생들에게는 익숙한 일상이겠지만, 이 공간에서 일하는 노동자들에게는 매일이 고된 노동의 연속이었다. 나는 최근 급식실 노동자들의 퇴직이 급증하고 있다는 이야기를 듣고 이곳을 찾았다. 대체 무슨 일이 벌어지고 있는 걸까?

급식실에서 조리 업무를 맡고 있는 한 분을 만났다. 그는 18년째 이 일을 해왔는데 퇴사를 고민하고 있다고 말했다. "솔직히 말하면 이제 더 이상 몸이 못 버틸 것 같아요. 저만 그런 게 아니라 주위 동료들도 마찬가지예요. 하루 종일 서서 일하는 것도 힘들지만, 문제는 이곳 환경 자체가 우리 몸을 망가뜨리고 있다는 거예요."

그는 손목을 내밀었다. 손목에는 수술 자국이 선명하게 남아 있었다. "2년 전에 손목터널증후군으로 수술을 받았어요. 쌀 포대, 무거운 냄비, 식판을 계속 들어 올리다 보니까 손목이 버티질 못했죠. 문제는 수술을 해도 나아지지 않는다는 거예요. 다시 같은 일을 하니까 증상이 또 악화되는 거죠."

학교 급식실 노동자들은 매일 500명 이상의 식사를 준비한다. 뜨거운 조리 기구 앞에서 하루 종일 서서 일하며, 기름이 튀는 환경에서 일해야 한다. 무엇보다 심각한 것은 폐암의 위험이다. "조리 연기가 폐암을 유발할 수 있다는 걸 아세요?" 김 씨가 물었다. "우리는 매일같이 이 연기를 마시면서 일해요. 특히 튀김 요리를 할 때 기름에서 나오는 연기가 직접적으로 폐로 들어가요. 그런데 환기 시설이 제대로 갖춰지지 않은 학교가 아직도 많아요."

실제로 연구에 따르면, 급식실 노동자들은 일반인보다 폐암 발병률이 훨씬 높다. 조리 과정에서 발생하는 유해물질이 장기간 축적되면서 폐 질환을 유발하는 것이다. 급식실을 둘러보았다. 바닥은 기름기로 미끄러웠고, 조리 기구 곳곳에 뜨거운 열기가 감돌았다. 후드가 설치되어 있었지만 연기를 완전히 빨아들이지 못하는 듯했다.

"이게 개선된 거예요." 김 씨가 말했다. "예전에는 더 심했어요. 이제야 후드를 설치하고 환기 시설을 조금씩 손보는 중인데, 아직도 갈 길이 멀어요."

정부와 교육청은 환기 시설 개선을 위해 예산을 투입하고 있다고 발표했다. 하지만 현장에서는 여전히 체감할 수 없다는 반응이 많았다. "우리 학교도 2027년까지 개선 예정이라는데, 그때까지 우리는 그냥 참고 일해야 하는 거죠. 그동안 폐가 망가지면 그 책임은 누가 지나요?"

"대부분 방학 때 한의원 다니고 물리 치료 받으면서 다음 학기를 준비해요.
방학이 휴식 기간이 아니라 몸을 다시 만들기 위한 시간이죠."

급식실 노동자들의 산업재해 신청에 대해 물었다. "산재 신청이요? 쉬운 줄 아세요?" 김 씨는 헛웃음을 지었다.

"우리는 다쳐도 웬만하면 산재 신청을 안 해요. 신청 절차가 너무 복잡하고, 학교에서는 가능한 한 조용히 넘어가길 원하거든요. 예전에 한 동료가 손목 인대가 끊어져서 수술을 받았는데, 산재 신청하는 데 몇 달이 걸렸어요. 결국 본인이 병원비를 부담했죠. 산재 승인을 받더라도 그 이후에 학교에서 눈치를 보게 돼요. '저 사람은 사고가 잦은 사람이야'라는 낙인이 찍히면 계약 연장이 어려워지거든요."

이들은 대부분 비정규직이다. 계약직으로 일하다가 일정 기간이 지나면 정규직으로 전환되지만, 여전히 계약이 불안정한 학교들도 많다. 무엇보다 가장 큰 문제는 방학 동안 급여가 지급되지 않는다는 점이다. "방학이 되면 우리는 그냥 쉬어야 해요. 물론 쉬는 건 좋은데, 문제는 급여도 같이 끊긴다는 거죠." 김 씨는 한숨을 내쉬었다.

"우리는 한 달 치 월급을 받는 게 아니라, 학기 중에 일한 날짜만큼만 받는 구조예요. 방학이 길어질수록 수입이 줄어들죠. 그래서 방학 때 아르바이트를 하는 사람들도 많아요. 청소 일, 음식점 서빙, 편의점 아르바이트까지. 그런데 몸이 이미 한계인데, 방학 때도 일해야 하니 다들 지쳐가는 거죠."

나는 전국교육공무직본부 전북지부 관계자도 만났다. 그는 현재 급식실 노동자들의 퇴직이 급증하고 있다고 설명했다.

"조리 노동 강도가 너무 높고, 건강 문제가 심각해지면서 많은 분들이 떠나고 있어요. 특히 최근 들어 신규 채용된 노동자들이 몇 달도 못 버티고 나가는 경우가 많아요. 정읍에서는 작년에 아홉 번이나 추가 채용을 해야 했어요. 그만큼 퇴직률이 높은 거죠. 이제는 지원자도 줄어들고 있어요. 학교 급식실에서 일한다는 게 이렇게 힘든 줄 몰랐다며, 하루 나 이틀 일해보고 그만두는 사람도 많습니다."

다시 급식실을 찾았다. 조리대에서는 또 다른 노동자가 분주히 움직이고 있었다. "이제 곧 방학이잖아요. 방학 동안 뭐 하실 계획이세요?" 내가 묻자, 그는 쓴웃음을 지었다. "방학 동안 치료받아야죠. 허리도 아프고 무릎도 아파요. 대부분 방학 때 한의원 다니고 물리 치료 받으면서 다음 학기를 준비해요. 방학이 휴식 기간이 아니라 몸을 다시 만들기 위한 시간이죠." 그들에게 방학은 단순히 쉬는 시간이 아니라 다음 학기를 버티기 위한 준비 기간이었다.

22
학교 안 예술강사들의 생계 호소

2025년도 정부 예산안에서 문화체육관광부 예산이 국가 전체 예산에서 차지하는 비중이 15년 만에 최저치를 기록했다. 예산 삭감은 단순한 숫자의 감소가 아니다. 그것은 곧 예술교육의 기회가 줄어든다는 것이고, 학생들이 누려야 할 문화적 경험이 제한된다는 것을 의미한다.

이번 예산 삭감으로 가장 큰 타격을 받는 것은 학교 예술강사들이다. 강사들은 수업 시수 감소로 임금이 줄어들어 생계를 걱정해야 하는 처지에 놓였다. 하지만 그보다 더 걱정되는 것은 아이들이다. 강사들이 떠나고 수업이 줄어들면 예술교육을 받을 기회 자체가 사라지는 것이다.

이런 현실을 직접 듣기 위해 익산으로 향했다. 이곳에서는 예술강사들이 비상대책위원회를 구성하고 적극적인 대응에 나서고 있었다. 그들을 만나는 순간 단순히 '예산 삭감'이라는 단어로 표현될 수 없는, 훨씬 더 깊고 복잡한 문제의 한가운데에 서 있다는 것을 깨달았다.

먼저 국악 판소리 전공의 예술강사를 만났다. 그녀는 씁쓸한 표정으로 말을 이었다. "정확한 날짜는 기억나지 않지만, 비상대책위원회를 만든 것은 8월 중순에서 9월 초였어요. 그런데 사실 예산 삭감 이야기는 작년부터 있었습니다. 올해 국고가 이미 50퍼센트 삭감되었는데, 내년에는 72퍼센트 삭감된다고 하더라고요." 그녀는 말을 잇기가 어려운 듯했다. 내년 예산이 통과되면 강사비가 대폭 삭감되는 것은 물론이고, 아예 수업이 없어질 수도 있다는 현실을 받아들이기가 힘들었던 것이다.

학교예술강사 지원 사업은 2000년부터 시작된 정부 사업이다. 그동안 국악, 무용, 연극, 공예, 디자인, 만화·애니메이션, 사진, 영화 등 8개 분야의 예술강사들이 전국의 학교에서 학생들과 함께했다. 이들은 단순한 '외부 강사'가 아니다. 교과과정 속에서 학생들에게 예술을 가르치고, 아이들이 창의력을 발휘할 수 있도록 돕는 중요한 역할을 해왔다. 하지만 이제 그들의 역할이 사라질 위기에 처해 있다.

무용 예술강사인 한 선생님도 같은 우려를 전했다. "작년에만 해도 335시간 수업을 했는데, 올해는 133시간도 채우지 못했습니다. 수업이 줄어들면서 생계를 위해 다른 아르바이트를 해야 하는 강사들도 많아졌어요. 사실 예술교육에만 집중하고 싶지만, 현실이 그걸 허락하지 않아요." 그녀는 학생들과 함께하는 시간이 줄어드는 것이 무엇보다 안타깝다고 했다. "아이들은 예술을 통해 감정을 표현하고, 협동을 배우고, 창의력을 키울 수 있어요. 그런데 지금처럼 예산이 줄면 그 기회가 사라지잖아요."

공예 분야의 강사도 비슷한 고민을 털어놓았다. 그는 12년째 학교에서 공예를 가르쳐왔다. "많을 때는 400시간 넘게 수업을 했어요. 그런데 올해는 시수가 반 이상 줄었습니다. 아이들이 제일 먼저 묻는 게 '오늘은 뭘 만들어요?'예요. 그만큼 수업을 기대하고 있는 거죠. 그런데 앞으로는 그 질문을 들을 기회조차 없을지도 모릅니다."

그는 자연물을 활용한 창작 활동을 통해 아이들에게 환경 보호의 중요성까지 가르쳐왔다. "우리는 단순히 공예를 가르치는 게 아니라, 아이들에게 환경을 생각하는 법도 가르칩니다. 그런데 이런 교육이 줄어든다면 그 빈자리는 어떻게 채워야 할까요?"

강사들의 말 속에서 단순히 '일자리'의 문제가 아니라, 교육의 본질에 대한 문제를 발견했다. 예술교육은 단순히 '그림을 그리고 춤을 추고 노래를 부르는 것'이 아니다. 그것은 아이들이 감정을 표현하고 자신을 발견하며 세상을 이해하는 방식이다. 하지만 정부는 이를 하나의 '비용'으로만 보고 있었다.

전북특별자치도 교육청 문예체건강과 이석희 과장도 우려를 표했다. "올해도 예산이 줄어들면서 강사의 수업 시수가 감소했습니다. 내년에 국고가 지원되지 않으면 대응 예산을 마련하기 위해 노력해야 하지만, 현실적으로 모든 시수를 유지하기는 어려울 겁니다." 교육청에서도 문제의 심각성을 인지하고 있었지만, 중앙정부의 지원이 없다면 대책 마련이 쉽지 않다는 것이었다.

그렇다면 다른 지역에서는 어떻게 대응하고 있을까? 강원도 교육청은 문화예술 교육 기회를 유지하기 위해 2024년 지방 교육재정을 100퍼센트 투입했다. 예술강사들의 수입을 유지하고, 학생들이 예술교육을 받을 기회를 지키기 위해 적극적으로 나선 것이다. 전북에서도 이런 대응이 필요하지만 여전히 논의는 더딘 상황이었다.

현장에서 강사들의 목소리를 듣고, 그들의 수업을 기다리는 학생들을 떠올렸다. 아이들은 자신이 좋아하는 예술수업을 통해 세상을 배운다. 하지만 어른들의 결정 하나로 그 배움의 기회가 사라질 수도 있다. 예산 삭감은 단순한 행정적 조정이 아니다. 그것은 한 명의 강사가 직업을 잃는 것이고, 한 명의 학생이 꿈꿀 기회를 빼앗기는 것이다.

이 문제를 단순히 예산의 논리로만 바라볼 수 없다고 생각한다. 문화예술교육은 비용이 아니라 투자다. 우리가 예술교육을 줄이는 순간 우리 아이들은 감정을 표현하는 법을 잃게 되고, 창의성을 발휘할 기회를 빼앗기게 된다. 선진국에서 문화예술교육을 우선적으로 지원하는 이유가 바로 여기에 있다. 문화예술은 단순한 선택 과목이 아니라 아이들의 정서적 성장과 창의적 사고를 키우는 필수 교육이기 때문이다.

정부가 진정으로 아이들의 미래를 고민하고 있다면 예술교육을 우선순위에서 밀어내서는 안 된다. 강사들이 안정적인 환경에서 가르칠 수 있도록 지원해야 하고, 아이들이 마음껏 예술을 경험할 수 있도록 기회를 보장해야 한다. 예술교육이 단순한 '비용'이 아닌, 우리 아이들의 미래를 위한 '필수적 투자'라는 사실이 더 많은 이들에게 전해지기를 기대한다.

2장
삶의
현장

1
하수관거 현장

군산 하수관 정비 사업 문제를 취재하기 위해 현장에 도착했다. 이미 여러 차례 KBS를 통해 다뤘던 사안이지만, 여전히 해결되지 않은 문제들이 남아 있었다. 하수관 정비 사업이란 빗물과 생활하수를 분리해 처리하는 것이 핵심이다. 하지만 오히려 공사가 완료된 후 문제가 더 심각해졌다는 지적이 계속해서 제기되고 있었다. 도대체 무엇이 문제인지, 그리고 왜 이렇게까지 장기간 해결되지 못한 채 질질 끌려왔는지 직접 확인해보기로 했다.

먼저 군산시의회 서동완 부의장을 만났다. 그는 하수관 정비 사업이 단순한 부실 공사를 넘어 허위 시공과 사기 시공의 가능성까지 의심되는 상황이라고 강조했다. 총 710억 원이 투입된 사업이었고, 매년 유지관리비로 98억 원이 지급되고 있음에도 공사가 제대로 이루어지지 않았다는 의혹이 꾸준히 제기되고 있었다. "관이 새로 설치되지 않았는데도 마치 신설한 것처럼 속인 게 아니냐"는 의심은 단순한 부실 공사를 넘어서 시공 업체와 행정 당국 간의 유착 가능성까지 떠올리게 했다.

사업이 처음 시작된 것은 2007년이었고, 2011년에 준공되었다. 하지만 준공 이후에도 지속적인 악취 민원이 발생했다. 결국 전수조사가 필요하다는 지적이 나왔다. 문제는 그동안 진행된 세 차례의 조사 방식이 제대로 된 것이 아니었다는 점이었다.

예를 들어 중간에 진행된 조사는 땅속 하수관을 직접 조사하지 않고 단순히 맨홀을 열어 물이 흐르는지만 확인하는 식으로 이루어졌다. 제대로 된 전수조사는 이번이 처음이었다. 실제 조사 결과 곳곳에서 공사가 엉망으로 진행되었거나 아예 시공이 되지 않은 정황까지 포착되었다.

다음으로 오랜 기간 하수관 문제를 제기해온 유영근 씨를 만났다. 그는 자신의 신변 안전을 이유로 과거 두 차례나 권익위원회의 보호를 받은 적이 있다고 했다. 자신이 제기한 민원 때문에 협박을 당하거나 신변에 위협을 느낀 적이 많았다는 것이다. "하수관 문제가 단순한 행정적 실수가 아니라, 고의적인 은폐와 비리의 가능성이 크다는 점을 알게 되면서부터는 조용히 넘어갈 수가 없었다"는 그의 말에서 사안의 심각성이 더욱 피부로 와 닿았다.

현장을 직접 확인하기 위해 맨홀 뚜껑을 열어보았다. 첫 번째로 방문한 곳은 나운동 지역의 하수관이었다. 우수관, 즉 빗물만 흘러야 하는 관인데 실상은 오수와 각종 폐기물로 가득 차 있었다. 한눈에 보기에도 비정상적인 상태였다. "원래 이렇게 되어선 안 됩니다. 공사를 했으면 빗물만 흘러가도록 정리되었어야 하는데, 이렇게 썩고 오물이 쌓이는 건 분명히 시공이 잘못된 증거입니다." 유영근 씨의 설명이 끝나기도 전에 지독한 악취가 코를 찔렀다. 이 상태로 계속 두면 우수관이 아니라 또 하나의 오수관이 되는 셈이다.

시민들에게도 직접 의견을 물었다. "냄새가 심해서 민원을 넣은 적이 있는데, 그냥 보겠다고만 하고 해결이 안 됐어요. 그런데 이렇게까지 심각한 줄은 몰랐네요." 근처 아파트 주민의 말에선 불신과 무관심이 교차하고 있었다. 지속적인 민원을 넣어도 변화가 없었던 탓에 시민들은 점차 이 문제에 관심을 잃어갔다.

두 번째로 방문한 곳은 수송동의 한 버스정류장 앞이었다. 이번엔 오수관이었다. 그런데 관 내부를 보니 오물이 가득 차 있었고, 사다리까지 오물로 덮여 있었다. "이렇게 되면 점검을 할 수가 없어요. 물이 자연스럽게 흘러가야 하는데, 오물이 쌓이고 막혀서 오수관이 제 역할을 하지 못하고 있는 겁니다." 하수관이 넘쳐 악취가 심해질 수밖에 없는 구조였다. 전문가들조차 "이건 공사를 했다고 볼 수 없는 수준"이라고 평가할 정도였다.

하수관 문제를 조사하는 공동조사단의 구중서 씨도 만나보았다. 그는 시민사회단체의 추천을 받아 조사에 참여하게 되었다고 했다. "조사 과정에서 가장 어려운 점은 전문성이 부족하다는 거예요. 그래서 인터넷을 뒤지거나 관련 전문가들에게 따로 조언을 구하면서 조사하고 있습니다." 공사를 검증해야 하는 이들이 전문적 지식 없이 손발로 뛰어야 하는 현실은, 애초에 행정 당국이 이 문제를 얼마나 방치해왔는지를 보여주는 단적인 사례였다.

공동조사단은 6월 말까지 조사를 마무리하고 공식 보고서를 작성할 예정이다. 하지만 서동완 부의장은 "이미 부실시공이라는 건 드러났다. 우리는 이제 단순한 부실을 넘어서 공사가 아예 이루어지지 않은 곳이 있는지 밝혀내는 중"이라며 보다 적극적인 조사가 필요하다고 강조했다.

그러면서도 그는 시의 태도에 대한 불만을 감추지 않았다. "시가 공정한 역할을 해야 하는데 업체를 감싸고도는 느낌입니다. 만약 공사가 제대로 이루어지지 않았다면 업체에 증명을 요구하고 돈을 감액하면 될 일인데, 지금은 오히려 업체의 변명을 두둔하고 있어요."

그는 준공도면이 세 차례나 변경된 사실을 지적하며, 시가 업체의 편의를 봐주고 있다는 의혹을 제기했다. "도면이 현장과 다르면 도면을 고치는 게 아니라 현장을 도면에 맞게 시공해야 합니다. 그런데 시는 도면을 계속 바꿔가며 업체의 부실 공사를 덮고 있습니다."

하수관 정비 사업 문제는 단순한 행정적 미흡을 넘어선 심각한 부실 공사의 결과였고, 그 피해는 오롯이 시민들에게 돌아가고 있었다. 장마철이 다가오면 이 문제는 더욱 악화될 것이다. 하수관이 오수로 막혀 역류하는 상황이 반복된다면 군산 시민들은 더 큰 환경적, 위생적 문제를 겪게 될 것이다.

공사를 감리하고 감독해야 할 시는 오히려 업체 편을 들고 있고, 시민들은 이 문제를 방관하고 있다. 그렇다면 이 사안을 끝까지 물고 늘어지고 있는 공동조사단과 시민들의 노력은 어디로 가야 할까. 해결책은 간단하다. BTL(민간투자사업) 방식으로 유지관리를 맡은 업체가 스스로 시공과 관리의 문제를 인정하고 개선해야 한다. 하지만 시는 업체에 책임을 묻지 않고 오히려 문제를 덮으려 하고 있다.

결국 이 문제의 해결은 다시 시민들의 관심과 압박에 달려 있다. 수천억 원의 세금이 투입된 사업이 제대로 시행되지 않았다면, 그 책임을 명확히 규명하고 바로잡아야 한다. 그 시작은 이 문제를 계속해서 주시하는 시민들의 끈질긴 관심에서 비롯될 것이다.

2
한빛원전 사고 이후

고창을 찾았다. 고창군과 영광군의 경계를 지나는 길에서부터 원자력발전소가 가까이 있다는 사실이 몸으로 느껴졌다. 익숙한 시골 풍경 속에서도 어딘지 모르게 공기가 무겁게 가라앉아 있었다. 영광 한빛원전 1호기 사고 이후 이곳 주민들은 불안을 안고 하루하루를 보내고 있다. 행정구역상 영광군에 속해 있을 뿐 방사능 위험은 경계를 가리지 않는다. 주소만 다를 뿐 생활권을 함께하는 고창 주민들, 그들이 느끼는 불안과 분노를 직접 듣기 위해 이곳을 찾았다.

고창군민행동 윤종호 위원장을 먼저 만났다. 그가 말하는 5월 10일 한빛원전 1호기 사고는 일반 주민들에게는 다소 어렵고 낯선 개념이었다. 원자로 열이 급격히 증가하는 '열폭주'가 발생했지만 이를 즉시 감지하지 못했다는 것. 게다가 원자로 제어봉을 다루던 사람이 무면허 상태였다는 사실은 경악스러웠다.

"핵발전소는 엄청난 열과 방사능을 배출합니다. 제어봉이 조금씩 빠져야 핵분열이 조절되는데, 이게 5퍼센트가 아니라 18퍼센트까지 올라갔다면 문제가 크죠. 이걸 운전하는 사람이 무면허였다는 게 더 심각한 문제입니다." 윤 위원장의 말이 끝나기도 전에 체르노빌과 후쿠시마가 떠올랐다. 전례 없는 대형 사고들은 단순한 기술적 결함이 아니라 이런 '사소한' 인재人災에서 시작된다.

"작년에도 사고가 있었습니까?" 묻자 그는 헛웃음을 지으며 말했다. "매번 일어나죠. 철판 부식, 콘크리트 균열, 부실 공사. 한빛원전 3, 4, 5기는 그 문제로 아예 가동을 못하고 있어요. 시설도 낡았고 운영하는 사람들도 미숙해요. 무엇보다 정부의 안전 의식과 주민들의 감각이 너무 다릅니다."

그는 정부가 방사능 위험을 축소하고 있다는 의혹을 강하게 제기했다. "발전소에서 사고가 나면 영광만 피해를 보는 게 아니에요. 고창은 원전 반경 30킬로미터 이내 지역입니다. 피폭 위험 지역으로 분류되지만 지원은 받지 못하죠." 행정구역이 다르다는 이유만으로 방사능 방제 예산을 충분히 받지 못하는 상황이 불공평하다고 그는 목소리를 높였다.

실제로 주민들은 어떤 생각을 하고 있을까. 아산면에서 20년 넘게 살아온 한 주민을 만났다. "영광군청까지 18킬로미터, 우리 집까지는 21킬로미터예요. 행정구역상으로만 고창이지 사실상 똑같은 위험에 놓여 있습니다." 그는 후쿠시마 사고를 떠올리며 걱정을 토로했다. "작은 사고들이 쌓이면 결국 큰 사고가 나는 거죠. 이번에도 운 좋게 자동 셧다운이 됐다고 하지만, 만약 그게 작동하지 않았다면 체르노빌이랑 다를 게 뭐였겠어요?"

그는 분명 정부가 강조하는 '안전장치'에 대해 신뢰하지 않고 있었다. 아니, 신뢰할 수 없다고 해야 할까. 170번이 넘는 크고 작은 사고들이 이미 이곳 주민들의 불안을 증명하고 있었으니까.

핵 없는 세상을 위한 고창군민행동 대표도 만났다. 그 역시 고창 흥덕면 주민이었다. 그는 "후쿠시마 사고 이후 의식이 많이 바뀌었어요. 미세먼지도 심각하지만 핵발전소 사고는 그보다 더 무서운 일입니다. 사고가 나면 집을 떠나야 하는데, 고향을 버리고 어디로 갑니까?"라고 말했다. 하지만 전국적으로 보면 원전에 대한 관심이 여전히 낮다고 했다. "수도권 사람들은 환경단체들도 이런 문제에 별 관심이 없어요. 직접 피해를 보는 주민들이 아니라서 그렇죠." 결국 원전 문제는 지역 문제로 국한되어 다뤄지고 있다는 현실이 씁쓸했다.

그러나 주민들이 아무리 목소리를 내도 정부나 한국수력원자력(한수원)의 대응은 미흡했다. "고창군에도 원전 팀이 있어요. 2015년에 만들어졌죠. 하지만 원전 사고가 발생해도 신속하게 대응할 수 있는 시스템이 없어요. 원전 팀이 뭘 하는지 주민들은 잘 몰라요."

한빛원전 사고가 발생한 5월 10일 이후 주민들에게 제대로 된 통보조차 이루어지지 않았다. "팩스로 보냈다고 하는데, 주말이었어요. 누가 그걸 봅니까?" 이번 사고가 크지 않았기에 다행이지, 만약 더 심각한 사태였다면 주민들은 아무런 대비 없이 방사능 위기에 노출될 뻔했다. 정부와 한수원의 늑장 대응이 가장 큰 문제였다.

한빛원전 사고 이후 고창군의 대응은 어땠을까. 원전 팀에서 방사능 방제 훈련을 한다고 했지만 주민들의 신뢰는 크지 않았다. "훈련은 5킬로미터 이내 주민들만 대상으로 합니다. 우리는 30킬로미터 이내라서 해당되지 않아요. 하지만 방사능이 5킬로미터에서만 멈춥니까?" 한 주민의 반문이 가장 현실적인 문제를 짚어주었다. 원전 팀은 70여 명의 방사능 방제 요원을 운영한다고 했지만, 만약 사고가 발생했을 때 이 정도의 인원으로 대응할 수 있을까?

문제는 또 있었다. 고창군이 원전에서 받는 지원금이 턱없이 부족하다는 점이다. "영광군은 한빛원전 덕분에 막대한 세수를 받습니다. 하지만 고창은 30킬로미터 이내 위험 지역인데도 13퍼센트밖에 지원을 못 받아요." 후쿠시마 사고 이후 법적으로 지원을 받을 수 있는 구조가 마련되었지만, 현실적으로 예산이 반영되지 않아 유명무실한 상태다. "중앙정부가 적극적으로 나서야 합니다. 하지만 기대는 안 해요. 결국 우리가 직접 목소리를 내야 하죠."

한빛원전 사고는 단순한 기술적 실수가 아니다. 이 사고는 원전이 여전히 '안전하지 않다'는 사실을 보여주는 사례다. 그리고 정부와 한수원, 지자체의 대응이 얼마나 미흡한지를 드러냈다. 이곳 주민들은 하루하루를 불안 속에서 살아간다. 행정구역상 영광이든 고창이든 방사능은 경계를 가리지 않는다. 하지만 정부는 아직도 '고창은 원전 소재지가 아니니 지원 대상이 아니다'라고 말한다. 지역 주민들의 불안과 생명보다 행정상의 구분이 더 중요한 걸까?

핵 없는 세상을 위한 고창군민행동과 주민들의 목소리는 분명하다.

이제는 '사후 대응'이 아니라 '사전 예방'이 필요하다. 한빛원전의 안전성 문제를 근본적으로 점검하고, 고창군도 원전 소재지와 동일한 지원과 대비책을 마련해야 한다. 주민들은 더 이상 안일한 안전 대책을 믿지 않는다. 그들의 삶이 걸린 문제이기 때문이다.

3
GM 군산 공장 떠나는 노동자들

군산 GM 공장 앞에 서 있다. 눈앞에는 희미하게 '969일'이라고 적힌 플래카드가 바람에 흔들리고 있다. 한때 2000명이 넘는 노동자가 일하던 이곳은 이제 정적만이 감돌고 있다. 몇몇 노동자는 공장 안에서 마지막 짐을 챙겨 나오고 있다. 퇴직을 결정한 이들도 있고, 아직 희망을 버리지 못한 이들도 있다. 그들의 얼굴을 바라본다. 그 속에는 피로와 절망, 그리고 묵묵한 인내가 뒤섞여 있다.

"몇 년 근무하셨어요?"

"32년 됐어요. 부평에서 창원, 그리고 군산까지 왔는데……. 결국 이런 일이 벌어졌네요."

그의 목소리는 차분했지만 그 속에는 깊은 무력감이 배어 있었다. 평생을 바친 일터가 사라지는 순간 그는 어디로 가야 할까. 더 이상 다른 공장에서 받아줄 가능성은 희박하다. "늙어서 누가 받아주겠어요?"라는 말에 선뜻 대답할 말을 찾지 못했다.

사무실 캐비닛 속 짐을 정리하는 노동자에게 다가갔다.

"오늘 완전히 짐을 빼시는 건가요?"

"공장이 5월 말까지 폐쇄된다고 했으니 이제는 거의 끝난 거죠."

22년을 일한 그는 정리된 박스를 들고 있었다. 하지만 그 박스에는 그의 22년이 모두 담기지 못했을 것이다.

노동자들은 단순한 숫자가 아니다. 그들은 가족을 책임지는 아버지이자 어머니이고 지역 사회의 일원이며, 산업을 지탱하는 주역이다. 하지만 공장이 문을 닫는 순간 그들의 삶은 바람 앞의 촛불처럼 흔들린다.

몇 년 전 이곳에서 시작된 비정규직 노동자들의 싸움을 떠올렸다. 정규직 전환을 위한 법원 판결이 나왔지만, 아이러니하게도 같은 날 군산 공장은 폐쇄 결정이 내려졌다. 싸워서 얻어낸 권리도 현실 앞에서는 무력했다. "정규직 판결을 받았지만 결국 우리는 구조조정 대상이 될 수밖에 없어요." 그들의 목소리에는 쓸쓸함이 묻어 있었다.

질문을 던졌다. "정부의 지원책이 도움이 될까요?"

"고용지원금이든 실업급여든 그게 근본적인 해결책이 될 수 없어요. 공장이 문을 닫으면 도시 전체가 무너지는 거예요."

군산의 경제는 이미 현대중공업 조선소 폐쇄로 한차례 흔들렸다. 그리고 이제 GM까지 떠난다면 도미노처럼 연쇄적인 붕괴가 이어질 것이다. 부동산 시장이 침체되고, 소상공인들이 무너지고, 젊은이들이 도시를 떠난다. '군산을 지키고 싶다'는 한 시민의 말이 귓가에 맴돈다. 하지만 현실은 정반대로 흘러가고 있다.

이곳을 떠나는 사람들의 발걸음은 무겁다. 그러나 그 무게를 담아낼

969일. 그들이 천막을 지키며 싸운 시간이다.
가족의 해체, 무너진 경제, 그리고 무엇보다도 사라진 희망을 되찾기 위한 몸부림이다.

언론은 얼마나 될까. 이들의 싸움은 969일이 넘도록 계속되었지만 언론은 이슈가 터질 때만 관심을 가진다.

군산, 이곳은 더 이상 공장의 기계음이 울려 퍼지지 않는다. 차가운 철문은 굳게 닫혔고, 그 앞에는 해고 노동자들의 발자국이 시간의 무게를 새기고 있다. 짐을 든 손에는 지난 수십 년간의 노동의 기억이 묻어 있었다. "32년간 일했어요." 한 노동자의 목소리는 담담했지만, 그 뒤에 감춰진 허탈함은 이루 말할 수 없을 것이다.

969일. 그들이 천막을 지키며 싸운 시간이다. 단순한 노동 현장의 이야기만은 아니다. 함께 사는 사회의 이야기다. 가족의 해체, 무너진 경제, 그리고 무엇보다도 사라진 희망을 되찾기 위한 몸부림이다.

4
공공어린이재활병원

전북특별자치도에 제대로 된 어린이재활병원을 설립해야 한다는 목소리가 높아지고 있다. 솔직히 이 이야기를 처음 들었을 때는 의아했다. 전국에 어린이재활병원이 한 곳뿐이라는 사실도 몰랐고, 장애 아동이 치료를 받기 위해 몇 년씩 대기해야 한다는 현실도 전혀 알지 못했다. 그저 우리가 사는 사회에서 의료 서비스는 기본적으로 제공될 것이라는 막연한 믿음이 있었다.

그러나 부모들의 이야기를 듣고 직접 현장을 취재하며 깨달았다. 이 문제는 단순한 병원 하나의 문제가 아니었다. 장애 아동을 키우는 부모들에게 치료는 단순한 의료 서비스가 아니라, 아이가 살아갈 수 있는 가장 기본적인 조건이었다.

"저희 아이는 네 살 때부터 서울을 오가며 치료를 받고 있어요." 기자회견장에서 만난 한 어머니는 울음을 삼키며 말했다. 그녀의 아이는 지체장애와 언어장애를 앓고 있었다. 하지만 전북에서는 제대로 된 치료를 받을 수 없었기 때문에, 그녀는 매달 서울의 재활병원을 찾았다. "전주에도 병원이 있기는 해요. 하지만 입원 치료는커녕 기본적인 치료조차 제대로 받을 수 없어요. 병원 대기 명단에 이름을 올려도 1년, 2년을 기다려야 하죠. 그동안 우리 아이는 치료받지 못한 채 나이를 먹어요."

장애 아동에게 재활치료는 단순한 회복이 아니다. 그 아이가 사회에서 살아갈 수 있는 가장 기본적인 준비 과정이다. 하지만 제대로 된 치료를 받지 못한 채 시간이 흘러가고 있었다.

 2018년 정부는 전국 9개 권역에 어린이재활병원을 설립하겠다고 발표했다. 그런데 전북에 들어서는 것은 '병원'이 아니라 '센터'였다. 병원과 센터, 무엇이 다를까? "병원은 입원 치료가 가능해요. 재활 치료뿐만 아니라 소아과 진료, 치과 진료, 응급 상황까지 모두 대응할 수 있죠. 하지만 센터는 외래 치료만 가능합니다. 아이들이 며칠씩 집중 치료를 받을 수도 없고, 야간 응급 상황에도 대처할 수 없어요."

 대전에는 450억 원 규모의 재활병원이 들어섰다. 반면에 전북에 들어서는 센터의 예산은 72억 원에 불과했다. 시설 규모도 치료 인력도 제공할 수 있는 서비스도 차원이 달랐다. 한 어머니가 말했다. "센터는 그냥 물리치료 몇 번 받고 끝이에요. 우리 아이에게 필요한 건 지속적인 집중 치료인데 센터로는 불가능해요."

 기자회견에 참석한 부모들은 하나같이 기다림에 지쳤다고 말했다. "장애 아동에게 가장 중요한 건 시간이에요. 어릴 때 치료를 받아야 효과가 있어요. 그런데 병원이 없어서 몇 년씩 대기해야 한다면, 우리 아이들은 언제 치료를 받나요?" 치료의 골든타임을 놓쳐버린 아이들은 이후 더 많은 어려움을 겪게 된다.

 정부는 예산이 부족하다는 이유로 병원이 아닌 센터를 설립하겠다고 했다. 부모들은 분노했다. "돈이 부족하다고요? 대전에는 450억을 지원하면서 왜 전북에는 72억밖에 쓰지 않나요?" 장애 아동의 삶이 예산 규모에 따라 결정될 수 있는 문제인가?

 기자회견장에서는 '한걸음'이라는 이름으로 전북 부모들이 연대했다. 장애 아동을 키우는 부모들이 하나둘 모여 정부를 향해 요구하고 있었다. "우리는 특별한 걸 바라는 게 아니에요. 그저 우리 아이들이 제대로 치료받을 수 있는 환경을 만들어달라는 거예요." 그들의 말은 너무나 당연한 요구였다.

장애 아동도 치료받을 권리가 있다. 그러나 현실에서는 그 당연한 권리를 얻기 위해 부모들이 거리로 나와야 했다. "앞으로 어떤 계획을 가지고 계신가요?"라고 물었다. "끝까지 싸울 거예요. 전북에도 병원이 세워질 때까지, 우리 아이들이 차별받지 않을 때까지 계속 요구할 겁니다." 그들의 목소리는 단호했다.

우리 사회는 장애인을 위한 복지가 늘어나고 있다고 말한다. 법과 제도가 개선되고 있다고 홍보한다. 하지만 정작 당사자들은 거리로 나와 가장 기본적인 요구를 외치고 있었다. "우리 아이들도 치료받을 권리가 있습니다." 이 간단한 요구조차 들어주지 않는다면, 우리는 과연 '복지국가'라고 할 수 있을까?

5
폐기물 유출과 주민

완주군의 폐기물 유출 문제를 직접 확인하기 위해 현장에 도착했을 때, 가장 먼저 나를 맞이한 것은 코를 찌르는 듯한 악취였다. 폐기물이 매립된 산은 원래부터 있었던 자연 지형처럼 보였지만, 가까이 다가가 보니 그것은 인위적으로 쌓아올린 거대한 쓰레기 더미였다.

이곳은 원래 채석장이었던 곳이다. 돌을 캐낸 자리에는 폐기물이 들어찼고, 그 위에 얇은 복토가 덮여 있었다. 하지만 복토라기엔 턱없이 얇았고, 성토된 폐기물들이 그대로 드러난 곳도 많았다. 무엇보다도 가장 충격적인 것은 이 모든 과정이 법적 기준을 어긴 채 진행되었다는 사실이었다.

함께 취재에 나선 지역 기자는 나에게 설명했다. "원래 허가된 매립 높이는 20.5미터였어요. 그런데 최근 측정해보니 30미터가 넘었더라고요. 허가받은 것보다 더 많이, 더 높이 쌓아올린 거죠." 그는 나를 한쪽으로 이끌며 말했다. "여기 보세요. 원래 매립 허가 지역이 저쪽인데, 지금 우리가 서 있는 이곳도 폐기물로 덮여 있잖아요. 허가되지 않은 지역까지 확장해서 몰래 묻은 겁니다." 단순한 환경오염 문제가 아니었다. 법과 행정을 무시한 채 폐기물이 무분별하게 쌓여가고 있었다.

주민들은 이 문제를 몇 년 전부터 인지하고 있었지만 본격적으로 행동에 나선 것은 최근의 일이었다. 매립장 근처 마을에 사는 한 주민은 이렇게 말했다. "처음엔 그냥 먼지인 줄 알았어요. 그런데 아이들이 계속 기침을 하고, 천식 증상이 심해지고, 병원에 가도 원인을 모른다는 거예요. 그러다 보니 사람들이 하나둘씩 이상하다고 느끼기 시작했죠." 그는 손으로 마을을 가리키며 말했다. "저쪽 보이세요? 학교가 있어요. 아이들이 매일 숨 쉬는 공기 속에 폐기물에서 나오는 유해물질이 포함돼 있을 수도 있다는 거예요." 나는 그의 말에 할 말을 잃었다.

완주군은 이 문제를 해결하기 위해 조치를 취하고 있다고 했다. 하지만 주민들은 그 조치가 너무 늦고 너무 미흡하다고 주장했다. "군수님이 사과는 했어요. 하지만 사과만으로 해결될 문제가 아니잖아요. 폐기물 유출을 막을 대책이 필요하고, 이미 오염된 토양과 지하수를 정화할 계획이 있어야 하는데 그런 게 없어요." 또 다른 주민이 말했다. "우리는 매일 이 냄새를 맡으며 살아야 해요. 비가 오는 날이면 더 심해져요. 침출수가 흘러나와서 땅이 젖고 하천으로 흘러들어 가죠. 이 물을 동물들이 마시고 농작물에도 영향을 미칠 거예요."

실제로 우리는 매립장에서 흘러나온 침출수가 하천으로 이어지는 장면을 목격했다. 군 관계자는 이를 막기 위해 배수 공사를 진행하고 있다고 설명했다. 하지만 그것이 근본적인 해결책이 될 수 있을까? "저희가 할 수 있는 최선을 다하고 있습니다"라고 군 관계자는 말했지만, 그가 하는 말이 주민들에게 얼마나 신뢰를 얻을지는 의문이었다. 한 주민은 이렇게 속삭였다. "공무원들은 항상 이렇게 말해요. 하지만 시간이 지나면 사람들은 점점 관심을 잃고, 결국 아무 일도 없던 것처럼 넘어가죠. 우리는 이번만큼은 그냥 넘어갈 수 없어요."

수년 동안 자신들이 무슨 피해를 입고 있는지도 모른 채 살아왔고, 이제야 그 심각성을 깨달았지만 문제 해결은 더디기만 했다. 촛불집회, 군청 앞 시위, 서명운동까지 주민들은 자신들의 목소리를 내기 위해 할 수 있는 모든 것을 하고 있었다. 하지만 그들의 요구는 아직 충분히 받아들여지지 않고 있었다.

주민들에게 물었다. "가장 바라는 게 무엇인가요?" 한 주민이 대답했다. "우리는 깨끗한 공기를 마시고, 안전한 물을 마시고, 우리 아이들이 건강하게 자랄 수 있는 환경에서 살고 싶어요. 너무 많은 걸 바라는 건가요?"

그건 결코 많은 것을 바라는 것이 아니었다. 이 문제를 해결하지 않는다면, 이곳의 폐기물 산은 더욱 높아질 것이고, 주민들의 건강은 더욱 위협받을 것이다.

6
내기마을의 여전한 고통

이 마을에 두 번째 왔다. 오랜 시간이 지났지만 마을 주민들은 변한 것이 없다고 했다. 암으로 세상을 떠난 이웃은 늘어만 갔고, 여전히 몸이 아프다고 말하는 사람들은 많았다. 그들의 삶을 바꿀 만한 변화는 없었다. 마을 주민들은 여전히 자신들이 살아가는 이곳이 얼마나 위험한지를 증명해야 하는 입장이었다.

익산 장점마을의 역학조사 발표 이후 다른 마을에서도 비슷한 상황에 놓였다는 사실이 알려졌다. 하지만 남원 이백면의 이 작은 마을은 점점 더 사람들의 기억에서 희미해지고 있었다. 주민들을 만나러 마을회관으로 향했다.

처음 만난 이정임 씨는 익산 장점마을의 결과 발표를 보고 어떤 생각을 했느냐는 질문에 "우리도 그 시점에서 조사를 했더라면 결과가 달랐을까 싶어요"라고 말했다. 익산 장점마을이 전국적인 관심을 받으며 피해가 인정된 것과 달리, 이곳 주민들은 여전히 그 원인을 분명히 밝히지 못한 채 혼란 속에 있었다. "우리 마을에도 암으로 돌아가신 분이 많아요. 지금도 투병 중인 분들이 있고요. 하지만 우리는 여전히 불확실한 결과 속에서 살아가고 있어요." 그녀의 말에는 깊은 아쉬움과 분노가 섞여 있었다.

마을에 남아 있는 가구는 27가구, 전체 주민 수는 34명. 작은 마을이었다. 그중 절반 가까이가 암에 걸렸거나 이미 세상을 떠났다는 사실이 놀라웠다. 가장 많은 암은 폐암이었고 위암, 간암, 피부암 등 다양한 종류의 암이 주민들의 삶을 위협했다.

"공장이 생기기 전에는 이런 일이 없었어요. 우리 마을에는 축산 시설도 없고 다른 오염원이 될 만한 것도 없어요. 그런데 공장이 생기고 나서부터 사람들이 하나둘씩 아프기 시작했어요." 주민들은 공장이 생기기 전과 후를 비교하며 명백한 변화가 있다고 말했다.

특히 한 주민은 가동 일수가 많았던 시절을 떠올리며 "그땐 정말 살 수가 없었어요. 아침이면 하늘이 뿌옇고 코를 찌르는 냄새 때문에 창문을 열 수가 없었죠. 농사짓는 사람들은 그걸 다 들이마시면서 일했어요"라고 말했다. 역학조사가 이루어졌던 당시보다 공장의 가동 일수가 줄었기 때문에 지금의 환경을 기준으로 예전의 영향을 추정하는 것 자체가 의미가 없다고도 했다. "예전에는 공장이 두 개였어요. 24시간 가동됐죠. 그때의 오염을 지금 기준으로 추정한다는 것 자체가 말이 안 돼요."

마을을 둘러보면 과거와 달라진 점이 보였다. 공장 가동이 줄어든 덕에 눈에 띄는 오염은 조금 줄어든 것 같았다. 그렇지만 주민들은 여전히 불안해하고 있었다. "예전보다 줄었다고 해서 안전한 건 아니에요. 우리는 이미 수십 년 동안 오염물질을 들이마셨고, 우리 몸속에는 그 영향이 남아 있을 거예요."

마을 주민들은 역학조사의 방식 자체에도 불만이 많았다. 조사 결과가 '다양한 요인의 상승 작용'이라는 모호한 결론으로 끝났기 때문이었다. "암이 여러 요인 때문에 생길 수도 있다는 건 우리도 알아요. 하지만 여기서 나온 오염물질이 암을 유발할 가능성이 있다는 걸 인정해야 하지 않나요?"

익산 장점마을과 가장 큰 차이점은 바로 '결론의 강도'였다. 익산 장점마을은 연초박을 태우면서 나온 발암물질이 암을 유발했다고 명확하게 밝혀졌다. 그러나 내기마을은 아스콘(아스팔트 콘크리트) 공장에서 나온 다환방향족탄화수소PAHs와 자연 방사성 물질(라돈), 그리고 흡연 등의 요인들이 결합해 영향을 미쳤을 가능성이 있다는 정도로 결론이 났다. "그러면 우리는 어떻게 해야 하죠? 결국 아무것도 달라지지 않았다는 뜻 아닙니까?" 한 주민이 한숨을 쉬며 말했다.

더 답답한 점은 행정의 반응이었다. 익산 장점마을의 경우 환경부 차원의 조사와 대책이 이루어졌지만, 이곳에서는 "다시 검토해 보겠다"는 말뿐이었다. "우리가 이렇게 아프고 죽어가는데도 행정에서는 명확한 대책을 내놓지 않아요. 우리는 그냥 여기에서 버텨야만 하는 겁니까?" 주민들은 공장의 이전을 요구했지만, 사업체 측에서는 법적으로 문제가 없다는 입장을 유지하고 있었다. 더욱이 공장의 가동 방식이 바뀌면서 오염이 줄었다는 것을 근거로 삼아 '현재는 문제가 되지 않는다'는 논리를 펴고 있었다.

환경오염 문제는 단순히 한 마을의 문제가 아니었다. 전국적으로 비슷한 피해를 겪고 있는 마을이 많았다. 익산 장점마을, 제주 서귀포, 경기 안양 등 다양한 지역에서 환경오염과 건강 피해가 논란이 되고 있었다. 하지만 여전히 대부분의 피해 지역은 피해 사실을 증명해야 하는 입장이었다. 행정은 이를 적극적으로 해결하려 하기보다는 문제를 회피하는 경향이 강했다.

"우리도 익산 장점마을처럼 주목받았어야 했어요. 하지만 우리는 그렇게 되지 못했어요. 그래서 지금도 이렇게 목소리를 내고 있는 겁니다." 주민들은 포기하지 않았다. 그들은 계속해서 문제를 제기하고, 다시 한번 제대로 된 조사가 이루어지기를 바라고 있었다.

이제 문제는 행정의 결단이다. 공장이 이미 존재하고 있는 상황에서 피해를 최소화하기 위한 조치는 무엇이 되어야 할까? 단순한 관리·감독 강화만으로 해결될 수 있는 문제일까? 주민들은 여전히 같은 공기 속에서 살아가고 있었다.

7
소각 시설 건립 반대하는 주민들

완주군에서 주민들의 싸움을 보았던 기억이 채 가시기도 전에 남원 대강면으로 향했다. 한적한 시골 마을. 그러나 그날의 분위기는 평온하지 않았다. 주민들은 분노했고 불안해했다. "소각장 결사반대"라는 팻말이 눈에 띄었고, 그들의 얼굴에는 오랜 싸움의 흔적이 남아 있었다.

대강면 주민들은 오랜 세월을 이곳에서 살아왔다. 그런데 이제는 더 이상 마음 편히 살아갈 수 없다고 했다. 이미 음식물 쓰레기 처리장으로 인해 악취와 환경오염을 겪고 있는 마을이었다. 그런데 이제는 산업 폐기물 소각장까지 들어선다고 하니, 주민들은 하루하루를 불안 속에 보내고 있었다.

주민들에게 먼저 지금까지의 이야기를 들어보았다. 그들은 그저 반대를 외치는 것이 아니었다. 그들의 삶이 위협받고 있었다. "우리가 반대하는 이유는 단순해요. 사람이 살 수 없는 곳이 되어 가고 있기 때문입니다." 한 주민의 말은 절박했다.

주민들은 현재 운영되고 있는 음식물 쓰레기 처리장만으로도 큰 고통을 겪고 있다고 했다. 기존의 처리장이 운영될 때부터 악취 문제는 심각했다. 여름이면 창문을 열 수도 없고, 마을을 지나가는 차량들도 창문을 닫고 갈 정도였다. 그런데 이번에는 폐기물 소각장이 추가로 들어설 계획이라는 것이다.

폐기물 소각장은 단순한 문제가 아니었다. 악취만이 아니라 미세먼지, 다이옥신, 발암물질이 포함된 유해가스가 마을을 뒤덮을 가능성이 높았다. 마을은 지형적으로 공기가 정체되는 곳이 많았다. 이런 곳에 소각장이 들어서면 오염물질이 빠져나가지 못하고 계속해서 마을을 감쌀 것이라는 게 전문가들의 분석이었다.

주민들은 무엇보다도 업체를 신뢰할 수 없었다. 해당 업체는 이미 여러 차례 환경법을 위반해 행정처분을 받은 이력이 있었다. 주민들이 악취 문제를 항의해도 개선되지 않았다. 주민들은 그동안 참고 살아왔다. 하지만 이제는 더 이상 참을 수 없다고 했다. "기존 음식물 쓰레기 처리장도 관리 못하는 업체가 폐기물 소각장은 어떻게 운영하겠어요?" 주민들의 말은 일리가 있었다.

더 큰 문제는 법의 허점을 이용하는 기업의 방식이었다. 일반적으로 하루 100톤 이상의 폐기물을 소각할 경우 환경영향평가를 받아야 한다. 그런데 이번에 신청한 소각장은 하루 96톤을 처리하는 것으로 신고했다. 단 4톤 차이로 환경평가를 피하려는 의도가 분명했다.

뿐만 아니라 부지 면적도 환경 평가 기준을 살짝 피하는 수준인 9800제곱미터로 맞춰져 있었다. 환경영향평가를 받지 않기 위한 기업의 전략이었고, 주민들은 이를 '꼼수'라고 불렀다. "법적으로는 문제없을지 몰라도 우리에겐 큰 문제입니다."

법적으로 문제가 없다는 말이 주민들에게는 아무런 위로가 되지 않았다. 그들이 겪을 고통은 법이 아닌 현실이었다. "우린 지금도 건강이 나빠지고 있어요. 피부병이 생기고 호흡기 질환도 많아졌어요. 그런데 소각장까지 생기면 더 심해질 거 아닙니까?"

기업들은 언제나 "법적 기준을 준수한다"고 말한다. 하지만 주민들이 걱정하는 것은 '법적 기준'이 아니라 '실제 피해'였다. 법적으로 문제가 없다는 것은 기업이 법을 교묘하게 피했을 뿐이라는 의미일 수도 있다.

환경 전문가들은 폐기물 소각장과 같은 오염 시설들은 반드시 산업단지 내에서 통합적으로 관리되어야 한다고 주장한다. 하지만 현실은 그렇지 않다. 대규모 산업단지보다 규제가 덜한 농촌 지역에 개별적으로 허가가 나면서 작은 마을들이 환경오염의 희생양이 되고 있었다. 주민들은 여기에 분노했다. "우리가 힘이 없다고 이런 시설이 계속 우리 동네에 들어오는 거 아닙니까?"

정부는 주민들에게 "환경 기준을 충족했으니 문제없다"고 설명하지만, 그 말을 믿었다가 피해를 입은 마을이 한두 곳이 아니었다. 익산 장점마을은 비료 공장에서 나오는 유해물질로 인해 마을 주민들이 집단으로 암에 걸린 사례였다. 남원의 내기마을에서도 아스콘 공장이 원인이 되어 암 발병률이 증가했다. "정부가 괜찮다고 했던 마을들이 지금 어떤 상황인지 보세요."

남원시는 고민하고 있었다. 기업의 신청을 허가할 것인가, 주민들의 반대 의견을 받아들일 것인가. 만약 허가를 반려하면 기업이 행정 소송을 제기할 가능성이 높았다. 그렇다고 허가를 내주면 주민들의 반발이 더욱 거세질 것이었다.

남원시는 공식적으로 "주민들의 의견을 충분히 검토하고 있다"는 입장을 밝혔지만, 최종 결정일이 다가오면서 긴장감이 높아지고 있었다. 기업이 제시하는 대책을 검토하고, 환경 전문가의 의견을 듣고 있다고 하지만 주민들은 믿을 수 없다고 했다.

소각장이 들어설 경우 하루 40톤 이상의 폐기물이 발생한다. 이 많은 폐기물을 어떻게 처리할 것인지에 대한 구체적인 대책도 명확하지 않았다. 기업 측에서는 "최신 유럽형 저감 시설을 도입할 것이며, 환경 기준을 충족할 것이다"라고 주장했다. 하지만 주민들은 이미 그 말을 믿지 않았다.

"우린 더 이상 속지 않아요." 한 주민이 단호하게 말했다. "익산 장점 마을도 처음엔 문제없다고 했어요. 그런데 결국 어떻게 됐죠?"

주민들에게 마지막으로 물었다. "만약 남원시가 허가를 내준다면 어떻게 하시겠습니까?"

그들은 주저하지 않았다. "끝까지 싸울 겁니다. 우리는 절대 포기하지 않아요."

주민들은 서명 운동을 시작했고 법적 대응을 준비하고 있었다. 그들은 더 이상 조용히 참고 살지 않기로 했다. 자신들의 터전을 지키기 위해, 이곳에서 살아남기 위해 그들은 오늘도 목소리를 높이고 있다. 이 싸움은 단순한 소각장 반대 운동이 아니었다. 이것은 '사람이 살 수 있는 마을을 지키기 위한 싸움'이었다. 주민들은 생존을 위해 싸우고 있었다.

8
돼지 농장 재가동 반대하는 주민들

완주군의 작은 마을에 발을 들이니 공기가 상쾌했다. 그 맑은 공기 속에서 주민들의 얼굴은 결코 편안하지 않았다. 그들은 오랫동안 싸우고 있었다. 한 대기업이 이곳에 대규모 돼지 농장을 다시 운영하려 하면서부터 주민들의 삶은 불안해졌다.

돼지 농장이 다시 운영되면 1만 2000마리의 돼지가 길러질 것이고,

과거처럼 악취와 환경오염이 심각해질 것이 뻔했다. 주민들은 과거의 경험을 통해 그 피해가 얼마나 큰지 이미 알고 있었다. 그들은 본사가 있는 서울까지 올라가 항의했고, 마을에서는 돼지 농장 앞에 천막을 치고 농성을 이어가고 있었다.

2012년부터 운영이 중단된 돼지 농장은 한동안 침묵 속에 있었다. 그러다 2015년 새로운 기업이 이곳을 매입했고, 다시 가동을 준비하고 있었다. 주민들은 이를 막기 위해 싸워왔다. 대기업이 운영하는 대규모 축산업은 지역 경제에도 큰 영향을 미친다. 거대한 농장이 생기면 지역의 작은 농가들은 경쟁력을 잃고 밀려날 수밖에 없다. 하지만 주민들이 가장 걱정하는 것은 역시 환경 문제였다.

과거에 돼지 농장이 운영될 당시 이곳에서 축산 폐수가 무단 방류되어 주민들이 큰 피해를 입었다. 폐수는 논으로 스며들었고, 악취는 바람을 타고 멀리 퍼져 나갔다. 여름이면 창문을 열 수도 없었고, 비가 내린 날에는 그 냄새가 더욱 지독해졌다. 논에서 일을 하다 보면 피부병이 생겼고 호흡기 질환을 호소하는 사람들도 많았다. 일부 주민들은 폐암을 앓다가 세상을 떠나기도 했다. 직접적인 연관성을 단정 지을 수는 없지만, 주민들은 그 모든 것이 오염된 환경 때문이라고 믿고 있었다.

한 주민은 비 오는 날이면 악취가 좀 덜하지만 햇볕이 강한 날에는 견딜 수 없을 정도로 냄새가 심하다고 했다. 돼지 분뇨는 다른 축산 분뇨보다 냄새가 강하고 넓게 퍼지는 특성이 있다. 특히나 대규모 농장에서는 그 문제가 더욱 심각해진다. 그는 눈물을 글썽이며 말했다. "여름에 창문을 열면 냄새가 집안 가득 차요. 아이들이 뛰어놀기에도 좋지 않고 온몸에 냄새가 배는 것 같아요."

이 마을에는 오래전부터 살아온 주민들도 있었지만, 최근 몇 년 동안 귀농을 선택한 사람들도 많았다. 도시에서 벗어나 자연 속에서 살고 싶어 온 이들이었지만, 지금은 심각한 고민에 빠져 있었다. 한 주민은 "우리는 깨끗한 공기를 찾아 이곳으로 왔어요. 그런데 이제 와서 또 돼지 농장을 짓겠다니, 도대체 왜 이런 일이 반복되는 걸까요?"라며 답답한 심정을 토로했다.

완주군에서는 돼지 농장의 재가동을 원칙적으로 반대하는 입장을 밝혔다. "완주는 자연경관이 수려한 곳입니다. 대규모 축산업보다는 전원주택 단지로 활용하는 것이 더욱 바람직합니다." 주민들은 이 말을 들었을 때 한시름 놓았지만, 완주군이 이 농장을 직접 매입할 계획을 세우고 있음에도 해결 과정이 쉽지만은 않을 것이라는 사실을 잘 알고 있었다.

기업 측은 최신식 유럽형 축산 시설을 도입해 악취를 줄이겠다고 주장했다. 그러나 주민들은 이를 믿지 않았다. "그런 시설을 가동하려면 비용이 엄청나게 드는데, 결국 돈 아끼려고 가동 안 할 게 뻔해요. 그러면 예전처럼 냄새가 퍼지는 거죠." 주민들은 이미 여러 번 속아왔다고 생각했다. 기업이 처음에는 최첨단 시설을 약속하지만, 결국 수익성을 이유로 이를 제대로 운영하지 않는 경우가 많다는 것이다.

기업이 가축 사육 허가를 다시 받아야 하는 상황이라 법적 공방도 예상되고 있었다. 완주군은 아직 최종 결정을 내리지 않았지만, 어떤 결정을 내리든 논란은 계속될 것이었다. 만약 허가가 나지 않으면 기업은 소송을 제기할 가능성이 높고, 만약 허가가 난다면 주민들의 반발이 더욱 거세질 것이었다.

주민들에게 앞으로의 계획을 물었다. 한 주민은 단호한 목소리로 말했다. "우리는 절대 물러설 생각이 없습니다. 여기에서 끝까지 싸울 겁니다." 그의 말은 단순한 감정적 반응이 아니었다. 그들의 삶이 걸린 문제였기 때문이다. 돼지 농장이 다시 운영되면 마을은 다시 악취로 뒤덮일 것이고, 주민들은 더 이상 예전처럼 살아갈 수 없을 것이었다.

개발과 환경 사이에서 우리는 어떤 선택을 해야 할까? 기업의 이익과 주민들의 삶, 둘 중 무엇이 더 중요할까? 우리는 경제적 이익을 위해 주민들의 평범한 일상을 희생시키고 있는 것은 아닐까?

완주의 주민들은 단지 깨끗한 공기 속에서 평범한 삶을 살고 싶어 한다. 그 당연한 권리를 위해 오늘도 돼지 농장 앞 천막에서 밤을 지새우고 있다.

다행히도 완주군 행정의 적극적인 부지 매입으로 8년 동안 공방을 벌였던 비봉 돼지 농장 사태는 일단락되었다.

9
아파트에 입주하지 못하는 주민들

공공임대 아파트 입주 예정자들은 한때 이곳을 자기 삶의 터전이라 믿었다. 계약서를 손에 쥐고 새로운 시작을 꿈꿨다. 더 이상 전셋집을 전전하지 않아도 되고 더 이상 이사 비용을 걱정하지 않아도 된다며 스스로를 다독였다. 이곳에서 이들은 가족과 함께 안락하게 살 계획이었다. 그러나 그 계획은 한낱 허상에 불과했다. 그들이 손에 쥔 건 벽도 지붕도 등기부 등본도 아닌 '기약 없는 기다림'뿐이었다.

계약한 집은 여전히 미완성이다. 공사는 멈췄고, 공사장 안에는 철근과 자재가 그대로 방치되어 있다. 서류상으로는 공정률이 80퍼센트를 넘겼다고 한다. 하지만 내가 직접 눈으로 본 현실은 그렇지 않았다. 1년 반 전부터 입주 예정이었던 아파트는 여전히 살 수 없는 상태다.

이곳을 계약했을 때 입주 예정자들은 모든 것을 계획했다. 입주 날짜에 맞춰 집을 정리하고, 짐을 싸고, 이사 계획을 세웠다. 한 자매는 같은 아파트를 계약했다. 같은 건물의 위층과 아래층에서 함께 살아가며 서로 의지할 생각이었다. 노모를 모시고 편안한 생활을 할 수 있을 거라 믿었다.

하지만 모든 것이 틀어졌다. 입주 날짜는 계속 미뤄졌고 하루하루를 불안 속에서 보냈다. 살던 집은 이미 정리한 상태라 새로운 거처를 찾아야 했다. 언니는 급하게 상가 건물의 한쪽을 임시 거처로 얻었다. 하지만 그것마저도 오래가지 못했다. 다시 시골집을 구해야 했고, 여름에는 컨테이너에 비닐하우스를 덮고 살았다. 살던 곳을 떠나야 했던 것이 벌써 네 번째였다.

계약이 연장될 때마다 이사를 가야 했고, 이사 비용과 월세가 계속 늘어났다. 계약금을 지불하고도 집에 들어가지 못하면서 또 다른 비용을 감당해야 했다. 한 달에 나가는 월세와 이자만 70~100만 원이 넘었다. 그것이 몇 달도 아니고 앞으로 1년 이상 계속될 수도 있다. 이 모든 비용은 예정자들의 책임이었고 아무도 보상해주지 않았다.

이해할 수 없었다. 계약서를 쓸 때는 모든 것이 순조로웠다. 계약금도 지급했고 공사가 차질 없이 진행될 거라 믿었다. 그러나 그 믿음은 배신당했다. 공사가 중단되었고 건설사는 아무런 대책도 내놓지 않았다.

공사를 관리해야 할 감리 업체는 2018년 10월에 이미 공정률이 82퍼센트를 넘겼다고 보고했다. 그러나 2020년이 된 지금까지도 공사는 끝나지 않았다. 그러면 그 82퍼센트라는 수치는 무엇이었단 말인가? 감리 업체가 허위 보고를 한 것인가, 아니면 누군가 공정률을 부풀린 것인가?

군산시는 이 문제를 왜 더 일찍 해결하지 않았는가? 공사가 지연된 첫해에는 '연장 승인'을 해주었고, 그 이후에도 몇 차례 더 연장해주었다. 그러다가 갑자기 더 이상 연장할 수 없다고 했다. 그렇다면 처음부터 연장을 허가하지 않았어야 하는 것 아닌가?

입주 예정자들이 가장 분노하는 지점도 바로 이 부분이다. 누구도 책임지려 하지 않는다. 건설사는 자금이 부족하다며 발을 빼고, 감리 업체는 이미 보고서를 제출했으니 자신들의 책임이 아니라고 한다. 군산시는 허가를 내줬을 뿐이라며 또 다른 책임을 떠넘긴다. 그러는 사이 가장 큰 피해는 고스란히 입주 예정자들에게 돌아갔다.

기다리는 동안 입주 예정자들이 감당해야 하는 것은 상상을 초월한다. 당장 머물 집이 없는 사람들, 원룸과 친척 집을 전전하는 사람들, 대출금을 갚아야 하는 사람들, 이사 비용에 허덕이는 사람들. 이 모든 현실을 감당하며 살아가고 있다.

공사 현장에서 생각했다. 이대로 입주를 강행할 수 있을까? 하지만 현실적으로 불가능했다. 공사가 마무리되지 않은 아파트에서 사는 것은 불가능했다. 그렇다고 또다시 몇 년을 기다리는 것도 불가능했다. 결국 입주 예정자들에게 남은 선택지는 아무것도 없었다.

이들이 원하는 것은 당연한 권리다. 정당한 계약을 체결했고, 그 계약이 이행되기를 바랄 뿐이다. 입주 예정자들은 이제 하나둘씩 모여 목소리를 내기 시작했다. 더 이상 침묵하지 않기로 했다.

이것은 단순한 개인의 문제가 아니다. 같은 피해가 다시는 반복되지 않도록 해야 한다. 건설사와 감리 업체의 허위 보고, 지방자치단체의 안일한 대처, 무책임한 태도. 이 모든 문제가 해결되지 않는다면 또 다른 피해자가 생길 것이다.

어디에 살아야 하는가? 그리고 이 기다림의 끝은 어디인가? 입주 예정자들의 삶은 공사가 중단된 아파트처럼 멈춰 있다. 하지만 여기서 멈추지 않을 것이다. 원하는 것은 그저 약속된 집에서 살아가는 것, 그 하나뿐이다.

10
코로나19 의료 현장

병원으로 들어서는 순간 입구에서부터 출입자 통제가 이뤄지고 있다. 손 소독제와 마스크 착용이 필수다. 몇 달 전까지만 해도 이런 풍경은 영화 속 이야기 같았다. 그러나 이제는 일상이 되어버렸다.

코로나19와 싸우는 의료진들의 현실을 직접 듣기 위해 이곳을 찾았다. 감염을 막기 위해 분투하는 병원의 모습, 환자들과 보호자들의 반응, 그리고 무엇보다 이곳에서 일하는 사람들의 이야기를 전하고 싶었다.

병원의 간호부장을 만나 이야기를 나눴다. 그는 피로에 찌든 얼굴이었지만 눈빛만큼은 강하고 결연했다.

"모든 직원의 해외여행을 전면 금지했습니다. 중국뿐만 아니라 태국, 일본 등 다른 나라에서도 확진자가 나오고 있기 때문이죠. 만약 직원이 해외에 다녀왔다면 14일 동안 자가격리를 해야 하고, 그러면 인력 공백이 생기기 때문에 병원 운영에도 차질이 생깁니다. 처음에는 자제 권고를 했다가 결국 금지로 결정했습니다."

전례 없는 상황에서 병원 측도 빠르게 대응 방안을 세우고 있었다. 하지만 아무리 방역 조치를 철저하게 해도 변수는 늘 존재했다.

"환자 중 한 분이 보건소에 먼저 전화를 했어요. 중국이 아니라 다른 나라를 다녀왔는데 기침이 나와서 걱정된다고요. 보건소에서 '가까운 병원에 가서 진료를 받아보라'고 했대요. 그런데 그 환자가 우리 병원에 왔을 때는 여행 이력을 전혀 말하지 않았어요. 그냥 감기 증상으로 온 것처럼 보였죠. 나중에야 여행 사실을 알게 됐어요. 다행히 음성이 나왔지만 만약 확진자였다면 어쩔 뻔했나 싶었습니다."

의료진과 병원 직원들은 긴장 속에서 근무하고 있었다. 그들의 걱정은 단순히 자신만의 문제가 아니라, 환자들에게도 영향을 미칠 수 있기 때문이다.

"우리도 사람입니다. 감염이 두렵지 않다면 거짓말이겠죠. 하지만 우리는 여기서 버텨야 합니다." 그의 말에는 의료진으로서의 사명감과 현실적인 고충이 함께 담겨 있었다.

병원을 찾는 사람들의 태도도 변하고 있었다. 병원은 면회를 철저히 제한하고, 출입구를 일부 폐쇄하는 등의 조치를 취했다. "특히 주말이면 가족들이 단체로 병원에 오세요. 한 명만 입실 가능하다고 말씀드려도 꼭 여러 명이 함께 오십니다. 보호자분들께서 조금만 더 협조해주셨으면 좋겠어요."

코로나19가 장기화되면서 시민들의 병원 방문에 대한 인식도 바뀌어가고 있었다. 불필요한 방문을 자제하고, 마스크를 착용한 채 대화를 나누는 모습이 익숙해졌다. 하지만 여전히 병원 내 감염을 우려하는 사람들도 많았다.

병원에서 강조하는 가장 기본적인 예방 수칙은 '손 씻기'였다. 하지만 그 방법조차 제대로 지키지 않는 경우가 많았다.

"손 씻기를 하긴 하는데, 대충 헹구고 끝나는 경우가 많아요. 손 씻기는 적어도 30초 이상, 흐르는 물에 충분히 씻어야 효과가 있습니다. 손 소독제를 사용할 때도 마찬가지죠."

그는 시범을 보이며 설명했다. 손바닥뿐만 아니라 손등, 손가락 사이, 손톱 밑까지 꼼꼼하게 씻어야 바이러스 제거 효과가 있다는 것이었다. "이제는 손 씻기가 생존을 위한 필수 습관이 됐어요. 내가 아닌 다른 사람을 위해서도 반드시 지켜야 합니다."

전북 지역에서도 확진자가 계속 증가하고 있었다. 신천지교회와 관련된 확진 사례가 늘어나면서 지역 사회 감염의 우려도 커지고 있었다.

"전북에는 신천지 신도가 1만 명이 넘어요. 이분들에 대한 전수조사가 이루어지고 있고, 지역 내 신천지 시설도 모두 폐쇄됐습니다. 하지만 개인적으로 모임을 가질 가능성도 있기 때문에 아직 안심할 수 없어요."

전주, 군산, 익산을 비롯한 여러 지역에서 확진자가 나왔고, 대구에서 부모님을 모셔온 군산 거주자의 사례도 있었다. "이분들은 마스크를 쓰고 이동했다고 하지만, 이동 경로가 길기 때문에 접촉자가 많을 가능성이 큽니다. 방역 당국에서 철저하게 관리하고 있지만, 시민들의 협조도 절실합니다."

전북대병원과 원광대병원이 국가 지정 격리병상으로 운영되고 있지만, 병상 부족 문제는 여전히 해결해야 할 과제였다. "군산의료원, 남원의료원을 추가로 코로나19 전담 병원으로 지정하고 병상을 확보하는 중이에요. 하지만 이 사태가 길어지면 의료진의 피로도가 높아지고, 의료 공백이 생길 수도 있습니다."

한편에서는 코로나19의 확산으로 경제적 피해를 입은 소상공인들을 돕기 위한 '착한 임대인 운동'이 전국적으로 확산되고 있었다. 전주에서 시작된 이 운동은 많은 임대인들의 참여를 이끌어냈다.

"장사가 안 되는 건 우리도 마찬가지지만 세입자들이 힘들면 건물주도 결국 힘들어질 수밖에 없어요. 월세를 낮춰서라도 같이 버티는 게 중요합니다."

전주 남부시장에서 가게를 운영하는 한 임차인은 감동을 전했다.

"월세 걱정이 가장 컸는데, 임대인께서 먼저 월세를 낮춰주겠다고 하셨어요. 정말 큰 도움이 됐습니다."

정부도 이에 화답해 임대료 인하액의 절반을 보전해주는 정책을 발표했다. 경제적 어려움을 겪고 있는 소상공인들에게는 단비 같은 소식이었다.

마스크 부족 사태가 지속되자, 익산에서 붕어빵 가게를 운영하는 한 시민이 마스크 5000장을 기부했다.

"그냥 장사만 하면서 지낼 수도 있었겠지만, 이웃들이 힘든 걸 보고 가만히 있을 수 없었습니다."

그는 원래 중국에 마스크를 보내려 했지만, 국내에서도 마스크 품귀 현상이 심각해지자 지역 사회에 기부하기로 마음을 바꿨다.

"이럴 때일수록 서로 도와야죠. 다 함께 이겨내야 합니다."

그의 따뜻한 마음이 많은 사람에게 전해졌다. 의료진, 방역 당국, 시민들, 자영업자, 임대인, 기부자까지……. 코로나19와의 싸움은 모든 사람이 함께하는 전쟁이었다. 지금도 병원의 불빛은 밤새 꺼지지 않는다. 방호복을 입고 환자를 돌보는 의료진들, 확진자 발생 소식에 뛰쳐나가는 방역 요원들, 각자의 자리에서 묵묵히 버티는 사람들. 우리는 이겨낼 것이다. 함께한다면, 반드시.

그리고 우리 모두는 3년이라는 힘든 기나긴 시간을 보내야만 했다.

11
코로나19 실업급여

비정규직노동자지원센터가 문을 열었다. 이는 단순한 기관 개소 이상의 의미를 갖는다. 수많은 비정규직 노동자들이 처한 열악한 근로 환경과 불안정한 고용 현실 속에서 이들이 보다 나은 근무 조건과 법적 보호를 받을 수 있도록 돕는 중요한 역할을 하게 될 것이다.

하지만 기대와 동시에 우려도 공존한다. 센터를 통해 비정규직 노동자들이 실질적인 도움을 받을 수 있을지, 그들의 목소리가 정책에 반영될 수 있을지, 그리고 장기적으로 그들의 삶이 개선될 수 있을지에 대한 의문이 여전히 남아 있다. 이들의 노동환경은 극도로 취약하다.

통계로만 봐도 전라북도는 전국에서 비정규직 노동자의 비율이 매우 높은 지역 중 하나이다. 정부 발표에 따르면 42퍼센트 이상이 비정규직이다. 게다가 정부 통계에 포함되지 않은 노동자들도 많다. 특수고용 노동자, 5인 미만 사업장의 노동자, 기간제 근로계약을 맺었지만 사실상 고용이 불안정한 노동자들까지 고려하면 실제로는 전체 노동자의 절반 이상이 비정규직에 해당할 가능성이 크다.

이런 현실을 반영하듯 비정규직노동자지원센터는 노동자들에게 실질적인 지원을 제공하고자 한다. 기본적으로 무료 법률 상담을 제공하며, 노동 관계법에 대한 정보 제공과 법적 지원도 이루어진다. 부당 해고나 임금 체불 등의 문제가 발생했을 때도 노동자들이 법적 구제를 받을 수 있도록 돕는다.

센터는 단순한 상담을 넘어서 더 중요한 역할을 한다. 그것은 바로 비정규직 노동자의 실태를 제대로 조사하고, 이를 바탕으로 정책적 대안을 마련하는 것이다. 현재 정부나 지자체에서 발표하는 비정규직 노동자 통계는 실제 현실과 차이가 있다. 비정규직의 범위가 광범위하고, 업종별로 근무 형태가 다양하기 때문이다. 따라서 실태 조사를 통해 노동자의 실질적인 근무 조건과 임금 수준, 고용 안정성을 분석하고 이를 토대로 정책 개선을 요구하는 것이 필수적이다.

특히 경비 노동자의 처우 개선도 중요한 과제 중 하나다. 아파트 관리 업체들과 협약을 맺고 노동 관련 교육을 진행하며, 노동자의 권리를 보장할 수 있는 방안을 마련해야 한다. 또한 경비 노동자들을 단순한 감시자가 아니라 공동체의 일원으로 존중하는 분위기를 조성해야 한다. 입주민들이 그들의 노동을 존중하고, 보다 나은 근무환경을 조성하는 데 협력해야 한다.

비정규직노동자지원센터가 해결해야 할 또 다른 문제는 비정규직 노동자들의 고용 불안정성이다. 정규직과 동일한 업무를 수행함에도 불구하고 비정규직이라는 이유로 고용이 불안하다. 언제든 계약이 해지될 수 있는 현실은 노동자들에게 극심한 스트레스를 유발한다. 또한 비정규직 노동자들은 경력 개발의 기회도 제한적이며, 단순히 생계를 유지하기 위해 반복적인 단기 계약을 전전하는 경우가 많다. 이는 결국 노동자 개인뿐만 아니라 사회 전체의 생산성을 저하시키는 요인이 된다.

코로나19 이후 실업급여 신청자 수가 역대 최고치를 기록하는 등 고용 불안이 더욱 심화되었다. 이런 상황에서 비정규직노동자지원센터의 역할은 더욱 중요해졌다.

특히 특수고용 노동자들의 실태 조사와 지원이 시급한 과제로 떠올랐다. 택배 기사, 학습지 교사, 보험 설계사 등 특수고용직 노동자들은 계약 형태가 일반 근로자와 달라 법적 보호를 받기가 어렵다. 이들은 명목상 개인 사업자로 분류되지만, 실제로는 특정 업체에 종속되어 일하는 경우가 대부분이다. 따라서 노동법의 사각지대에 놓여 있다. 해고나 임금 체불 등의 피해를 입어도 법적으로 구제받기가 어렵다.

또한 노동자들은 자신이 어떤 법적 보호를 받을 수 있는지조차 모르는 경우가 많다. 최저임금제나 근로계약서 작성 등의 기본적인 노동법에 대해 알지 못하는 노동자들이 상당수다. 사용자는 이러한 무지를 악용해 근로계약서 작성을 요구하지 않거나 불리한 계약 조건을 강요하는 경우가 있다.

따라서 노동자들이 스스로의 권리를 알고 이를 행사할 수 있도록 교육과 상담을 제공하는 것이 필수적이다. 전화 상담을 통해 법적 조언을 받거나 직접 방문해 구체적인 상담을 받을 수도 있다. 상담 내용이 다양하지만 가장 많은 문의는 임금 체불과 관련된 것이다. 최저임금 미준수, 연장 근무 수당 미지급, 부당 해고 등이 주요 상담 내용으로 꼽힌다.

노동자들은 이러한 문제를 겪어도 법적 대응 방법을 몰라 포기하는 경우가 많다. 그러나 상담을 통해 자신이 어떤 권리를 가지고 있는지 알게 되면 상황이 달라진다. 물론 법적 절차를 밟는 과정에서 어려움이 있을 수 있지만, 최소한 자신의 권리를 주장할 수 있는 기회를 갖게 된다.

또 다른 중요한 과제는 노동자들이 자신의 문제를 스스로 해결할 수 있도록 돕는 것이다. 법적 지원이 필요할 때 노무사의 도움을 받을 수 있지만, 노동자들이 자신의 권리를 알고 이를 주장하는 것이 가장 중요하다. 노동자가 직접 자신의 권리를 주장할 수 있을 때 비정규직 노동자들의 처우는 점차 개선될 수 있다.

결국 비정규직노동자지원센터의 역할은 단순히 상담을 제공하는 것을 넘어, 노동자들의 권리를 보장하고 사회적 인식을 변화시키는 데 있다. 노동자들이 자신의 권리를 포기하지 않고 정당한 대우를 받을 수 있도록 돕는 것이 이 센터의 존재 이유다. 앞으로 이 센터가 얼마나 효과적으로 운영될지는 지켜봐야 하겠지만, 분명한 것은 비정규직 노동자들에게 필요한 존재라는 것이다. 이들이 더 이상 고립되지 않고, 사회적 보호를 받을 수 있도록 하기 위해서는 센터의 지속적인 노력과 사회적 관심이 필요하다.

비정규직 노동자들의 권리를 보장하는 것은 단순한 시혜가 아니라, 사회 전체의 노동환경을 개선하는 데 필수적인 과정이다. 노동이 존중받는 사회, 그리고 누구나 안정적인 일자리에서 자신의 삶을 계획할 수 있는 사회를 만들기 위해서는 이러한 지원센터가 적극적으로 역할을 해야 한다.

12
수마가 할퀴고 간 현장

폭우가 쏟아지고 강물이 범람하면서 순창군 유등면을 비롯한 여러 마을이 심각한 피해를 입었다. 섬진강의 방류량 조절 실패로 많은 지역이 침수되었고, 농가들은 예상치 못한 큰 피해를 보았다. 이번 재난은 단순한 자연재해가 아니라 인재의 요소도 포함된 복합적인 재해였다.

마을 주민들과 농민들은 물러설 수 없는 싸움을 시작했다. 우리는 이들이 직면한 현실을 통해 재난과 복구, 그리고 다시 일어서는 과정에서 필요한 것이 무엇인지 고민해야 한다.

순창군 유등면은 평소에도 강과 가까운 지형적 특성상 수위 변화에 신경을 써야 하는 지역이었다. 그러나 이번 폭우로 섬진강이 범람하면서 그 피해는 상상을 초월했다. 과거에도 비 피해를 겪은 적이 있었지만 이번과 같은 대규모 침수는 지역 주민들도 처음 겪는 일이었다. 제방이 없던 시절에는 마을이 물에 잠기는 일이 흔했지만, 제방을 구축한 뒤로는 수십 년 동안 큰 침수 피해가 없었다.

그러나 이번에는 달랐다. 섬진강의 방류량이 비정상적으로 많아지면서 기존의 방재 시스템이 무력화되었고 마을 전체가 물에 잠겼다. 평소에는 초당 500~600톤 정도를 방류하는데, 이번에는 초당 2800톤까지 방류하면서 제방이 견딜 수 없는 상태가 되어버렸다. 이러한 방류량 조절의 실패로 강물이 예상을 넘어서며 마을을 삼켜버렸다.

주민들은 급히 대피해야 했고 농지와 가축, 심지어 가재도구까지도

순식간에 물살에 휩쓸렸다. 특히 농사를 생계의 기반으로 삼고 있는 주민들에게는 그 피해가 더욱 치명적이었다. 벼는 하루나 이틀 정도 잠기면 수확량이 50퍼센트 정도 줄어드는데, 이번에는 이틀 이상 침수되었으니 더 큰 피해를 입을 것으로 보인다. 과수 농가 또한 피해를 면할 수 없었다. 나무가 뿌리째 뽑히거나 장기간 침수로 과실이 망가졌다.

농민들은 절망했다. 그런데 복구는 또 다른 문제였다. 농사를 다시 짓기 위해서는 시간이 필요하고 정부의 지원도 절실하지만 현실적으로 신속한 복구가 쉽지 않았다. 특별재난지역으로 지정되어야 지원을 받을 수 있는데, 피해 규모가 100억 원 이상이어야 한다는 기준이 발목을 잡고 있었다. 피해를 입은 주민들에게는 피해 규모의 크기가 아니라 생계와 직결된 피해의 정도가 더욱 중요하다. 정부의 지원 기준은 이러한 현실을 반영하지 못하고 있었고, 주민들은 큰 불만을 토로했다.

주민들은 폭우가 아니라 섬진강 댐의 방류 조절 실패로 인해 피해가 더 커졌다고 주장했다. 섬진강 댐의 물을 평소에는 다른 지역에 공급하면서 정작 필요할 때는 홍수 조절을 하지 못했다. 그리고 갑자기 방류량을 늘려버리면서 이런 재앙이 발생한 것이다. 댐의 관리 문제는 과거에도 여러 차례 지적된 바 있었다. 이번 사건은 그 심각성을 다시 한 번 드러냈다. 정부와 지자체는 자연재해 대응 시스템을 개선해야 하며, 특히 하천과 댐 관리에 대한 체계적인 대책을 마련해야 한다.

마을 주민들은 이런 문제를 해결하기 위해 정부에 보다 적극적인 대응을 요구하고 있다. 그들은 단순히 보상을 받기 위해서가 아니라 앞으로 같은 일이 반복되지 않기를 바라기 때문이다. 수해가 지나간 자리에

피해를 입은 사람들에게 필요한 것은 단순한 위로가 아니라 실질적인 변화다.

는 엄청난 양의 진흙과 부서진 잔해가 남았다. 주민들은 복구 작업에 나섰지만 이는 결코 쉬운 일이 아니었다. 원래는 미나리를 재배하던 곳이었는데 이제는 모든 기계가 물에 잠겨서 사용할 수 없게 되었다. 농업용 기계뿐만 아니라 가공 시설도 피해를 입었고, 이를 복구하기 위해서는 막대한 비용이 필요했다.

하지만 주민들은 포기하지 않았다. "우리를 도와주시는 분들이 많다. 이제 우리가 해야 할 일은 다시 일어서는 것이다"라고 말한다. 실제로 자원봉사자들과 행정 공무원들이 나서서 복구 작업을 돕고 있다. 하지만 이것만으로는 충분하지 않다. 보다 체계적인 지원과 대책이 마련되지 않는다면 이들이 다시 일어서는 데는 더 오랜 시간이 걸릴 것이다.

　이번 순창군 유등면의 홍수 피해는 단순한 자연재해가 아니라 인재의 요소가 분명히 있었다. 그렇다면 우리는 앞으로 어떻게 해야 할까? 우선 댐과 하천 관리 시스템을 개편해야 한다. 방류량 조절 시스템을 개선하고, 사전 예측 및 대응 체계를 강화해야 한다. 지역 주민들과 협력하여 재난 대응 매뉴얼을 마련해야 한다. 또한 특별재난지역 지정 기준을 개선해야 한다. 피해 규모가 아닌 주민들의 생계와 연계된 지원 기준을 마련해야 하며, 동洞 단위까지 세분화된 지원 정책이 필요하다.

　농업 기반 복구 지원도 확대되어야 한다. 피해를 입은 농가에 대한 신속한 보상과 복구 지원이 이루어져야 하며, 농업용 기계와 가공 시설에 대한 복구 지원책을 마련해야 한다. 주민들과의 협력 또한 강화되어야 한다. 재난 발생 시 주민들이 신속하게 대응할 수 있도록 교육과 훈련을 강화해야 하며, 주민들의 의견을 적극 반영하여 실질적인 도움이 될 수 있는 정책을 수립해야 한다.

　순창군 유등면을 비롯한 많은 지역에서 주민들은 절망 속에서도 희망을 찾고 있다. 이번 홍수는 엄청난 피해를 남겼지만 그 속에서도 서로를 돕고 다시 일어서려는 사람들이 있다. 재난은 언제든지 찾아올 수 있다. 하지만 그 재난이 같은 방식으로 반복되지 않도록 하는 것은 우리의 몫이다.

　피해를 입은 사람들에게 필요한 것은 단순한 위로가 아니라 실질적인 변화다. 이제 우리는 그 변화를 위해 무엇을 할 것인가? 이 질문에 대한 답을 찾는 것이 이번 재난을 겪은 사람들에게 우리가 해줄 수 있는 가장 큰 위로가 될 것이다.

13
코로나19 속 의료 종사자

한 병원을 찾았다. 코로나19로 의료진, 특히 간호사들이 겪고 있는 고충은 이제 단순한 뉴스 헤드라인이 아니다. 현실 그 자체가 되어버렸다. 짧게는 몇 개월, 길게는 몇 년이 될지도 모르는 이 상황에서 그들은 감염 위험과 싸우면서도 환자들을 돌보고 있었다.

병원 복도를 따라 걸으며 마주한 첫 번째 간호사는 피로한 얼굴에도 반갑게 인사를 건넸다. "평균 근무시간이 13시간이었는데, 코로나 이후로 15시간, 17시간씩 일하는 날이 많아졌어요. 응급실은 24시간이 아니라 48시간, 72시간 돌아가는 기분이에요." 그녀는 파란색 보호복을 가리키며 말했다. "이 옷을 입으면 한 시간도 안 돼서 땀이 줄줄 흘러요. 사우나에서 뛰어다니는 기분이랄까요."

의료진의 감염 위험은 또 다른 문제였다. "환자가 다녀가면 모든 의료 장비와 공간을 소독해야 해요. 한 번 할 때마다 30분은 걸려요. 그런데 환자가 끊이지 않으니 소독하고, 환자 받고, 다시 소독하고……. 이게 무한 반복이에요." 그녀의 말에서 피로감이 묻어났다. 한 간호사는 탈수로 쓰러져 영양제를 맞고 퇴근했다고 한다. 그러나 이런 극한 상황에서도 누구 하나 일을 포기하지 않았다.

의료진이 이렇게까지 희생하는데, 환자들은 과연 이를 이해하고 있을까? "대기 시간이 길다고 화를 내는 분들이 많아요. 우리도 도와드리고 싶은데 시스템이 따라주지 않는 걸 어떡하겠어요."

또 다른 간호사는 환자들에게 들은 욕설에 대해 말했다. "우리도 사람인데 너무 심한 말을 들으면 상처받죠. 하지만 이 옷을 입고 일하는 순간 그걸 다 감내해야 하는 게 현실이에요."

코로나19가 터진 이후 의료진의 노동환경은 더욱 악화되었다. 전공의들이 집단 휴진을 하면서 간호사들의 업무 부담이 배가되었고, 응급실 인력 부족으로 교대 근무가 사실상 무너졌다. "원래는 하루 10시간 일하고 쉬는 날이 있었어요. 그런데 이제는 12시간, 14시간 일해도 다음 날 또 출근해야 해요. 그냥 당연한 일이 되어버렸어요." 한 간호사는 지친 듯한 목소리로 말했다.

의료진의 증원이 필요하다는 의견도 많지만, 문제는 단순한 인력 부족이 아니었다. "간호학과 졸업생은 매년 2만 명이 넘어요. 그런데도 병원에서 일하는 사람은 절반도 안 돼요." 왜 그럴까? "3교대 근무가 너무 힘들어요. 잠도 제대로 못 자고, 개인 생활도 없어요. 그러니 버티지 못하는 거죠." 간호사들은 인력 증가보다는 근무환경 개선이 더 시급하다고 입을 모았다.

특히나 응급실은 더 심각했다. "응급실은 코로나19 이전에도 가장 힘든 곳이었어요. 지금은 환자가 더 많아졌고, 열나는 환자들은 무조건 우리 병원으로 와요. 그러다 보니 확진자가 올 가능성이 높은데도 계속 환자를 봐야 하죠." 감염 위험이 높은 환경에서도 의료진은 계속해서 일을 해야 했다.

병동에서 일하는 간호사들에게 코로나19는 일상의 모든 것을 바꿔 놓았다. "교대 근무 시간이 수시로 바뀌어요. 오늘 아침 근무였다가 내일은 야간 근무가 될 수도 있어요. 계획을 세울 수가 없어요."

특히 응급 상황이 발생하면 모든 것이 급박하게 돌아갔다. "응급실에서 확진자가 나오면 즉시 폐쇄해야 해요. 환자들을 다른 병동으로 옮기고 의료진은 다시 배치되죠. 이 모든 걸 몇 시간 안에 해결해야 해요."

간호사들은 개인적인 희생도 감수해야 했다. "부모님이 연세가 많으신데 혹시라도 내가 바이러스를 옮길까 봐 몇 달째 얼굴도 못 봤어요. 영상통화만 해요." 한 간호사는 어머니가 암 진단을 받았지만 병원에 갈 수 없었다고 했다. "가고 싶죠. 하지만 내가 확진자가 될 수도 있으니까요."

의료진의 감염 위험은 여전히 높은 수준이었다. "격리병동에서 근무하면 1인 1조로 환자를 봐요. 한 사람이라도 감염되면 대체할 인력이 없어요." 보호복을 입고 일하는 것도 쉽지 않았다. "CT 검사를 위해 환자를 이동시키는 과정에서도 감염 위험이 있어요. 병원 내 이동 동선이 완벽하게 분리된 게 아니거든요."

응급실에서는 언제든 확진자가 나올 수 있었다. "열이 나는 환자는 무조건 응급실로 와요. 코로나가 아니어도 우리는 항상 감염 위험 속에서 일하고 있어요." 한 간호사는 덧붙였다. "감염된다는 두려움보다 감염돼서 동료들에게 피해를 줄까 봐 더 무서워요."

의료진은 자신들이 '철인'이 아니라고 했다. "우리는 그냥 평범한 사람들이에요. 하지만 누군가는 해야 할 일이니까, 묵묵히 하고 있을 뿐이죠." 그들은 환자를 돌보는 것이 자신의 역할이라는 것을 알고 있었다. 하지만 그 역할이 희생을 강요하는 일이 되어서는 안 된다는 점도 분명했다.

병원 문 앞에서 환자들을 선별하는 직원도 마찬가지였다. "우리는 환자 서비스를 하는 사람이었는데, 이제는 감염을 막는 게 우선이에요. 환자들에게 충분한 안내를 해주지 못하는 게 안타까워요." 그가 덧붙였다. "코로나가 끝나고 평범한 일상이 돌아오면, 그 일상이 얼마나 소중한지 깨닫게 될 거예요."

의료진들은 국민들에게 한 가지 부탁을 했다. "우리도 사람이라는 걸 알아주셨으면 좋겠어요. 대기 시간이 길어도 검사받는 게 힘들어도, 우리에게 화내지 말아주세요. 우리도 최선을 다하고 있어요." 그들은 자신들이 맡은 역할을 묵묵히 수행하고 있었다. 하지만 우리의 작은 배려와 이해가 그들에게 큰 힘이 될 수 있다.

우리는 의료진의 희생 위에 서 있다. 그들이 없었다면 이 팬데믹은 훨씬 더 가혹했을 것이다. 이제 우리가 해야 할 일은 분명하다. 그들의 노고를 인정하고, 작은 말 한마디라도 더 따뜻하게 건네는 것이다. 그들이 지치지 않도록, 그리고 언젠가 우리가 다시 평범한 일상으로 돌아갈 수 있도록.

14
민식이법 시행 1년

전북 전주의 한 초등학교를 찾았다. 아이들이 안전하게 등하교 하는 환경이 조성되어 있는지, 민식이법 시행 이후 어떤 변화가 있었는지 직접 확인하기 위해서였다. 학교 앞에서 만난 학부모들은 여전히 불안감을 감추지 못했다.

"학교 앞에 과속 단속 카메라도 설치되고 인도도 잘 정비됐지만, 그래도 아이를 혼자 보내기가 걱정돼요." 한 학부모는 아이와 함께 걸어가면서도 주변을 계속 살폈다. "특히 배달 오토바이가 많아져서 더 위험해졌어요. 골목길에서는 아이들이 튀어나올 수도 있는데, 운전자들이 이를 인지하지 못하는 경우가 많아요."

학교 앞에서는 녹색어머니회 소속 학부모들과 시니어 봉사단이 등교 시간을 맞아 아이들을 인도하고 있었다. "손을 들고 건너야 해요!" "차가 완전히 멈춘 걸 확인하고 가야 해요!" 학부모들은 아이들에게 안전하게 길 건너는 방법을 교육했다. "하지만 아무리 교육을 해도, 어린이들은 순간적으로 움직이는 경우가 많아요. 그래서 운전자들이 더 조심해야 합니다."

학교 안으로 들어가 전북 교원단체총연합회 회장을 맡고 있는 이기종 교장 선생님을 만났다. 그는 민식이법 이후 학교 주변의 변화를 설명했다. "과속방지턱이 추가로 설치됐고 어린이 보호구역 표지판도 늘어났어요. 하지만 여전히 사각지대는 존재합니다. 운전자들이 조금 더 주의를 기울여야 합니다."

전주에서는 민식이법 시행 이후에도 두 건의 어린이 교통사고가 발생했다. 교장은 이에 대해 깊은 우려를 표했다. "학교에서 교통안전교육을 해도 한계가 있습니다. 운전하는 시민들도 교육을 받을 필요가 있어요. 스쿨존에서 운전 습관을 바꾸는 것이 무엇보다 중요합니다."

이어서 지역 학부모들과 이야기를 나눴다. "운전자들이 스쿨존에서는 30킬로미터 이하로 서행해야 하지만, 여전히 속도를 줄이지 않는 차량이 많아요." 또 다른 학부모는 "학교 주변에 불법 주정차된 차량들이 시야를 가려 아이들이 갑자기 튀어나오는 경우가 생겨요. 주정차 단속이 더 강화돼야 합니다"라고 말했다.

최근 발생한 어린이 교통사고를 두고도 논의가 이어졌다. 사고 당시 운전자는 "차가 높아서 아이를 보지 못했다"라고 진술했다. 한 학부모는 다음과 같이 말했다. "승용차도 아이들보다 키가 크기 때문에 골목에서 갑자기 튀어나오는 아이들을 보기 어려운 경우가 많아요. 운전자들도 이를 인지하고 더욱 주의해야 합니다."

이러한 문제를 해결하기 위해 일부 학부모들은 학교 주차장을 개방하는 방안을 제안했다. "주변 빌라촌에는 주차 공간이 부족해 차들이 도로에 세워지다 보니 시야 확보가 어렵습니다. 학교가 저녁 시간에 주차장을 개방하면 불법 주정차 문제가 조금 해결되지 않을까요?"

녹색어머니회 회장 오미숙 씨는 운전자들의 의식 개선이 가장 중요하다고 강조했다. "어른들이 먼저 조심해야 해요. 스쿨존에서 제한속도를 지키고, 횡단보도 앞에서는 반드시 멈춰야 합니다. 내 아이가 길을 건

너고 있다고 생각하면 그렇게 운전할 수밖에 없어요."

민식이법이 과하다는 의견도 있지만, 학부모들은 이에 동의하지 않았다. "벌금이 무겁다고요? 어린이의 목숨과 바꿀 수 있나요? 내 아이가 다쳤다고 생각하면 그런 말이 나오지 않을 겁니다."

현재 민식이법은 어린이 보호구역 내에서 안전운전 의무를 위반해 사고를 낸 경우 사망 시 무기징역 또는 3년 이상의 징역, 상해 시 1년 이상 15년 이하의 징역 또는 500만 원 이상 3000만 원 이하의 벌금을 부과한다.

학부모들은 릴레이 캠페인을 통해 교통안전 인식을 높이는 활동도 진행하고 있었다. "일단 멈춘다. 이쪽, 저쪽, 3초 동안 사고 예방!" 짧고 간결한 문구로 스쿨존에서의 운전 습관을 개선하려는 노력이었다.

스쿨존 안전 문제는 단순히 법을 만드는 것으로 끝날 일이 아니다. 학교의 교육, 운전자의 인식 개선, 불법 주정차 단속 강화, 교통 시설 보완 등 다각적인 접근이 필요하다. 오늘 내가 만난 학부모들과 교사들은 "어른들이 먼저 나서야 한다"고 입을 모았다.

15
코로나 직격탄 맞은 소상공인들

코로나19 이후 급격하게 어려워진 외식업계, 특히 일반 음식점과 대형 연회장을 운영하던 업주들의 현실을 직접 듣기 위해 나섰다. 문을 닫은 가게 앞에서, 또는 여전히 불 꺼진 가게 안에서 폐업을 고민하는 사장님들의 목소리가 곳곳에서 들려왔다.

첫 번째로 만난 이는 한국외식업중앙회 완산구지부의 정명례 회장이다. 그는 전주에만 5300개 이상의 일반 음식점이 운영 중이라고 했다. 하지만 대부분 코로나19 탓에 심각한 경영난을 겪고 있었다. 특히 단체 손님을 받는 연회장, 뷔페, 대규모 식당들은 직격탄을 맞았다. 단체 예약이 모두 취소되면서 생존 자체가 불가능해졌기 때문이다. "근로자도 많고, 운영 비용도 많이 들어 대형 업소일수록 더 버티기 어렵죠. 결국 많은 곳이 문을 닫았고, 남은 곳도 휴업을 반복하고 있습니다."

다음으로 만난 이는 폐업을 결정한 한 식당 사장이었다. 2년 전 그는 소고기 정육 식당을 열었다. 그런데 개업 직후 코로나19가 덮쳤고, 연말 예약까지 모두 취소되면서 심각한 적자를 떠안았다. "2년 동안 4억 원을 잃었습니다. 연매출 5억에서 10억 사이의 중대형 식당들이 가장 큰 피해를 봤어요. 직원도 고용해야 하고 운영비도 많이 드는데 지원 대상에서 제외되는 경우가 많았습니다."

그는 결국 지난해 12월 24일 폐업을 결정했다. 그러나 가게를 넘길 인수자가 없었다. "시설비로만 3억 넘게 투자했는데 결국 900만 원에 넘겼어요. 철거 비용도 2500만 원이 나왔고요. 다행히 건물주가 사정을 봐줘서 일부 비용을 면제받았지만 대부분은 제 손해로 끝났습니다."

그는 창업을 고민하는 사람들에게도 조언을 남겼다. "배달업이 늘었다고 하지만 포장이나 배달만으로는 큰 수익을 기대하기 어려워요. 창업을 고민하는 분들이라면 정말 신중해야 합니다. 저는 제 가까운 지인이라면 말리고 싶어요."

이어 만난 이는 한국외식업중앙회의 김주성 부장이었다. 그는 코로나19로 특히 전주의 젊은 층이 몰리는 번화가의 타격이 컸다고 설명했다. "술집, 호프집, 노래방 등은 밤 10시 영업제한으로 인해 거의 폐업 상태입니다. 유지가 불가능하죠." 배달업으로 전환한 곳도 많지만 그 역시 경쟁이 치열해졌다. "배달 플랫폼 수수료가 월 300만 원씩 나가는 업소도 많아요. 결국 남는 게 없다는 거죠."

그는 휴업이나 폐업을 고민하는 업주들에게 정부 지원 제도를 안내하는 역할도 하고 있었다. "폐업하면 지원금을 받을 수 있긴 한데, 폐업 자체가 현실적으로 너무 어렵습니다. 철거비만 수천만 원이 드는 경우도 많아요."

이어서 주방 설비 중고 업자를 찾았다. 코로나 이후 폐업하는 음식점이 급증하면서 중고 주방용품 시장도 포화 상태에 이르렀다. "예전에는 6개월 된 주방 기기를 절반 가격에라도 팔 수 있었는데, 지금은 10만 원에도 안 팔려요. 공급이 너무 많아졌습니다." 그는 안타까운 마음을 감추지 못했다. "사장님들은 마지막으로 가게 물품을 팔아 조금이라도 손해를 줄이려 하지만, 오히려 처리 비용이 더 들어갑니다. 산업 폐기물로 분류돼 돈을 내고 버려야 하거든요."

전주의 자영업 가게는 약 8300여 곳에 이른다. 문제는 이곳이 소비 중심 도시라는 점이었다. "전주는 생산업이 거의 없어요. 그러다 보니 경쟁이 더욱 치열하고 창업과 폐업이 빠르게 반복됩니다." 혁신도시가 조성되었지만 공무원들은 주말이면 모두 서울로 가버린다. 지역 소비가 안정적으로 이루어지지 않는 이유다.

이번엔 관광업계를 살펴보기 위해 전북 관광협회의 정예관 이사를 만났다. 여행업계는 사실상 매출이 '0'에 가깝다. "1년 넘게 매출이 없습니다. 직원들 월급도 못 주고, 사무실 임대료도 감당할 수 없어 문을 닫은 곳이 많아요." 그나마 백신 접종이 진행되면서 하반기부터 회복 가능성이 보이고 있지만, 해외여행 재개는 아직도 불확실했다. "국내 여행이 늘어난다고 하지만 단체관광이 제한되면 여행사들이 이익을 내기가 어렵습니다."

그는 지방 여행사들의 생존이 더욱 어려워질 것이라 우려했다. "이제는 서울에 있는 대형 업체나 글로벌 OTA(온라인 여행사)와 경쟁해야 해요. 코로나 이후 시장이 재편되면서 지방 소규모 여행사들은 점점 설 자리를 잃고 있습니다." 그는 해결책으로 공동 오피스 운영을 제안했다. "서울에서는 관광공사 주도로 공동 사무실을 운영하고 있어요. 지방에서도 이런 지원이 필요합니다. 그래야 소규모 여행사들이 살아남을 수 있죠."

오늘 하루 동안 나는 무너지는 외식업과 여행업의 현실을 보았다. 폐업을 고민하는 사장님들, 살아남기 위해 애쓰는 업주들, 대책 없이 무너지는 가게들. 매일같이 새로운 폐업 공고가 붙고, 한때 손님으로 가득했던 가게들이 텅 빈 채 방치되고 있었다.

문제는 이들이 단순히 사업을 접는 것이 아니라는 점이다. 가게를 운영했던 사장님들은 직원들의 급여를 정리해야 하고, 대출을 상환해야 하며, 마지막까지 남은 물품을 어떻게든 처리해야 한다. 남은 건 고스란히

빛이 된다.

전주 시민 67만 명. 그중 수천 명이 자영업으로 생계를 이어간다. 하지만 현실은 냉혹했다. 창업은 쉬웠지만, 폐업은 너무나 어려운 일이 되어버렸다. 이제는 단순한 지원금이 아니라 보다 근본적인 해결책이 필요한 시점이다.

16
반복되는 쓰레기 대란

전주에서 벌어진 쓰레기 대란의 현장을 찾았다. 시내 곳곳에 쓰레기가 수거되지 않은 채 쌓여 있고, 주민들의 불만은 극에 달하고 있었다. 길가에 넘쳐나는 생활 쓰레기, 악취, 그리고 파리 떼까지. 도대체 왜 이런 상황이 벌어진 것일까? 시민들은 전주시가 해결하지 못하고 있다고 불만을 터뜨리고 있었고, 행정과 주민 협의체 간의 갈등이 더욱 깊어지는 모양새였다.

먼저 쓰레기 매립장과 소각장을 운영하는 주민 지원 협의체의 유 원장을 만났다. 그는 이번 사태가 단순히 쓰레기 처리 문제 때문이 아니라, 주민 협의체와 전주시 간의 갈등에서 비롯된 것이라고 설명했다.

"우리는 매립장 주변에 살면서 환경 피해를 직접적으로 겪고 있습니다. 악취, 침출수, 해충 문제 등으로 인해 주민들은 오랜 시간 고통을 받아왔습니다. 그나마 이런 피해를 줄이기 위해 협의체를 구성하고 지원금을 받고 있었던 건데, 시의회가 주민들의 대표를 제대로 뽑지 않고 자기들 마음대로 결정하려고 했어요. 이런 상황에서 우리가 어떻게 가만히 있을 수 있겠습니까?"

그는 이번 쓰레기 수거 거부는 협의체가 시의회의 결정을 받아들일 수 없다는 강력한 의사를 표현하는 방식이라고 덧붙였다.

주민들의 이야기를 들어보기 위해 매립장 인근 마을을 찾았다. 한 주민은 "이제껏 참아왔지만, 더는 못 참겠다"며 격앙된 목소리로 말했다. "우리가 바라는 건 대단한 게 아닙니다. 그냥 우리가 피해를 본 만큼 정당한 보상을 받고, 적절한 대우를 받길 바랄 뿐이에요. 그런데 시의회가 협의체 대표를 일방적으로 바꾸려고 하니까 결국 이런 사태까지 온 거죠."

또 다른 주민은 이번 사태에 대해 조금 다른 시각을 보였다. "물론 협의체가 주민들을 대표하는 건 맞지만, 지금 상황은 너무 극단적으로 가는 것 같아요. 쓰레기가 쌓이면 결국 피해는 우리 모두에게 돌아옵니다. 빨리 해결책을 찾아야 한다고 생각해요." 같은 지역에 사는 주민들 사이에서도 의견이 엇갈리는 모습이었다.

이런 상황에서 전주시청은 어떤 입장을 가지고 있을까? 전주시 자원순환과 관계자를 만나 이야기를 들어봤다. 그는 쓰레기 대란이 예상보다 심각하게 번지고 있다며 깊은 한숨을 내쉬었다. "우리는 최대한 협의체와 협상하려고 노력하고 있습니다. 하지만 협의체가 강경한 입장을 고수하면서 해결이 쉽지 않은 상황입니다. 당장 시민들이 불편을 겪고 있기 때문에 임시방편으로 대체 매립지를 마련하고 쓰레기를 수거하고 있지만 근본적인 해결이 필요합니다."

그는 또한 협의체의 요구사항 중 일부는 타당하지만, 일부는 과도한 면이 있다고 덧붙였다. "주민들의 피해를 줄이는 것은 당연한 일이지만, 협의체가 행정적인 절차를 무시하고 너무 많은 권한을 행사하려고 하는 점도 문제입니다."

이어서 전주시의회 의원을 만나 이야기를 나누었다. 그는 이번 사태가 단순한 행정적 문제를 넘어서 오랜 기간 누적된 갈등에서 비롯된 것이라고 설명했다. "사실 주민 협의체는 쓰레기 매립장과 소각장 운영과 관련해 상당한 권한을 가지고 있습니다. 주민 지원금을 배분하는 역할도 하고, 일부 운영 방식을 결정하기도 합니다. 그런데 이런 과정에서 일부 인사들이 장기간 같은 자리를 유지하면서 기득권화되었고, 투명성이 부족하다는 지적이 많았습니다. 그래서 시의회가 이번에 새로운 위원을 선출하려고 했던 건데, 기존 협의체에서 이를 받아들이지 않은 거죠."

그는 협의체가 시민들의 불편을 볼모로 지나치게 강경한 태도를 보이고 있다고 지적하며, 조속한 해결이 필요하다고 강조했다.

한편 시민단체 관계자들은 이번 사태를 두고 전주시 행정의 구조적인 문제를 지적했다. "이번 사태는 단순히 협의체와 시의회의 갈등으로 끝날 문제가 아닙니다. 전주시가 쓰레기 처리 문제를 너무 오랫동안 방치해온 결과죠. 청소 행정이 제대로 운영되지 않았고, 주민 지원 협의체도 투명하게 관리되지 않았어요. 이런 문제들이 쌓이면서 결국 폭발한 겁니다."

그는 또한 전주시가 앞으로 쓰레기 처리 문제를 보다 체계적으로 운영해야 한다고 강조했다. "지금처럼 협의체가 지나치게 많은 권한을 가지면 이런 사태가 계속 반복될 겁니다. 전주시가 보다 적극적으로 개입하고, 체계적인 쓰레기 처리 시스템을 구축해야 합니다."

나는 다시 시내를 돌아보았다. 거리 곳곳에는 여전히 쓰레기봉투가 쌓여 있었고, 곳곳에서 악취가 퍼지고 있었다. 상인들은 "장사도 못할 지경"이라며 불만을 토로했고, 시민들은 "도대체 언제까지 이 상황이 계속될 거냐"며 분노했다. 전주시는 임시방편으로 일부 지역에서 긴급 쓰레기 수거를 진행하고 있었지만, 근본적인 해결책이 나오지 않는다면 이런 사태는 또다시 반복될 것이 분명했다.

이제 필요한 것은 각 주체들이 한 발씩 양보하고 해결책을 찾아가는 것이다. 협의체는 주민들의 권익을 보호하는 역할을 하되 시민들의 불편을 볼모로 삼아서는 안 된다. 시의회는 행정 절차의 정당성을 강조하면서도 주민들의 입장을 충분히 고려해야 한다. 전주시는 이번 사태를 계기로 쓰레기 처리 시스템을 전면적으로 재검토하고 장기적인 해결책을 마련해야 한다. 지금 필요한 것은 갈등이 아니라 협력이다. 이번 쓰레기 대란이 단순한 일회성 사건으로 끝나지 않고, 지속 가능한 쓰레기 처리 방안을 마련하는 계기가 되길 바란다.

17
성매매 집결지에서 여성 인권 공간으로

오랫동안 전주의 그림자로 남아 있던 선미촌이 이제는 새로운 빛을 맞이하고 있다. 성매매 집결지라는 낙인이 지워지고 그 자리에 예술과 문화, 평등이라는 새로운 가치가 채워지고 있다. 나는 이 변화의 한가운데서, 이 공간이 품고 있는 수많은 기억과 이야기를 들으며 과거와 현재, 그리고 미래를 그려보았다.

전주 선미촌을 향해 걸어가는 길, 가을바람이 서늘하게 불어왔다. 바람 속에는 아직 이곳이 품고 있는 지난날의 흔적이 희미하게 남아 있었다. 더불어 변화의 바람도 분명하게 느낄 수 있었다. 이제 이곳은 '성평등 전주'라는 새로운 이름을 달고, 시민들에게 열린 공간으로 변화하고 있다. 성매매업소가 성평등 활동 공간으로 탈바꿈한 이곳에서, 나는 과거와 현재가 교차하는 독특한 분위기를 마주했다.

선미촌의 변화를 바라보는 시민들의 시선은 저마다 달랐다. 예술제 소식을 듣고 찾아온 한 시민은 "예술인으로서 이 공간이 이렇게 변화했다는 게 참 다행스럽다"라고 말했다. 하지만 여전히 이곳을 지날 때마다 과거의 흔적이 떠올라 마음이 편하지 않다는 이야기도 덧붙였다. 그렇다. 단순히 간판이 바뀌고 건물의 용도가 달라졌다고 해서 오랜 시간 이곳에 배어 있던 기억이 쉽게 사라지는 것은 아니다. 그러나 누군가는 이러한 변화를 만들어가기 위해 용기를 냈고, 누군가는 이곳에서 새로운 미래를 꿈꾸고 있다.

성평등 전주에서 만난 오수현 팀장은 "성착취의 공간을 인권과 성평등의 공간으로 변화시킨 사례는 국내외적으로 유례가 없다"고 말했다. 이곳은 단순히 한 도시의 작은 변화가 아니라, 사회 전체가 나아가야 할 방향을 보여주는 상징적 공간이라는 것이다. 그가 들려준 이야기는 깊은

오랫동안 전주의 그림자로 남아 있던 선미촌이 성매매 집결지라는 낙인을 지우고, 그 자리에 예술과 문화, 평등이라는 새로운 가치를 채우고 있다.

울림을 주었다.

이곳에 오래 살아온 마을 주민들에게도 변화는 특별한 의미를 지닌다. 37년간 선미촌 인근에서 살아온 허정주 대표는 과거 이곳이 '불빛으로 알려진 동네'였다면, 이제는 '밝은 미래를 꿈꿀 수 있는 동네'로 바뀌었다고 말했다. 그의 눈빛에는 벅찬 감동과 뿌듯함이 서려 있었다. 여전히 해결해야 할 과제도 있다. 주민들이 이 변화를 자연스럽게 받아들이고, 선미촌이 진정한 문화 공간으로 자리 잡기 위해서는 시간이 필요할 것이다.

책방을 운영하는 한 예술가는 선미촌이 단순한 개발 논리에 의해 변화하는 것이 아니라, 지역 공동체와 예술인들이 함께 만들어가는 공간으로 성장하길 바란다고 말했다. 그가 운영하는 책방은 과거 성매매 업소를 개조한 곳으로, 이제는 사람들의 이야기가 모이고 문화를 나누는 장소가 되었다. 그 공간 안에서 책을 읽는 사람들의 모습은 선미촌의 변화가 단순한 겉모습이 아니라, 사람들의 인식과 태도의 변화로 이어지고 있음을 보여주었다.

선미촌을 변화시키는 데에는 많은 사람들의 노력이 필요했다. 여성인권 활동가들, 전주시, 예술가들, 지역 주민들이 함께 머리를 맞대고 고민했다. 성매매 집결지를 단순히 철거하는 것이 아니라, 하나하나 공간을 매입해 문화예술 공간으로 바꿔가는 과정은 더디고 어려웠지만 그만큼 의미가 깊었다. 민관 협의체가 10년 가까이 지속적으로 논의하고 공원을 만들고 건물을 개조하며 서서히 변화가 일어났다.

이제 선미촌은 페미니즘 예술제 같은 다양한 문화행사가 열리는 공간이 되었다. '성매매가 이루어지던 공간에서 여성 서사를 이야기하는 공간으로.' 이 변화는 상징적인 의미를 넘어, 우리 사회가 여성의 삶과 인권을 바라보는 방식이 어떻게 바뀌어야 하는지를 보여준다. 이번 페미니즘 예술제의 주제는 '혐오와 차별을 넘어서'였다. 예술을 통해 성평등 메시지를 전하고, 여성들의 이야기를 공론화하는 과정은 이곳을 단순한 공간 변화 이상으로 만들어주고 있다.

나는 선미촌의 작은 방 하나에 들어가 보았다. 벽지는 여전히 오래된 흔적을 간직하고 있었고, 방은 한 사람이 겨우 누울 정도로 좁았다. 과거 이곳에서 어떤 일들이 있었을지를 떠올리며, 그 공간을 다시 문화예술의 공간으로 만들어가는 과정이 얼마나 중요한지를 새삼 깨달았다. 성매매는 개인의 문제가 아니라 구조적인 문제이며, 사회가 함께 해결해야 할 문제다. 그런 의미에서 선미촌의 변화는 도시재생만이 아니라, 성착취 문제에 대한 새로운 해법을 모색하는 과정이기도 했다.

물론 여전히 갈 길은 멀다. 변화는 시작되었지만 여전히 사회 곳곳에는 성매매 문제를 단순한 개인의 선택으로 치부하는 인식이 남아 있다. 또한 선미촌이 완전히 새로운 공간으로 자리 잡기 위해서는 더욱 많은 시민들의 관심과 참여가 필요하다. 하지만 분명한 사실은 변화는 가능하다는 것이다. 그리고 그 변화는 누군가의 용기 있는 첫걸음에서 시작된다는 것이다.

여전히 남아 있는 과거의 흔적과 새롭게 변화하고 있는 공간들이 공존하는 모습이 인상적이었다. 어쩌면 선미촌의 변화는 우리 사회가 나아가야 할 방향을 보여주는 하나의 축소판일지도 모른다. 과거의 아픈 기억을 지우는 것이 아니라, 그 기억을 딛고 더 나은 미래를 만들어가는 것. 선미촌이 앞으로도 계속해서 변화하고 더 많은 사람들에게 열린 공간이 되길 바란다.

18
수확 앞둔 벼 병해 확산

김제의 황금 들녘을 찾았을 때 나는 늘 그렇듯 풍요로운 가을을 기대했다. 하지만 농민들의 얼굴에는 수확의 기쁨보다 깊은 근심이 드리워져 있었다. 올해는 풍년은커녕 오히려 병해충과 이상기후로 인한 피해로 벼 농사가 심각한 위기에 처해 있었다.

논밭을 둘러보며 유심히 살펴보니 벼이삭이 제대로 여물지 못한 채 시들어가고 있었다. 한눈에 봐도 건강한 벼가 아니었다. 벼 잎은 누렇게 마르고 곳곳에서 붉게 변색된 이삭들이 보였다. 농민들은 이런 상황이 처음이라고 했다. 30년 넘게 농사를 지어온 이들도 이렇게까지 심각한 병해충 피해를 겪은 적이 없다고 했다.

김제시 농업 관계자와 농민들을 만나 이야기를 나눠보니 올해 농사가 어려웠던 이유는 명확했다. 여름 장마가 거의 없었던 반면에 예상치 못한 늦장마가 8월 하순부터 9월 초까지 이어지면서 벼의 수정 시기에 치명적인 영향을 미쳤다. 벼는 출수기(꽃이 피는 시기)에 날씨가 안정적이어야 열매를 맺는데, 비가 계속되면서 수분이 제대로 이루어지지 못했다. 수정을 못한 벼들은 알곡을 맺지 못한 채 꽃이 떨어졌다.

이후 습한 환경이 이어지면서 각종 병해충이 번성했다. 병해충이 한꺼번에 몰려온 탓에 방제도 제대로 이루어지지 못했다. 보통은 한두 가지 질병에 대비하면 되었지만 올해는 벼잎도열병, 목도열병, 깨씨무늬병, 세균성 병해 등 최소 다섯 가지 병이 동시에 발생하면서 농민들은 속수무책으로 피해를 입었다.

특히 전라북도의 대표 쌀 품종인 신동진 벼가 심각한 타격을 입었다. 신동진 벼는 밥맛이 좋고 소비자들이 선호하는 품종이다. 다만 병해충에 상대적으로 취약한 특징이 있다. 그래서 전라북도의 농가 대부분이 신동

"농업이 중요하다고는 하지만, 정작 관심을 가지는 정치인은 없습니다."

진 벼를 재배하고 있지만, 올해 같은 이상기후가 계속된다면 품종을 변경해야 하는 게 아니냐는 고민이 나오고 있었다. 그러나 문제는 간단하지 않았다. 소비자들이 신동진 벼를 선호하는 한, 농가들이 다른 품종으로 쉽게 전환하기 어려운 구조였다.

농작물 재해보험이 있긴 하지만 농민들에게 실질적인 도움이 되기엔 한계가 많았다. 보험금 산정 방식이 현실을 제대로 반영하지 못해 피해를 입은 농민들도 기대만큼의 보상을 받지 못하는 경우가 많았다. 조사 과정에서 병해로 인해 상품성이 떨어진 벼도 무게로만 측정하다 보니 실제 농가의 손실보다 적게 보상되는 사례가 많았다. 또 재해보험을 한두 번 받으면 이후 자부담 비율이 높아져, 결국 보험을 들고도 실질적인 보상을 기대하기 어려운 상황이 반복됐다.

쌀값 문제도 농민들에게 큰 고민이었다. 20년 전이나 지금이나 쌀값은 거의 변하지 않았다. 그러나 농사를 짓는 데 드는 비용, 즉 영농비는 꾸준히 상승해왔다. 특히 논을 임대해 농사를 짓는 농가들이 많아지면서 임차료 부담이 더욱 커졌다. 농민들은 쌀값이 현실적으로 80킬로그램 기준 24만 원 정도는 되어야 적정한 수준이라고 말했다. 하지만 현재 시세는 그에 미치지 못하고 있다.

문제는 소비자들이 느끼는 가격은 오히려 높다는 점이었다. 생산자는 낮은 가격을 받고, 소비자는 높은 가격을 지불하는 것이다. 이 모순적인 구조 속에서 농민들은 점점 더 힘들어지고 있었다.

농민들은 정부가 적극적으로 농업 문제를 해결할 필요가 있다고 강조했다. 쌀값을 안정적으로 유지할 수 있는 정책 마련, 농지 임대료 문제 해결, 병해충 방제를 위한 연구 강화, 현실적인 농작물 재해보험 개편 등이 필요하다는 것이다. 하지만 대선 후보들의 토론에서도 농업 정책에 대한 언급은 찾아보기 어려웠다. "농업이 중요하다고는 하지만, 정작 관심을 가지는 정치인은 없다"는 농민들의 말이 씁쓸하게 들렸다.

김제뿐만 아니라 전라북도 전체가 병해충 피해로 심각한 손실을 입고 있었다. 농민들은 정부가 특별재난지역으로 선포해 지원해주길 바랐지만, 병해충 피해는 자연재해로 인정받기 어려운 구조였다. 가뭄이나 태풍 피해는 자연재해로 분류되지만, 병해충 피해는 농가의 방제 실패로 간주되어 지원 대상에서 제외되는 경우가 많았다. 이번 경우처럼 기후변화로 인해 예측하지 못한 대규모 병해충 피해가 발생한 사례는 새로운 기준으로 접근할 필요가 있었다.

농업 전문가들은 병해충 피해를 최소화하기 위해 보다 체계적인 방제 시스템이 필요하다고 지적했다. 특히 농촌진흥청이나 지자체에서 기후변화에 대응한 방제 연구를 강화하고, 신속한 대응 체계를 갖춰야 한다고 했다. 또한 벼 품종을 다양화하고, 기후변화에 강한 품종을 개발하는 것도 중요한 과제가 될 것이다.

논을 둘러보며 한 농민이 한숨을 내쉬며 했던 말을 떠올렸다.

"1년 동안 공들여 키운 벼가 이렇게 돼버리면 정말 허망합니다. 논에 가면 기쁘고 뿌듯해야 하는데, 올해는 논에 갈 때마다 속이 타들어가요."

농사란 단순히 노동이 아니다. 그것은 자연에 대응하고 기다리고 기대하며 살아가는 삶 그 자체다. 하지만 기후변화, 병해충, 경제적 어려움 등 농민들을 둘러싼 환경은 점점 더 어려워지고 있다.

19
요소수 품귀 현상

익산의 한 도로를 지나치면서 나는 눈앞에 길게 늘어선 화물차들의 행렬을 보았다. 움직이지 않는 거대한 차체들이 마치 도심 속 침묵의 벽처럼 도열해 있었다. 운전석에 앉아 한숨을 내쉬는 기사들의 표정에서 이들의 고충이 고스란히 전해졌다. 요소수가 바닥나면서 생업이 멈춘 현실. 단순한 차량 연료 부족이 아니었다. 이건 한 가정의 생계를 책임지는 가장들의 발이 묶이는 것이고, 산업 전반이 둔화되는 신호였다.

전북지역 화물연대 소속 기사들은 오늘도 출근했지만 일감을 받지 못했다. 운행에 필요한 요소수가 남아 있지 않았기 때문이다. 단골로 이용하던 주유소마다 요소수가 동이 나 있었고, 그나마 남은 물량도 선착순으로 배급되었다. 요소수가 없다면 차량의 시동조차 걸 수 없었다. 법적으로 요소수를 주입하지 않은 차량은 운행할 수 없도록 규정되어 있었기 때문이다.

연료는 남아 있지만 움직일 수 없는 차들이 도로 곳곳에 주차된 채로 남아 있었다. 기사들은 요소수를 구하기 위해 동분서주했다. 일부는 전국을 돌며 요소수를 찾아 나섰다. 대전에서 출발해 익산까지 온 기사도 있었다. 그러나 공장이 공급을 중단한 뒤 개인 판매까지 금지되면서, 이제는 더 이상 손에 넣을 방도가 없었다.

익산의 아톤산업 앞에 도착하자 예상보다 더 많은 사람들을 볼 수 있었다. 긴급하게 요소수를 구하려는 기사들이 문 앞에 진을 치고 있었다. 어떤 이들은 직접 회사에 들어가 사정을 호소했다. 원래 요소수는 리터당 1000원 정도면 구매할 수 있었다. 하지만 이제는 4000원에서 많게는 1만 5000원까지 가격이 폭등했다. 인터넷에서는 열 배 이상의 가격으로 거래되고 있었다.

투기꾼들이 등장하면서 상황은 더욱 악화되었다. 필요한 사람에게 가야 할 요소수가 암시장으로 흘러들어 가면서 화물 기사들은 더욱 절박해졌다. 아톤산업이 개인 판매를 중단한 이유도 바로 이 때문이었다. 처음에는 생계를 위해 꼭 필요한 사람들에게 요소수를 나눠주었지만, 이

걸 되팔아 폭리를 취하는 사람들이 등장하면서 상황이 달라졌다.

대표이사인 김기원 씨와 이야기를 나누었다. 그는 원래 기업의 이윤보다 사람들의 생계를 더 중요하게 생각하는 사람이었다. 그래서 정부의 개입이 있기 전부터 공장 문을 열고 사람들에게 요소수를 공급했다. 하지만 개인 판매를 중단한 지금 그는 큰 고민에 빠져 있었다. "이렇게 하면 정말 필요한 사람들이 피해를 볼 텐데, 그렇다고 무작정 판매를 지속하면 또 다른 문제가 생기죠."

그는 긴 한숨을 내쉬었다. 공장이 모든 화물차 기사들에게 요소수를 공급할 수 있는 능력을 갖춘 것도 아니었다. 한정된 생산량 속에서 대책 없이 개인 판매를 지속하는 것은 불가능한 일이었다.

그러나 익산시는 아톤산업과 협력해 해결책을 마련하고 있었다. 먼저 익산시는 시 차원에서 요소수를 직접 공급하는 방안을 추진했다. 팔봉동 실내체육관에서 시 차원의 요소수 공급이 시작되었다. 차량 등록증을 지참하면 일정량의 요소수를 구매할 수 있도록 조치를 취했다. 생업이 위태로운 사람들에게 우선적으로 공급하고, 투기를 방지하기 위해 시스템을 마련하는 것이 중요했다. 익산시는 시장 중심으로 공급량을 조절하고, 꼭 필요한 사람들에게 요소수가 전달될 수 있도록 꼼꼼하게 관리하기로 했다.

그렇지만 이런 대책도 일시적인 해결책일 뿐이었다. 진짜 문제는 요소수의 원료인 '요소' 자체를 구하는 것이었다. 과거에는 삼성정밀화학을 비롯한 국내 업체들이 요소를 생산했다. 그러나 해외에서 원료 수입이 더 저렴해지면서 국내 생산이 중단되었다. 자연스럽게 중국에 대한 의존도가 높아졌다.

그런데 중국이 요소 수출을 제한하자 결국 우리나라 전체가 마비될 위기에 처했다. 산업 전반에서 요소수를 필요로 하는 만큼, 단순히 현재의 위기를 모면하는 것이 아니라 장기적인 해결책이 필요했다. 정부는 요소를 안정적으로 공급할 수 있는 방안을 마련해야 했고, 국내 생산을 다시 활성화하는 방안을 고민해야 했다.

요소수 부족으로 큰 타격을 입은 건 화물운송업뿐만이 아니었다. 건설업, 농업, 소방 등 특수 분야에서도 요소수 부족으로 차량 운행이 어려워졌다. 긴급 출동이 필요한 소방차조차 요소수가 없으면 움직일 수 없었다. 이런 문제를 해결하기 위해서는 정부와 기업, 지자체가 함께 움직여야 했다. 다행히 익산시는 신속하게 대응했고, 최소한의 공급망을 유지하면서 요소수가 필요한 사람들에게 돌아갈 수 있도록 했다. 하지만 전국적으로 해결되지 않으면 근본적인 문제는 계속될 수밖에 없었다.

요소수 사태는 단순한 연료 부족 사태가 아니었다. 이는 대한민국 물류와 산업 구조의 허점을 그대로 드러낸 사건이었다. 특정 국가에 대한 의존도가 높아지면 언제든 이런 사태가 반복될 수 있다. 이번 사태를 계기로 우리는 공급망 다변화와 국내 생산 역량을 다시 고민해야 한다. 단순히 가격이 저렴하다는 이유로 해외 의존도를 높이는 것이 아니라, 국내에서도 최소한의 자급자족이 가능하도록 대비해야 한다. 익산에서 진행된 지자체와 기업의 협력 모델이 전국으로 확대된다면 이번 위기도 빠르게 극복할 수 있을 것이다.

화물차 기사들은 오늘도 도로 위에서 생계를 위해 싸우고 있다. 이들은 단순한 운전기사가 아니라 우리 사회의 물류를 책임지는 사람들이다. 요소수 하나 부족하다고 해서 이들의 삶이 멈춰서는 안 된다. 정부는 단기적인 해결책을 넘어 장기적인 비전을 제시해야 한다. 요소수 사태는 단순한 위기가 아니라 대한민국 산업 전반에 대한 중요한 경고이기 때문이다.

20
특성화고 현장실습 현주소

특성화고등학교의 현실을 직접 확인하기 위해 현장으로 나왔다. 과거에는 '실업계 고등학교'라고 불렸던 이곳이 이제는 특성화고, 마이스터고 등 다양한 이름으로 불린다. 그러나 이름이 바뀌었다고 해서 학생들의 현실이 달라진 것은 아니었다. 여전히 특성화고 학생들은 대학 진학이 아닌 취업을 목표로 삼으며 빠르게 사회로 나가야 한다. 하지만 그들에게 열려 있는 길은 많지 않다.

완산여자고등학교의 박정희 교장을 만나 특성화고의 현황을 들어보았다. 그는 특성화고가 학생들에게 다양한 기회를 제공할 수 있다고 말하면서도 현실적인 어려움이 많다고 토로했다. 특성화고를 졸업한 학생들이 취업 시장에서 원하는 인재로 인정받으려면 일정 수준의 실무 능력을 갖추어야 하지만, 현재의 교육과정으로는 충분한 기술을 익히기 어려운 실정이었다.

"산업 현장에서 요구하는 수준의 기술력을 학생들이 갖추기까지는 최소 3년에서 4년의 훈련이 필요합니다. 하지만 특성화고에서 실질적으로 직업훈련을 받을 수 있는 시간은 1년 남짓이에요. 나머지는 일반 교과 과정에 할애되죠."

그의 말처럼 특성화고 학생들은 기본적으로 국어, 영어, 수학과 같은 교양 과목을 이수해야 하고, 직업교육은 제한된 시간 내에 이루어진다. 게다가 실습 과정조차도 형식적으로 운영되는 경우가 많다. 결국 학생들은 충분한 준비 없이 산업 현장으로 내몰리는 것이다.

나는 박 교장과의 대화를 통해 특성화고가 안고 있는 문제의 핵심을 조금씩 이해하기 시작했다. 특성화고 학생들은 졸업 후 바로 취업할 수 있도록 교육받지만, 산업 현장은 여전히 '고졸'을 경력자로 인정하지 않는다. 기업들은 숙련된 노동력을 원하지만, 막상 고졸 취업생을 채용하여 장기적으로 육성하는 시스템은 갖춰져 있지 않다.

"우리가 특성화고를 운영하는 이유는 무엇일까요?" 박 교장은 내게 질문을 던졌다. "학생들이 대학에 가지 않아도 충분히 사회에서 자립할 수 있도록 만드는 게 목표잖아요. 그런데 현실은 그렇지 않아요. 대부분의 기업들이 고졸보다는 대학 졸업생을 원합니다. 심지어 단순 생산직조차도요."

특성화고는 학생들이 사회에 빠르게 진출할 수 있도록 도와주는 제도지만, 사회는 그들을 받아들일 준비가 되어 있지 않은 것이다. 결국 특성화고 학생들은 대학을 가지 않았다는 이유로 기회에서 배제되고, 고용 시장에서는 '더 나은 인재'로 평가받지 못한다.

박 교장은 산업 현장과의 연계 부족도 큰 문제라고 지적했다. "특성화고에서 실습을 나가더라도 대부분 형식적인 경험으로 끝나버려요. 제대로 된 현장 훈련이 이루어지는 곳은 극히 드물죠. 학생들은 단순 보조 업무만 하다가 돌아오고, 현장에서는 그들에게 중요한 경험을 제공할 의무가 없어요."

그의 말대로라면 특성화고의 '현장실습'이라는 제도 자체도 문제가 많았다. 나는 몇몇 학생들을 직접 만나 그들의 이야기를 들어보기로 했다.

"처음에는 기대가 컸어요. 실습을 나가면 정말 배울 게 많을 줄 알았죠." 완산여자고등학교 3학년인 소진이는 이렇게 말했다. "그런데 막상 실습을 나가 보니 우리가 할 수 있는 일은 거의 없었어요. 그냥 사무실에서 청소를 하거나 서류를 정리하는 게 전부였어요."

그녀는 금융권 취업을 목표로 특성화고에 입학했지만 현실은 녹록지 않았다. 자격증도 여러 개 취득하고 대회에도 참가했지만, 실습 과정에서 배울 수 있는 건 거의 없었다고 했다. "제대로 된 교육을 받지 못하면 결국 나중에 기업에서도 인정받지 못해요. 그러면 우리는 어디로 가야 할까요?"

비슷한 경험을 한 학생이 또 있었다. 마이스터고 3학년인 김민호 군은 전자기술을 배우고 있지만, 실습 과정이 예상과 다르게 진행됐다고 했다. "학교에서는 우리가 기업에 가서 실습을 하면 많은 걸 배울 수 있다고 했어요. 하지만 실제로 가보면 단순 반복 업무만 하고 돌아오죠. 기업 입장에서는 우리를 정식 직원으로 대우할 필요가 없으니까요."

그는 실습을 통해 취업까지 연결되기를 기대했지만 현실은 달랐다.

"기업들은 우리를 정규직으로 채용할 생각이 없어요. 실습이 끝나면 다른 학생들을 또 데려오면 되니까요. 결국 우리는 저렴한 노동력일 뿐이죠."

그들의 이야기를 들으며 특성화고의 문제점이 단순히 교육과정에 있는 것이 아니라, 사회 구조적인 문제와도 연결되어 있음을 깨달았다. 학생들은 빠르게 사회로 진출하고 싶어 하지만 그들을 받아줄 곳이 없다. 기업들은 경력자를 원하고, 경험이 없는 학생들은 '현장실습'이라는 이름 아래 값싼 노동력으로 쓰인다.

그렇다면 특성화고의 문제를 해결하기 위해서는 어떤 변화가 필요할까? 여러 전문가들의 의견을 들어보았다.

첫 번째 해결책은 현장실습의 질을 높이는 것이다. 학생들이 단순한 보조 업무가 아니라 실제로 실무 경험을 쌓을 수 있도록 기업과 학교가 적극적으로 협력해야 한다. 현장실습을 통해 학생들이 직무 역량을 키울 수 있도록 정부 차원에서도 체계적인 지원이 필요하다.

두 번째는 고졸 취업자를 위한 맞춤형 일자리 창출이다. 현재 대부분의 기업들이 대학 졸업자를 선호하는 경향이 있지만, 특정 분야에서는 충분한 훈련을 받은 고졸 인력이 더 효과적으로 일할 수 있다. 이를 위해 고졸 인력을 전문적으로 양성하고, 그들이 안정적인 일자리를 가질 수 있도록 정책적인 지원이 이루어져야 한다.

세 번째는 특성화고에 대한 사회적 인식 변화였다. 특성화고를 졸업했다고 해서 능력이 부족한 것이 아니다. 오히려 특정 기술을 집중적으로 배운 학생들이기에 실무에 적합한 인재일 수도 있다. 하지만 아직까지 우리 사회에서는 특성화고 졸업자를 '차선책'으로 보는 경향이 강하다. 이런 인식을 바꾸지 않는다면 특성화고 학생들은 취업 시장에서 계속 불리한 위치에 놓일 것이다.

하루 동안 특성화고 학생들의 현실을 직접 보고 들으며 우리가 흔히 간과했던 문제들을 발견했다. 특성화고는 학생들이 빠르게 사회에 나가 자립할 수 있도록 돕기 위한 제도지만, 정작 그들을 받아줄 사회의 준비는 부족했다. 현장실습은 형식적으로 운영되고, 기업들은 여전히 대졸자를 선호하며, 고졸 취업생들은 한정된 기회 속에서 살아남아야 한다. 우리는 이 문제를 단순히 학교의 문제로 볼 것이 아니라, 사회 전체가 함께 해결해야 할 과제로 바라봐야 한다.

21
아파트 건설 현장 안전검사

군산의 한 아파트 건설 현장을 찾았다. 현장은 긴장감과 바쁘게 움직이는 노동자들의 기운이 뒤섞여 있었다. 이곳에서 건설노동조합 이우승 부지부장을 만나 이야기를 나누기로 했다.

2022년 광주 아파트 붕괴 사고 이후 건설 현장의 안전 문제가 다시금 큰 이슈가 되었다. 노동자들은 더욱 불안한 마음으로 하루하루를 보내고 있었다. 현장에 도착하자마자 나는 공사장의 소음과 먼지 속에서 일하고 있는 노동자들의 모습을 보았다. 새벽 7시에 시작된 작업은 저녁 5시가 되어야 끝난다고 했다. 매일 반복되는 시간 속에서 이들은 건물을 세우지만, 정작 자신의 안전이 보장되지 않는 현실과 싸워야만 한다.

이 부지부장은 강한 목소리로 말했다. "광주의 사고는 예견된 것이었습니다. 공기를 앞당기고 단가를 낮추고 비용을 절감하려다 보니 결국 사고가 날 수밖에 없는 구조가 만들어진 거죠. 정몽규 회장이 사퇴한다고 해결될 일이 아닙니다. 문제는 훨씬 깊고 구조적인 겁니다." 그의 말에서 분노와 답답함이 묻어났다. 건설 현장의 사고는 단순한 실수가 아니다. '빨리빨리' 문화와 비용 절감이 우선되는 산업 구조에서 비롯된 것이다.

그는 건설안전특별법이 필요하다고 강하게 주장했다. "작년부터 우리가 계속 주장하고 있는 게 건설안전특별법입니다. 이 법에는 감리자나 경영진이 잘못했을 경우 형사처벌을 받을 수 있도록 명시되어 있습니다. 또한 공기보다는 안전이 우선시되도록 법적으로 강제하는 내용이 포함되어 있죠. 하지만 국회의원들이 기업들의 눈치를 보느라 법을 통과시키지 못하고 있습니다."

그는 중대재해처벌법과의 차이점도 설명했다. "중대재해처벌법에는 빠진 조항이 많습니다. 현장에서는 책임자 처벌이 어렵습니다. 하지만 건설안전특별법이 통과된다면 상황이 많이 달라질 겁니다."

현재 그가 일하는 군산 지곡동의 아파트도 광주에서 붕괴된 아파트와 같은 회사가 시공 중이었다. "그 사고 이후 현장에서 달라진 점이 있습니까?"라는 질문에 그는 씁쓸한 표정을 지으며 말했다. "겉으로 보기에는 변한 게 있습니다. 노동부에서 감독을 강화하면서 당분간 안전이 최우선 과제가 됐죠. 하지만 이게 오래 갈까요? 사고가 터지지 않았더라

건설 현장의 사고는 단순한 실수가 아니다.
'빨리빨리' 문화와 비용 절감이 우선되는 산업 구조에서 비롯된 것이다.

면 여전히 예전 방식대로 공사가 진행되고 있었을 겁니다." 그는 실제 건설 현장에서 안전 조치는 일시적일 뿐이고, 시간이 지나면 다시 예전 방식으로 돌아간다고 했다.

특히 하도급 문제를 지적했다. "우리나라 건설 현장은 다단계 하도급 구조로 되어 있습니다. 1차 하도급은 합법적이지만 이후 2차, 3차, 심지어 5차까지 내려가면 모두 불법입니다. 현실에서는 이런 하도급 구조가 만연합니다. 그러다 보니 맨 아래 단계에서 일을 맡은 사람들은 적은 돈을 받고 일해야 하고, 비용을 맞추려다 보니 안전을 포기하는 거죠." 결국 비용 문제로 인해 노동자들이 위험을 감수하며 일할 수밖에 없는 구조가 형성된 것이다.

그는 건설 현장의 현실을 설명하며 깊은 한숨을 내쉬었다. "2000년대 초반 기준으로 산재 사망자가 연간 2000명이 넘었습니다. 그중에서 절반 이상이 건설업에서 발생했어요. 그런데도 그 숫자가 줄어들지 않는 이유는 간단합니다. 비용을 줄이려다 보니 안전이 뒷전이 되기 때문입니다. 정부는 건설사들에게 공사 기간을 길게 줘야 합니다. 하지만 현실은 정반대죠. 짧은 공사 기간에 맞추려다 보니 결국 노동자들은 위험을 감수하면서 일할 수밖에 없어요."

나는 감리 시스템에 대해 물었다. 감리자들은 공사 현장을 철저히 감독하고 있을까? 그는 단호하게 말했다. "현장에서 감리를 본 적이 없습니다. 원칙적으로 감리는 공사 현장에 상주해야 합니다. 하지만 현실에서는 감리들이 제대로 역할을 하지 않습니다. 현장을 돌아다니며 점검하기보다는 서류를 정리하는 데 집중하죠. 감리 제도가 형식적으로 운영되다 보니 문제가 발생하는 겁니다." 결국 안전 관리가 서류상으로만 존재하고, 실제 현장에서는 형식적인 점검만 이루어지고 있다는 것이다.

그는 마지막으로 정치권에 대한 강한 비판도 덧붙였다. "국회의원들은 기업의 편을 들 것이 아니라 국민의 편에 서야 합니다. 건설 노동자의 안전을 보장하는 법안을 통과시켜야 하는데, 현실은 그렇지 않아요. 결국 사고가 나야만 관심을 갖죠. 그런데 그 관심도 오래가지 않습니다. 우리 노동자들은 매일 위험 속에서 일하는데, 그들은 안전한 국회에 앉아서 논쟁만 하고 있죠."

현장에서 인터뷰를 마친 후 나는 건설기술사 강주영 씨를 만나 이야기를 나눴다. 그는 광주 아파트 붕괴 사고가 전형적인 인재라고 강조했다. "대한민국에서 지진이나 태풍 같은 자연재해가 아닌 이상 모든 안전사고는 인재입니다. 광주 사고도 마찬가지입니다. 안전을 고려하지 않은 시공 방식과 무리한 공사 일정이 결합된 결과죠."

그는 건설업의 구조적 문제를 설명했다. "건설업은 다단계 구조를 가지고 있습니다. 특히 아파트 건설에서는 개발업체가 40퍼센트 정도의 이윤을 가져갑니다. 이런 구조에서는 안전이 뒷전으로 밀릴 수밖에 없죠. 안전관리를 위한 비용이 책정되더라도 실비 정산 방식이기 때문에 실제로 안전에 투자되는 금액은 적을 수밖에 없습니다."

그는 또 다른 문제로 노동자들의 고용 형태를 지적했다. "건설업은 상시 고용이 어렵습니다. 공사가 있을 때만 일하는 형태이기 때문에 노동자들이 조직적으로 대응하기가 어렵습니다. 노동조합이 있어야 단체교섭을 통해 근로환경을 개선할 수 있는데 현실적으로 쉽지 않죠."

감리 시스템의 문제도 지적했다. "감리는 공사를 철저하게 감독해야 하는데, 현실에서는 감리가 자기 역할을 하지 않습니다. 서류상으로만 존재하는 경우가 많죠. 공사 현장을 직접 점검하고 관리해야 하는데, 실제로 그렇게 운영되지 않는 게 문제입니다."

그는 마지막으로 안전을 위한 법적 장치가 강화되어야 한다고 강조했다. "건설안전특별법이 통과되면 효과가 있을 겁니다. 하지만 보다 근본적으로 건설업의 이윤 구조를 바꾸지 않으면 근본적인 해결은 어렵습니다. 입주 예정자들도 자신의 아파트가 어떻게 지어지는지 관심을 가져야 합니다. 하지만 일반 시민들은 전문가가 아니기 때문에 제대로 확인하기 어려운 현실이죠."

이야기를 마치고 돌아오는 길, 머릿속이 복잡했다. 건설 현장의 구조적 문제, 노동자의 안전을 보장하지 못하는 현실, 기업의 비용 절감과 공기 단축을 우선시하는 관행. 이 모든 것들이 얽혀 광주 아파트 붕괴와 같은 사고가 반복되고 있다.

앞으로도 얼마나 많은 노동자들이 위험을 감수해야 할까. 건설안전특별법이 통과된다고 해도 과연 현실에서 제대로 작동할까. 법과 제도가 마련된다고 해도 현장에서 실행되지 않는다면 아무런 의미가 없을 것이다. 결국 우리의 안전을 보장하는 것은 법이 아니라, 현장에서 일하는 사람들의 목소리를 듣고 이를 반영하는 사회적 관심과 구조적 변화일 것이다.

22
익산 장점마을 집단 암 발병

다시 장점마을에 왔다. 이곳은 올 때마다 묘한 기분이 든다. 불과 몇 년 전까지만 해도 이 마을은 평범한 농촌이었다. 논과 밭이 넓게 펼쳐져 있었고, 주민들은 소박하지만 평온한 삶을 이어가고 있었다. 그러나 이제는 대한민국 환경오염 피해 역사에서 가장 참혹한 사례로 기록된 곳이 되었다.

2019년 환경부 역학조사를 통해 비료 공장의 환경오염이 마을 주민들의 암 발병 원인으로 공식 인정되었다. 대한민국 역사상 처음 있는 일이었다. 오랜 시간 싸워온 끝에 진실이 밝혀졌지만, 그 과정에서 이미 너무나 많은 주민들이 세상을 떠났다. 이곳을 찾을 때마다 그들이 떠난 자리에 남겨진 고통과 분노가 느껴졌다.

그런데 이제는 또다시 새로운 문제가 생겼다. 폐비료 공장 안에 누군가가 대량의 쓰레기를 불법 투기하고 사라졌다. 처음 그 광경을 마주했을 때 숨이 턱 막혔다. 건물 안에는 폐전선과 스티로폼, 시멘트 덩어리, 철근, 산업 폐기물 등이 무더기로 쌓여 있었다. 누군가가 몰래 트럭을 끌고 와서 버리고 간 것이 분명했다.

문제는 단순한 쓰레기 투기가 아니었다. 이곳은 대한민국 역사에서 환경오염 피해가 인정된 첫 번째 마을이다. 주민들은 여전히 피해를 입고 있으며, 많은 이들이 암과 싸우고 있다. 이곳이 단순한 폐허가 아니라 대한민국 환경문제의 현실을 보여주는 상징적인 장소가 되어야 한다는 목소리가 높아지는 이유였다.

장점마을 최재철 위원장을 만났다. 그는 이미 수차례 이 마을의 아픔을 세상에 알린 장본인이었다. 최재철 위원장을 처음 만났을 때 그는 마을회관 안으로 나를 인도해 사진 한 장을 보여주었다. "이 사진 안에 있는 어르신들 대부분이 암으로 돌아가셨어요." 그 말씀을 들었을 때 나는 큰 충격에 휩싸였다.

쓰레기를 본 순간의 심정을 묻자 그는 말없이 고개를 절레절레 저었다. 눈빛에는 깊은 분노와 절망이 서려 있었다. "이곳은 우리 마을 주민들이 목숨을 잃은 곳입니다. 그 아픔을 기억하기 위해 남겨둔 공간인데,

"이 사진 안에 있는 어르신들 대부분이 암으로 돌아가셨어요."

도대체 누가 와서 이 많은 쓰레기를 버리고 간 것인지 알 수 없습니다." 그의 목소리는 격앙되어 있었다. "폐기물을 보고 있자니 마치 주민들의 가슴에 다시 못을 박는 것 같습니다. 도대체 누가 이런 짓을 벌인 건지 꼭 밝혀야 합니다."

장점마을 주민들은 오랜 시간 싸워왔다. 여전히 환경문제와의 싸움이 끝나지 않았다. 주민들은 이곳을 철거해서 없애버릴 것이 아니라 환경교육 공간으로 남겨야 한다고 주장하고 있었다. 하지만 행정에서는 이곳을 철거하고 도시 생태 복원 사업을 추진하려고 했다. 이에 대해 주민들은 단순히 공간을 없애는 것이 아니라, 이곳을 통해 환경오염의 심각성을 알리고 후대에게 교훈을 남기는 것이 더 중요하다고 말했다.

장점마을 사건은 한 마을의 문제가 아니라 대한민국 환경오염 역사에서 중요한 사건으로 기록될 만한 일이었다. 주민들이 19년이라는 긴 시간 동안 싸우면서도 포기하지 않았던 이유는 단순히 자신들의 억울함을 밝히는 것만이 아니라, 다시는 이런 일이 반복되지 않도록 하기 위해서였다.

그러나 지금 상황은 그들의 바람과는 다르게 흘러가고 있었다. 주민들은 철거가 아니라 이곳을 환경교육의 장으로 활용하길 원했지만, 행정에서는 철거 이후 나무를 심어 공원으로 조성하겠다고 밝혔다. 주민들의 의견과 행정의 계획이 맞서고 있었다.

주민들의 의견을 듣고 나서 행정의 입장도 들어보기로 했다. 익산시는 철거가 불가피하다는 입장이었다. 국가 예산을 확보하는 과정에서 도시 생태 복원 사업으로 예산을 배정받았고, 이 사업은 건축물을 설치할 수 없는 사업이기 때문에 기존 건축물을 철거할 수밖에 없다고 했다. 또한 주민들이 요구하는 환경교육 공간 조성에 대해서는 환경부와 협의 중이라고 밝혔지만, 주민들과의 직접적인 논의 없이 사업이 진행되고 있다는 점에서 의견 차이가 발생하는 것으로 보였다.

마을을 떠나기 전 한 번 더 그 비료 공장을 바라보았다. 낡고 허물어진 건물, 그 안에 가득 쌓인 쓰레기, 그리고 주민들의 사진이 걸려 있는 공간. 이곳이 단순히 철거되어 사라지는 것이 아니라, 우리 사회가 환경오염의 위험성을 깨닫고 다시는 같은 일이 반복되지 않도록 하는 상징적인 장소로 남아야 한다는 생각이 들었다. 장점마을 주민들은 여전히 싸우고 있다.

장점마을이 겪어온 시간은 결코 짧지 않았다. 19년이라는 긴 세월 동안 주민들은 자신들의 생존을 위해 싸웠고, 결국 대한민국 환경사에서 중요한 판결을 받아냈다. 하지만 그들의 싸움은 끝나지 않았다. 이번에는 철거냐, 보존이냐를 두고 새로운 갈등이 벌어지고 있었다. 주민들은 이곳을 교육의 공간으로 활용하고 싶어 했지만, 행정에서는 생태 복원 사업을 내세우며 철거를 추진하고 있었다. 그리고 이 와중에 누군가는 버젓이 이곳에 쓰레기를 버렸다. 그들은 이곳을 그저 폐허로만 보고 있었던 걸까.

싸움은 단순히 한 마을의 문제가 아니다. 대한민국이 환경문제에 대해 얼마나 무관심했는지, 그리고 그로 인해 얼마나 많은 피해가 발생했는지를 보여주는 하나의 상징이다.

23
전주 천변 벌목 현장

풍경은 무겁고 쓸쓸했다. 익숙했던 강변은 텅 비어 있었고, 한때 푸르렀던 나무들은 쓰러진 채 바닥에 뒹굴고 있었다. 거대한 벌목의 흔적이 남아 있는 이곳, 전주천과 삼천. 홍수 예방이라는 이유로 나무들은 잘려 나갔고, 억새밭은 갈아엎어졌다. 이 나무들은 왜 베어졌을까?

전주시는 홍수 예방을 이유로 11킬로미터에 걸쳐 20~30년 된 버드나무 260여 그루를 베어냈고, 3800제곱미터의 억새밭을 없앴다. 14억 원이 투입된 대규모 하천 정비 사업이었다. 그러나 정작 이곳을 오랫동안 지켜온 주민들과 환경단체들은 전주시의 설명을 납득하지 못한다.

"이 나무들은 2020년 홍수에도 쓰러지지 않았다." "나무가 물의 흐름을 방해했다면, 왜 하천 중앙이 아니라 산책로 가까이 있는 나무들만 베었는가?" "전주시가 과연 생태계를 고려한 적이 있는가?" 시민들이 걸어둔 플래카드를 보았다. "우리가 늘 걷던 길에 그늘을 주던 나무는 어디로 갔나요?" "책상에서 결정한 행정이 수십 년의 생태계를 파괴했습니다." "전주천 참사."

이 문구들은 단순한 불만이 아니었다. 이 도시에 살며 자연과 함께 숨 쉬던 사람들이 느낀 절망과 분노였다. 전주시는 이번 벌목이 홍수 예방을 위한 것이라고 설명했다. 하천 통수 단면, 즉 물이 흐를 수 있는 면적을 확보해야 한다는 것이 이유였다.

문제는 벌목에 대한 과학적 근거를 요청하면 구체적인 자료가 나오지 않았다는 점이다. 오히려 하천 기본 계획을 살펴보면, 전주천과 삼천은 '홍수에 원활하게 대응할 수 있는 하천'으로 분류되어 있었고, 준설을 최소화하라는 내용이 담겨 있었다. 즉, 공식적인 계획에서도 무분별한 벌목과 준설이 필요하다는 근거는 없었다.

자연이 만든 강변은 시간과 함께 균형을 이루었다. 2020년 대홍수 때도 전주천과 삼천의 나무들은 자리를 지켰다. 당시 강한 물살에 무너진 것은 강변의 나무가 아니라 인간이 만든 구조물들이었다. 정지는 띠 내려갔고, 콘크리트 제방이 유실되었다. 오랫동안 이곳에 뿌리내린 나무들은 버텼다. 하지만 인공 구조물들은 무너졌다.

그럼에도 전주시는 자연을 파괴하는 쪽을 선택했다. 인간이 만든 구조물의 실패를 나무가 책임지게 했다. 생태계의 균형이 무너진다. 벌목

자연의 순리를 거스르는 행정은 결국 더 큰 문제를 만든다.

이 진행된 후 전주천과 삼천의 생태계는 심각한 변화를 겪고 있다. 법적 보호종인 수달과 원앙, 삵 같은 동물들이 서식하고 있는 이곳은 생태적으로 중요한 하천이었다. 하지만 이번 벌목으로 인해 그들의 서식지가 파괴되었다. "수달의 흔적은 아직 보이지만, 은신처가 완전히 사라졌어요." 환경단체 관계자는 말한다. "삵은 숨을 공간이 없어졌어요. 더 이상 이곳에서 안전하게 살 수 없을 겁니다."

이전에도 하천을 정비했다. 과거에는 억새를 띄엄띄엄 제거하며 생태계에 최소한의 영향을 주려 했다. 그러나 이번에는 그런 고려조차 없이 한꺼번에 모든 것을 제거해버렸다. "이제 남은 건 텅 빈 하천뿐입니다."

환경단체들은 억새 군락을 다시 복구할 것을 요구하고 있다. 하지만 전주시는 그 자리에 '꽃밭'을 조성하겠다고 했다. 문제는 그 꽃밭이 외래

종을 포함하고 있다는 점이다. "하천은 자연이 만든 공간인데, 왜 인공적으로 외래종을 심으려 할까요?" "금계국 같은 유해종이 물을 타고 퍼지면, 전주천과 삼천뿐 아니라 다른 지역 생태계까지 영향을 받을 겁니다."

자연의 순리를 거스르는 행정은 결국 더 큰 문제를 만든다. 이번 사태에서 가장 큰 문제는 행정과 시민들 간의 소통 부족이었다. 전주에는 생태하천협의회가 존재했다. 그러나 전주시는 이 협의회와 충분한 논의 없이 벌목을 진행했다. 실제로 협의회에서는 "필요한 나무만 최소한으로 벌목하라"는 의견을 전했지만, 전주시는 이를 무시했다.

시민들이 요구하는 건 단순한 반대가 아니었다. 최소한의 설명과 합리적인 논의였다. 그러나 전주시는 시민들의 목소리를 외면했다. 한 환경운동가는 이렇게 말했다. "전주시는 협의회를 단순한 형식적 기구로 여겼던 것 같아요. 논의 자체를 거부하고 결정권을 독점했습니다."

결국 시민들이 직접 행동에 나섰다. 벌목이 계속되자 시민들은 직접 플래카드를 걸었고, 환경단체들은 긴급 기자회견을 열었다. 시의회도 개입했고, 결국 벌목은 잠정 중단되었다. 하지만 아직 벌목될 예정인 나무가 140그루 남아 있다. 시민들이 개입하지 않았다면 그 나무들도 사라졌을 것이다.

전주시는 시민들을 위한 행정을 펼쳐야 한다. 하지만 이번 벌목 과정에서 보여준 모습은 시민을 배제한 일방적 결정이었다. 앞으로 필요한 것은 다음과 같다.

첫째, 형식적인 논의가 아니라 환경단체, 시민, 전문가가 참여하는 실질적인 협의 구조가 필요하다. 둘째, 자연형 하천을 유지하기 위한 구체적인 지침이 필요하다. 이에 따라 하천 기본계획에 없는 무분별한 벌목을 방지해야 한다. 셋째, 단순한 '벌목=홍수 예방'이라는 논리가 아닌 구체적인 연구와 데이터를 바탕으로 한 정책이 필요하다. 넷째, 억새 군락을 복원하고 생태적 가치가 높은 종을 보호해야 한다. 또한 무분별한 외래종 도입을 방지해야 한다.

강변에는 나무들이 있던 흔적만 남아 있었다. 시민들은 분노했고, 환경단체는 행동에 나섰다. 가장 중요한 것은 이제부터다. 이제 우리는 자연을 지키기 위해 무엇을 할 것인가? 나무가 베어진 자리를 바라보며 사라진 신뢰를 다시 세울 방법을 고민해본다.

24
바닥으로 떨어진 교권

5월 15일, 스승의 날이 무색해진 지도 오래다. 한국교원단체총연합회가 발표한 자료에 따르면, 2021년 교권 침해 상담 처리 건수가 무려 520건에 달했다고 한다. 이는 2016년 이후 가장 높은 수치이며, 코로나19 기간 동안 400여 건으로 줄었던 것이 다시 증가한 결과다. 학교에서 교사들이 겪는 어려움은 단순한 '고충'이라는 말로는 설명하기 어려운 지경에 이르렀다. 교사들의 이야기를 듣기 위해 교육 현장을 찾았다.

첫 번째로 만난 이는 5년 차 초등학교 교사 장세린 선생님이었다. 5년이라는 시간이 길다면 길고 짧다면 짧지만 그녀는 이미 교권 침해를 경험했다. 그것도 교직 1년 차에. 그녀는 주의력결핍 과잉행동장애 ADHD를 가진 학생을 제지하다가 침을 맞았다고 했다. 순간적으로 통제력을 잃은 학생이 본능적으로 한 행동이었다고 이해했는데, 그 이후의 상황이 더 큰 문제였다. 수업을 진행하는 것 자체가 어려운 환경이 되어버린 것이다.

"교사들이 수업을 하거나 교육 활동을 하는 것이 불가능해지는 상황이 많아요." 그녀는 씁쓸한 표정으로 말했다. "아이들 간의 다툼이 벌어졌을 때 교사가 개입하면 신체 접촉이 발생하고, 그게 아동학대가 될 가능성이 있어요. 그렇다고 개입하지 않고 아이들을 대피시키면 '방임'이 되는 거죠. 어떻게 해도 문제에서 벗어나기 힘든 구조예요."

교실은 학생과 교사가 함께 배우고 성장하는 공간이어야 한다. 하지만 현실은 '교사가 움직이면 문제가 생기고, 움직이지 않으면 또 문제가 되는' 모순적인 구조를 띠고 있었다. 교사들은 학생들을 보호해야 하지만, 아이들을 지도하는 과정에서 오히려 가해자가 될 수도 있다는 불안감에 시달리고 있었다.

장세린 선생님이 들려준 또 다른 문제는 '교사들의 이탈'이었다. 젊은 교사들은 로스쿨을 준비하거나 다른 직업을 찾기 위해 학교를 떠나고 있다고 한다. "학교에 남고 싶어 하는 교사가 점점 줄어들고 있어요." 그녀는 씁쓸하게 말했다. 교사라는 직업은 단순한 생계 수단이 아니라, 아이들과 함께 미래를 만들어가는 일이다. 이런 점을 고려하면 젊은 교사들의 이탈 현상은 교육 시스템 전반에 걸친 위기의 신호탄이다.

이후 나는 교육인권센터를 찾아갔다. 담당자는 요즘 교권 침해의 유형이 점점 다양해지고 있으며, 학부모가 학생의 일방적인 이야기만 듣고 민원을 제기하는 일이 많다고 했다. 학부모의 민원이 해결되지 않으면 아동학대 신고로 이어지는 경우도 빈번하다. 수업을 방해하는 학생이 있어 제지를 하면 '학생의 인권을 침해했다'는 이유로 문제가 되고, 관리자의 부당한 업무 지시 역시 교사들에게 큰 부담으로 작용하고 있다고 한다.

전북 교사노조 위원장 정재석 선생님도 비슷한 이야기를 들려주었다. 그는 수업 중 학생에게 폭행을 당했지만, 교장 선생님이 '참아라'며 사건을 덮으려 했다고 했다. "교권 침해를 당하면 특별휴가를 쓸 수 있는데, 제가 신청했더니 교장 선생님이 거부하셨어요. 그냥 넘어가라는 식이었죠." 그는 한숨을 내쉬었다. 교사들이 자신의 권리를 포기한 채 일해야 하는 현실이 너무나 씁쓸했다.

교권이 단순히 교사의 권리를 의미하는 것이 아니라는 점을 잊어서는 안 된다. 교사의 교육권이 보장되지 않으면 학생들의 학습권도 보장될 수 없다. 교실이 무너지고 교육의 본질이 희미해진다면 피해를 보는 것은 결국 아이들이다. 그렇다면 해결책은 무엇일까?

첫째, 교권 보호를 위한 법적, 제도적 장치가 마련되어야 한다. 교사가 교육 활동을 하면서 발생할 수 있는 문제를 아동학대와 같은 법적 처벌의 대상이 아니라 교육적 관점에서 해결할 수 있는 시스템이 필요하다.

둘째, 교권 침해가 발생했을 때 절차 중심이 아니라 교육적 해결책을 모색해야 한다. 단순히 '징계'로 마무리하는 것이 아니라 학생이 왜 그러한 행동을 했는지, 교사와 학생 간의 관계 회복을 위한 방법은 무엇인지 고민해야 한다.

셋째, 학생뿐만 아니라 교사들도 보호받아야 한다. 교사들이 위기 학생을 지도할 때 전문가의 도움을 받을 수 있도록 사회복지사, 심리상담사 등의 지원이 필요하다. 또한 관리자에 의한 부당한 업무 지시와 교내 갑질을 방지하기 위한 조례도 시급하다.

마지막으로, 교육이 단순한 규율과 처벌이 아닌 '관계 회복'의 과정이 되어야 한다. 학생의 인권과 교사의 교권은 대립하는 개념이 아니라, 서로 존중하며 함께 성장할 수 있는 토대가 되어야 한다. 지금의 시스템은 교사와 학생 모두를 힘들게 하고 있다. 교육은 사람을 키우는 일이고, 교사들은 그 일을 더 잘할 수 있도록 보호받아야 한다.

학교에서 들려오는 소리는 결코 교사들의 '불만'이 아니다. 그것은 우리 사회가 함께 고민해야 할 '교육의 미래'에 대한 이야기다. 나는 교육이 아이들을 사랑하는 과정이어야 한다고 믿는다. 그리고 교사들이 아이들을 사랑할 수 있도록 그들이 먼저 보호받아야 한다고 믿는다.

25
세계 스카우트 잼버리 1

새만금 부안이다. 이곳에서 곧 세계 스카우트 잼버리가 열릴 예정이다. 8월 1일부터 12일까지 전 세계 170여 개국에서 온 4만 3000여 명의 청소년들이 이곳에 모인다. 대규모 국제 행사가 전북에서 열리는 만큼 기대가 크지만, 동시에 걱정도 많다. 최근 보도된 배수 문제와 숙영지의 침수 문제는 대회 운영의 중요한 변수로 떠올랐다. 나는 현장을 직접 확인하고 실태를 점검하기 위해 부안으로 향했다.

전라북도의 김정기 도의원과 함께 전망대에 올랐다. 전망대에서는 잼버리 부지 전체가 한눈에 들어왔다. 겉으로 보기에는 10개월 전과 크게 달라진 점이 없어 보였다. 그러나 조금만 시선을 돌리면 곳곳에 침수된 흔적이 남아 있었다. 지난 연휴 동안 내린 비가 배수되지 않고 그대로 고여 있었다. 김 도의원은 깊은 한숨을 내쉬며 말했다.

"80밀리미터 정도의 비가 왔는데도 이렇게 물이 빠지지 않는다면, 본격적인 장마철에는 어떻게 될지 걱정이 큽니다. 작년 5월 어린이날 때는 140밀리미터의 비가 내렸는데, 그때도 물이 빠지지 않아 문제가 제기됐어요."

전망대에서 바라본 숙영지를 향해 걸음을 옮겼다. 배수 문제를 직접 확인하기 위해 장화를 신고 침수 지역으로 들어갔다. 땅이 질퍽거렸고 곳곳에 물웅덩이가 남아 있었다. 잼버리 행사장으로 사용될 텐트 부지에도 물이 고여 있어 정상적인 캠핑이 가능할지 의문스러웠다. 김 도의원은 더욱 날카로운 지적을 이어갔다.

"우리는 이곳을 세계 청소년들에게 전라북도를 알리는 기회로 삼아야 합니다. 하지만 배수 문제 하나 해결되지 못한다면 오히려 부정적인 인상을 남길 수도 있어요. 대회가 성공적으로 치러지려면 보다 근본적인 대책이 필요합니다."

배수 문제 외에도 또 다른 우려를 떠올렸다. 잼버리는 단순한 야영 행사가 아니다. 무더운 여름철 폭염 속에서 4만 명이 넘는 참가자들이 텐트 생활을 해야 한다. 그러나 행사장에는 그늘이 될 만한 나무 한 그루 제대로 보이지 않았다. 뜨거운 태양 아래서 청소년들이 장기간 생활하는 것은 현실적으로 무리였다. 이에 대한 해결책은 마련됐을까?

조직위원회는 이에 대한 대비책으로 나무를 심었고, 그늘막과 안개 분사 시스템을 설치하겠다고 발표했다. 그러나 두 달 안에 나무가 그늘을 형성할 수 있을까? 현장에서 본 식재된 나무들은 아직 키가 작아 충분한 그늘을 제공하기 어려워 보였다. 더욱이 배수가 제대로 되지 않아 땅이 질퍽거릴 경우 참가자들의 안전을 보장할 수 있을지 걱정스러웠다.

이러한 상황을 개선하기 위해 정부의 적극적인 개입이 필요하다는 목소리가 높아지고 있다. 김윤덕 국회의원은 "배수 문제뿐만 아니라 폭염과 환경적인 문제를 해결하기 위해서는 추가적인 예산이 반드시 필요하다"며 정부의 신속한 지원을 촉구했다. 조직위원회는 배수로 공사를 6월 말까지 완료하겠다고 밝혔지만, 과연 계획대로 진행될 수 있을까?

현장에서 일하는 관계자들에게도 질문을 던졌다. 배수로 공사가 어디까지 진행되었는지, 대형 텐트 부지의 물 빠짐 문제는 해결될 수 있는지 등을 확인하고 싶었다. 하지만 돌아온 대답은 희망적이지 않았다.

"외곽 배수로는 농어촌공사에서 담당하고, 내부 배수로는 전라북도에서 공사를 진행 중입니다. 아직까지 제대로 마무리된 것은 없습니다. 다음 달까지 모두 정비할 예정이지만, 추가적인 강수량이 변수로 작용할 가능성이 큽니다."

다시 행사장 중심부로 이동했다. 그곳에서는 이미 일부 텐트가 설치되고 있었다. 바닥에는 팔레트가 깔려 있었지만, 곳곳이 여전히 축축했

잼버리는 단순한 야영 행사가 아니다. 폭염 속에서 4만 명이 넘는 참가자들이 텐트 생활을 해야 한다. 그러나 행사장에는 그늘이 될 만한 나무 한 그루 보이지 않았다.

다. 강한 햇빛에 노출된 텐트 내부는 이미 무더웠다. 이곳에서 12일 동안 생활해야 하는 청소년들의 컨디션을 고려할 때, 단순한 차광막만으로 폭염을 견디기 어려울 것으로 보였다. 그렇다면 대안은 무엇일까?

첫째, 배수 문제 해결을 위한 긴급 조치가 필요하다. 기존 배수로 공사 일정이 지연된다면, 간이 펌프장을 추가 설치하여 빠르게 물을 빼내야 한다. 지반이 약한 지역에는 배수판을 추가로 설치해 침수를 예방해야 한다.

둘째, 폭염 대응책을 강화해야 한다. 기존 그늘막 외에도 대형 차광

막을 추가로 설치하고, 참가자들이 쉽게 접근할 수 있는 냉각 시설을 배치해야 한다. 안개 분사 시설을 더욱 촘촘히 설치하여 실질적인 효과를 높여야 한다.

셋째, 지속적인 모니터링과 사후 점검이 필수적이다. 배수 공사가 완료된 후에도 정기적인 점검을 실시해 추가적인 문제를 예방해야 한다. 또한 현장에서 실시간 대응할 수 있는 대책반을 운영해 기상 변화에 즉각 대응해야 한다.

새만금 잼버리 현장을 다시 한 번 돌아보며 많은 생각을 했다. 국제 행사가 성공적으로 치러지기 위해서는 단순한 준비를 넘어 실질적인 대책이 필요하다. 배수 문제, 폭염 대책, 안전 관리까지 모든 요소가 조화를 이루어야 한다. 앞으로 남은 두 달 동안 정부와 조직위원회가 얼마나 실질적인 개선을 해낼 수 있을까.

26
원전 오염수 방류 논란

군산 해망동의 수산물 센터를 찾았다. 이곳은 바다와 가장 가까운 곳에서 생계를 이어가는 사람들의 삶이 깃든 곳이다. 그런데 요즘 분위기는 침울하기만 하다. 후쿠시마 원전 오염수 방류 결정이 내려진 이후, 수산업 종사자들은 깊은 불안과 우려 속에서 하루하루를 버티고 있었다. 상인들은 장사를 이어가야 할지, 아니면 이제는 접어야 할지 심각하게 고민하는 지경에 이르렀다.

나는 상인 임시위원장을 맡고 있는 한 대표를 만났다. 그는 깊은 한숨을 내쉬며 말했다. "정부에서는 오염수 방류가 안전하다고만 하지, 우리 같은 상인들에게 어떤 대책도 마련해주지 않았습니다." 정부가 과학적 근거를 앞세워 안전하다고 주장해도, 문제는 이미 소비자들의 심리가 얼어붙었다는 것이었다. "수산업은 생물 장사입니다. 하루라도 팔리지 않으면 손해가 누적될 수밖에 없습니다. 지금은 손님들이 발길을 끊었어요. 그냥 '믿으라'는 말만으로 장사를 계속할 수 있을까요?"

특히 그는 정부의 태도에 깊은 불신을 드러냈다. "대책이 없다면 우리가 어쩌라는 겁니까? 정부는 오염수 방류를 '그런 줄 알아라'는 식으로 통보할 뿐입니다. 우리 같은 소상공인들에게 실질적인 지원책이나 보호 장치는 하나도 없습니다." 그는 상인들 사이에서 "이제는 장사를 접어야 하나" 토로하는 사람들이 늘어났다고 했다.

군산에서 30년 넘게 어업에 종사하고 있는 전라북도 수산산업연합회 김종주 회장과도 전화 연결을 했다. 그는 수산업 종사자들의 절박한 현실을 전했다. "오염수 방류 자체도 걱정이지만, 더 큰 문제는 정치권과 언론이 수산업에 미치는 파장을 고려하지 않고 있다는 겁니다." 오염수 방류가 공식적으로 시작되기도 전에 이미 손님들의 발길이 끊겼다는 것이다. "코로나가 끝나고 이제야 숨 좀 돌리나 했더니, 이번에는 오염수 방류 문제로 손님이 뚝 끊겼어요. 수산물을 안 먹겠다는 사람들이 늘어나면서 수산업 종사자들은 생계를 위협받고 있습니다."

그는 가장 우려하는 점으로 '불안 심리의 확산'을 꼽았다. "과학적으로 안전하다고 주장하는 정부의 발표와 달리, 일반 소비자들은 그걸 믿지 않아요. 수산물 소비가 줄어들면 결국 어민들은 배를 띄울 수가 없고, 고기를 잡아도 팔 수 없게 됩니다. 생계를 유지할 방법이 없어요." 김 회장은 덧붙였다. "수산업 종사자들은 단순히 정부의 '안전하다'는 말만 믿고 기다릴 수 없습니다. 손님이 줄어든다면 우리도 버틸 수 있는 대책이 필요합니다."

직접 시장을 돌며 상인들의 이야기를 들었다. 한 상인은 "이제 명절 대목도 기대할 수 없어요. 수산물 선물을 받는 사람들이 과연 기분이 좋을까요? 다들 불안해하는데 이걸 누가 선물로 주고받겠어요?"라고 한탄했다. 다른 상인은 "일본산 수산물은 물론 국산 생선까지도 기피하는 분위기가 퍼지고 있어요. 손님들이 확 줄었고, 기존 단골들도 전보다 덜 찾아옵니다. 언제까지 이렇게 버틸 수 있을지 모르겠어요"라고 말했다.

이들의 걱정과는 달리 후쿠시마 오염수 방류가 과학적으로 문제없다고 주장하는 사람들도 있었다. 한 관계자는 "국제원자력기구IAEA에서 검증한 기준에 따르면 방류수는 안전 기준을 충족합니다. 국제 기준을 따르면서 방류하는 것이기 때문에 위험성이 낮습니다"라고 말했다. 그는 "이미 12년 전 사고 때보다 훨씬 적은 양의 방사능 물질이 희석되어 방류되는 것인데, 과학적 검증보다는 감정적인 반응이 더 크게 작용하는 것이 문제입니다"라고 덧붙였다.

하지만 수산업 종사자들은 정부의 발표를 쉽게 신뢰하지 못했다. 김종주 회장은 "문제는 과학이 아니라 소비자들이 믿지 않는다는 겁니다. 우리가 아무리 안전하다고 말해도 사람들이 수산물을 꺼리면 답이 없어요"라고 했다. 그는 "지금이라도 정부가 적극적인 소비 촉진 정책을 마련해야 합니다. 수산물 가격 안정화 대책이나 수산업 종사자 보호 지원이 필요합니다"라고 강하게 주장했다.

이번 논란은 단순한 과학적 검증의 문제가 아니었다. 그것은 국민들의 불신과 두려움, 그리고 그로 인해 무너지는 산업의 현실에 대한 문제였다. 일본 정부가 오염수를 방류하기로 한 이상, 우리는 이 현실을 어떻게 받아들이고 대응할 것인지 냉정하게 고민해야 한다. 단순히 "안전하다"는 정부 발표만으로는 불안감을 해소할 수 없다. 실질적인 보호 대책과 신뢰를 회복할 수 있는 정책이 필요하다.

27
세계 스카우트 잼버리 2

새만금 세계 스카우트 잼버리가 한창 진행 중인 8월 1일, 현장을 찾았다. 수만 개의 텐트가 끝없이 늘어서 있는 모습은 마치 거대한 캠프 마을을 방불케 했다. 32년 만에 대한민국에서 열리는 세계 최대 청소년 행사. 4만 3000여 명의 청소년들이 모이는 축제의 장이자, 전라북도를 세계에 알릴 기회라는 점에서 기대가 컸다. 하지만 처음부터 걱정이 앞섰다. 이 뜨거운 대지 위에서 아이들은 제대로 생활할 수 있을까?

현장에서 만난 잼버리 조직위의 김유빛나라 팀장은 기대와 긴장을 함께 안고 있었다. 그는 말했다. "158개국에서 스카우트 대원들이 왔고,

12일 동안 다양한 활동이 펼쳐집니다. 무엇보다 세계 스카우트들이 전라북도를 경험하고 가는 것이 중요하죠." 실제로 전라북도의 14개 시군을 방문하는 영외 활동이 계획되어 있었다. 하지만 문제는 영지 자체의 환경이었다.

이곳은 본래 갯벌이었다. 그러나 새만금 개발 사업이 진행되면서 농업용지로 바뀌었고, 이후 잼버리 행사장으로 선정되었다. 원래 관광 레저용지로 계획된 지역이었지만, 예산 부족 때문에 임시 농지로 조성된 후 급하게 잼버리 장소로 변모한 것이다. 나는 바닥을 유심히 살펴보았다. 배수로가 제대로 정비되지 않은 땅, 폭염 속에서 한 줌의 그늘도 없는 텅 빈 공간. 이곳이 과연 청소년들이 12일 동안 생활할 수 있는 최적의 장소였을까?

폭염과의 싸움이 시작되었다. 36도를 넘는 뙤약볕 아래에서 스카우트 대원들은 텐트에서 생활해야 했다. 물을 충분히 제공하겠다는 조직위의 설명과 달리, 현장에서 만난 몇몇 참가자들은 "물을 충분히 받을 수 없다", "그늘이 부족해 견디기 어렵다"고 토로했다. 몇몇 스카우트들은 덩굴식물 터널을 지나며 잠시라도 더위를 피하려 했지만 그것만으로는 역부족이었다.

환경운동연합의 이정현 대표는 "이곳은 본래 갯벌이었고, 갯벌을 메운 땅은 쉽게 다져지지 않습니다. 물이 고이면 빠지지 않고, 햇볕을 받으면 열기가 올라오는 구조죠. 이런 곳에서 캠핑을 한다는 것은 처음부터 말이 안 됐어요"라고 지적했다.

새만금 영지를 둘러보며 지난 7년간의 준비 과정에서 왜 이런 기본

"애초에 이곳을 영지로 정한 것이 잘못이었습니다. 갯벌을 매립한 곳에 농지를 만들고, 그 농지에 다시 행사장을 만들었으니 땅이 제대로 자리 잡을 리가 없죠."

적인 부분이 해결되지 않았는지 의문이 들었다. 만약 이곳이 매립지가 아니라 기존의 탄탄한 토양 위에 조성된 행사장이었다면, 혹은 실내 시설을 적극적으로 활용할 수 있는 곳이었다면 지금보다 훨씬 나은 환경에서 잼버리를 진행할 수 있었을 것이다.

그리고 폭우가 찾아왔다. 태풍이 북상하면서 강한 비바람이 예고되었다. 잼버리 영지는 다시 한 번 시험대에 올랐다. 행사장 곳곳이 물에 잠기면서 긴급 배수 작업이 시작되었고, 참가자들은 결국 다른 지역으로 분산 배치되었다.

뒤이어 마침내 결정적인 순간이 찾아왔다. 새만금에서 열릴 예정이던 K-POP 콘서트가 전주를 거쳐, 결국 서울 상암월드컵경기장으로 장소를 변경해 진행된 것이다. 잼버리의 핵심 프로그램이 새만금이 아닌 서울에서 열린다는 소식은 잼버리를 준비해온 전라북도 도민들에게 충격과 실망을 안겨주었다.

이제 남은 것은 폐막식이었다. 12일 동안 진행된 행사가 남긴 것은 무엇이었을까? 전 세계에서 모인 청소년들은 새만금에서 무엇을 경험했을까? 그리고 전라북도 도민들은 이 행사에서 무엇을 얻었을까?

잼버리가 끝난 후 텅 빈 새만금 영지를 다시 찾았다. 한때 장관을 이루었던 텐트들은 모두 철거되었고, 바닥에는 플라스틱 팔레트만이 남아있었다. 이정현 대표는 한숨을 쉬며 말했다. "애초에 이곳을 영지로 정한 것이 잘못이었습니다. 갯벌을 매립한 곳에 농지를 만들고, 그 농지에 다시 행사장을 만들었으니 땅이 제대로 자리 잡을 리가 없죠. 급하게 대책을 세우려 했지만 결국 모든 것이 실패로 끝났습니다."

우리는 이 행사를 유치하기 위해 많은 노력을 기울였고, 전북을 세계에 알릴 기회라고 기대했다. 그러나 현실은 그렇지 않았다. 전라북도는 이번 행사를 통해 얻은 것이 무엇인지 냉정하게 평가해야 한다.

잼버리는 끝났지만 새만금 개발은 여전히 진행 중이다. 이곳은 계속해서 변화할 것이고, 앞으로 또 다른 국제 행사를 유치할 가능성도 있다. 그러나 이번 잼버리에서 얻은 교훈을 잊지 않아야 한다. 국제 행사를 유치하는 것이 중요한 것이 아니라, 그것을 얼마나 철저하게 준비하고 지역과 조화를 이루며 성공적으로 개최하는지가 더 중요하다.

28
신탁 전세 사기 피해자들

완주의 한 아파트 단지에 도착했을 때 전세 사기에 휘말린 세입자들은 이미 수개월째 극심한 불안 속에서 살아가고 있었다. 아파트 곳곳에는 이곳이 곧 강제 퇴거될지도 모른다는 위기감이 감돌았다. 주민들은 무기력한 표정으로 이 사태의 끝이 어디일지 알 수 없다는 듯 멍한 눈빛을 하고 있었다.

이곳에 살고 있는 사람들은 단순히 집을 잃게 되는 것이 아니었다. 그들이 잃을 것은 삶이었다. 평생을 모아온 돈, 하루하루 힘겹게 쌓아온 터전, 그리고 내일에 대한 희망마저도 사라지고 있었다.

먼저 전세사기피해자 비상대책위원회의 정삼균 대표를 만나 이야기를 들었다. 그는 이 사태가 본격적으로 드러나게 된 것은 2023년 7월이라고 했다. "처음엔 단순한 행정상의 문제라고 생각했어요. 그런데 갑자기 아파트에 퇴거 명령이 내려왔습니다. 우리가 불법으로 거주하고 있다는 거예요."

말도 안 되는 일이었다. 세입자들은 정당하게 전세 계약을 맺고 살고 있었고, 보증보험까지 들어가며 안전하게 살 수 있을 거라 믿었다.

하지만 그 믿음은 철저히 배신당했다. 신탁 등기가 되어 있는 아파트였고, 법적으로는 세입자들이 대항력을 가질 수 없는 상태였다. 계약을 할 때 신탁회사에 임대차 계약을 신고해야 했지만, 그 사실을 알지 못한 채 임대인과 계약을 맺었다. 그 계약서는 법적으로 아무런 힘을 갖지 못했다.

"처음에 계약할 때 아무도 신탁 등기 이야기를 하지 않았어요. 우리는 그냥 정상적인 아파트에서 정상적인 계약을 하고 들어왔을 뿐입니다." 그는 씁쓸하게 말했다. "그런데 보증보험도 가짜였어요. 보증보험이 있으면 안전하다고 생각했는데, 알고 보니 보험사가 문제를 해결해줄 수 없는 상태였습니다." 피해자들은 이미 한 푼도 돌려받지 못할 가능성이 높았다. 그들에게 보증금은 생명줄이었다. 그런데 그 생명줄이 끊어지려 하고 있었다.

이 아파트에는 다양한 사람들이 살고 있었다. 대학생, 외국인 노동자, 60대 노인, 싱글맘, 어린아이를 키우는 젊은 부부. 그들은 한순간에 길거리로 나앉게 될 위기에 놓였다.

특히 노인들에게는 이 문제가 단순한 경제적 위기가 아니었다. "나는 전세금 6000만 원을 다 날리면 더 이상 살 곳이 없어요." 60대 한 주민이 떨리는 목소리로 말했다. "여기서 쫓겨나면 어디로 가야 할까요? 다시 전세를 구할 수도 없고, 월세 살 돈도 없어요." 그는 눈물을 글썽이며 하늘을 바라보았다. "이건 그냥 죽으라는 거죠."

더 심각한 문제는 자신이 피해자인지도 모르는 경우가 많다는 것이었다. "지금 이 아파트에 사는 사람들 중 60퍼센트는 아직도 전세 사기 피해자인지 몰라요. 그냥 세입자로 살고 있을 뿐이에요." 정 대표는 한숨을 쉬었다. "개인정보보호법 때문에 우리가 적극적으로 알려줄 수도 없어요. 그래서 공영방송을 통해 알리고 싶습니다." 그는 절박한 심정이었다.

당장 해결해야 할 문제는 두 가지였다. 하나는 세입자들이 전세금을 돌려받을 방법을 찾는 것이었고, 다른 하나는 강제 퇴거에 대비하는 것이었다. 명도 소송이 진행되면 법적으로는 95퍼센트 이상 패소할 가능성이 높았다. 그렇게 되면 세입자들은 아무런 보상도 받지 못한 채 집을 비워줘야 했다.

또 다른 피해자를 만났다. 그는 오랫동안 노동자로 일하며 어렵게 전세금을 모아 이곳에 왔다고 했다. "50년 동안 일해서 모은 돈이에요. 그런데 한순간에 사라질지도 모른다고 생각하니 미칠 것 같아요." 그는 이를 악물며 말했다. "우리가 보증금을 돌려받을 가능성은 점점 희박해지고 있어요. 이제라도 해결 방법을 찾아야 하는데, 아무도 나서주지 않아요."

완주군 행정에서도 긴급 주거 대책을 검토하고 있다고 했지만 실질적인 대안이 부족했다. 대체 주거지로 LH 임대주택을 활용하는 방안이 논의되었지만, 공실이 충분하지 않았고 지원받을 수 있는 인원도 제한적이었다. "LH 주택이 몇 채 있다곤 하지만, 우리가 다 들어갈 수 있는 것도 아니고 언제까지 거기서 살아야 할지도 몰라요." 정 대표는 말했다. "우리가 원하는 건 임시 거처가 아니에요. 우리의 전세금을 돌려받고, 정당한 권리를 되찾는 거예요."

법률 전문가도 만나 이야기를 들어보았다. "담보 신탁이 되어 있는 경우 부동산 소유권은 신탁회사로 넘어가게 됩니다. 문제는 신탁회사가 임대차 계약을 승인하지 않으면 세입자들은 법적으로 보호받을 수 없다는 거죠." 변호사는 설명했다. "대부분의 피해자들은 신탁 사실을 모른 채 계약을 했고, 그 계약이 법적으로 효력을 인정받지 못하는 상황이 된 겁니다."

문제는 또 있었다. 이 사건을 주도한 임대 사업자는 82억 5000만 원을 대출받았고, 전세금을 빼서 운영비로 사용했다. 결국 빚만 남아서 세입자들에게 돌려줄 돈이 전혀 없었다.

이제 남은 것은 강제 퇴거뿐이다. 법적으로는 퇴거를 막을 방법이 거의 없었다. 단지 소송을 통해 시간을 조금 더 벌 수 있을 뿐이다. 그 시간이 지나면 어떻게 될까? "우리는 길거리에 나앉게 될 겁니다." 정 대표는 단호하게 말했다. "그런데 아무도 이 문제를 해결하려 하지 않아요."

신탁 전세 사기는 단순한 개별 사건이 아니다. 제도적 허점과 금융 시스템, 법적 보호의 부족이 만들어낸 구조적 문제다. 이 사건이 제대로 해결되지 않는다면 같은 피해는 계속 반복될 것이다. 피해자들은 자신들의 권리를 지키기 위해 싸우고 있지만, 이 싸움이 얼마나 오래 지속될지 모른다.

29
아수라장 된 수해 현장

익산 망성면 화산리. 수해 피해 현장을 직접 확인하기 위해 이곳을 찾았다. 차에서 내리자마자 코를 찌르는 습기와 썩은 냄새가 가득했다. 길가에는 부서진 비닐하우스 구조물이 널려 있었고, 농작물이 썩어가며 악취를 풍기고 있었다. 도로 옆 하천은 여전히 물이 빠지지 않은 채 고여 있었고, 농민들은 장화를 신고 진흙탕을 헤치며 작업을 하고 있었다.

익산이 이렇게까지 물난리를 겪은 것은 이번이 처음이 아니다. 지난해에도 같은 문제가 반복됐고, 그 전해에도 그랬다. 주민들은 "이제는 연례행사처럼 돼버렸다"고 씁쓸하게 말했다.

비닐하우스 앞에서 한 농민을 만났다. 그는 침수 피해로 토마토 농사를 완전히 망쳤다고 했다. "작년에도 이랬어요. 올해는 괜찮을 줄 알았는데 결국 또 물에 잠겼어요. 비가 많이 온 것도 문제지만, 배수 시설이 제대로 안 돼 있어서 물이 빠져나갈 곳이 없어요." 그는 한숨을 내쉬었다.

"정부에서 펌프장을 짓는다고 했는데, 아직도 완공이 안 됐어요. 그동안 우리는 계속 피해를 입고 있는데 해결될 기미가 보이질 않아요." 그의 말대로 망성면 일대는 하천이 범람하면 물이 빠져나가지 못하는 저지대였다. 주민들은 수해를 막기 위해 배수장 설치를 요구해왔지만 예산 부족 등의 이유로 공사가 지연되고 있었다.

한참을 걸어 농경지 한가운데까지 들어가 보았다. 길도 없는 진흙탕을 걸으며 농민들이 왜 이렇게 분노하는지 몸소 체험할 수 있었다. 허벅지까지 푹푹 빠지는 진흙 속에서 농작물은 이미 손을 쓸 수 없는 상태였다. 벼는 누렇게 뜨고 있었고, 수박과 토마토는 물에 둥둥 떠다니고 있었다.

몇몇 농민들은 상추밭에서 썩어가는 작물을 걷어내고 있었지만 그마저도 손이 부족했다. "정부에서 도와준다고 하는데 그게 다 보여주기식이에요. 장병들이 와서 하루 이틀 도와주고 가면 끝이에요. 우리는 이걸 다시 일궈야 하는데 그럴 지원이 없어요." 한 농민의 목소리에는 절망이 배어 있었다.

다시 농가를 찾았다. 수박을 재배하는 한 농민은 이미 모든 것을 포기한 듯 보였다. "수박은 일정한 시기에 따야 하는데, 이렇게 물에 잠기면 다 끝난 거예요. 이미 썩기 시작했어요. 그런데 위탁 업체에서는 수확을 안 한다고 하네요. 우리만 손해죠."

그는 비닐하우스 안으로 나를 데려갔다. 안에는 수확하지 못한 채 썩어가는 수박이 가득했다. "이걸 다 폐기해야 해요. 그런데 폐기하는 것도 비용이 들어요. 우리는 두 번, 세 번 손해를 보는 거예요." 농민들은 단순히 자연재해로만 피해를 보는 것이 아니라, 시스템적인 문제로 인해 더욱 큰 피해를 입고 있었다.

익산시는 이번에 수해를 입은 지역을 특별재난지역으로 선포했다. 정부 차원의 지원이 이루어질 예정이지만, 문제는 그 지원이 얼마나 실효성이 있을지였다. 농민들은 "보상금 몇 푼으로 해결될 문제가 아니다"라고 입을 모았다. "우리는 매년 같은 피해를 입고 있어요. 근본적인 해결책이 필요합니다. 배수 시설을 정비하고, 농가를 위한 실질적인 지원책을 마련해야 해요." 한 농민이 절박한 목소리로 말했다. 하지만 이런 요구는 몇 년째 받아들여지지 않고 있었다.

나는 한 이장을 만났다. 그는 농민들의 피해를 직접 수습하고 있는 사람이었다. "정부에서는 지원금이 나오면 다 해결될 것처럼 이야기하지만, 실상은 그렇지 않아요. 지금 당장 필요한 건 인력과 장비예요. 그런데 그걸 지원해주는 곳이 없어요. 농민들은 자기 돈으로 다시 농사를 지어야 해요." 그는 깊은 한숨을 내쉬었다. "이제는 우리가 뭘 해야 할지도 모르겠어요. 농사짓는 게 이렇게 힘든 일인지, 요즘 들어 더 절실히 깨닫고 있습니다."

마지막으로 망성면 배수장 공사 현장을 찾았다. 아직 공사가 진행 중이었지만 현장에는 아무도 없었다. "이게 언제 완공될지 모르겠어요. 매년 늦춰지고 있어요." 주민들의 불만이 터져 나왔다. "이게 완공되면 좀 나아질까요?" 내가 묻자, 한 주민이 고개를 저었다. "배수장이 해결책이 아닙니다. 물길을 정비해야죠. 근본적인 대책이 없으면 우리는 계속 이렇게 피해를 입을 겁니다."

반복되는 수해, 같은 절망을 겪는 농민들. 정부는 특별재난지역으로 지정하고, 보상금을 지급하고, 군부대를 투입해 복구를 돕는다. 하지만 그것으로 끝일 뿐 다음해에도 같은 일이 반복된다. 이 문제를 해결하려면 단순한 복구가 아니라 근본적인 예방책이 필요하다. 그리고 그 예방책은 피해를 입은 농민들의 목소리를 듣는 것에서 시작해야 한다.

30
송전선로 건설에 반대하는 주민들

곳곳에 걸린 현수막과 분노에 찬 시민들의 표정은 이곳이 단순한 일상의 공간이 아니라, 치열한 싸움터라는 것을 증명하고 있었다. 수도권의 전력 부족을 해결하기 위해 전라북도를 관통하는 초고압 송전선로가 건설될 예정이고, 이에 대한 반발은 점점 거세지고 있었다.

고창을 시작으로 정읍, 임실, 김제, 완주, 진안 등 여섯 지역을 가로지르는 115킬로미터의 송전선로와 250여 개 송전탑이 세워질 계획이라는 사실은 주민들에게 충격이었다. 그중에서도 정읍의 반발이 가장 뜨거웠다. 변전소가 집중적으로 들어서는 정읍은 말 그대로 '전력의 터미널'이 되는 것이다. 주민들은 자신들의 터전이 단순히 전력을 통과시키는 중간 기착지가 되는 것을 받아들일 수 없었다.

정읍시의회 이상길 의원을 만났다. 그는 인터뷰 내내 격앙된 목소리로 현실을 설명했다. "정읍이 전력 식민지가 되는 걸 주민들이 받아들일 리가 없죠. 정읍에 신설되는 변전소를 중심으로 세 방향에서 전기가 몰려들고, 이 전기가 수도권으로 송출될 예정입니다. 변전소가 도심이 아니라 외곽에 세워진다고 해도, 16개 읍면이 송전선로의 영향을 받게 됩니다. 주민들에게 그 피해를 감수하라고 하는 건 말이 안 됩니다."

그는 분명히 말했다. 주민들의 삶이 걸린 문제에 행정이 너무 무책임하다고. 정부와 한전은 수도권의 전력 수급만을 고려했을 뿐, 정작 그 전기를 생산하는 지역 주민들의 의견을 듣지 않았다고.

실제로 정읍에서의 반발이 더욱 거센 이유는 송전선로 문제 때문만이 아니었다. 내장산과 시내를 제외한 대부분의 지역이 송전선의 영향을 받을 것이며, 신설되는 변전소가 그 중심에서 전력을 나누는 '허브' 역할을 하게 된다. 한마디로 전라북도의 전기가 수도권으로 가는 '관문'이 바로 정읍이 되는 것이다.

그 과정에서 주민들의 건강과 환경이 무시되고 있다는 점이 시민들을 더욱 분노하게 만들고 있었다. 특히 반도체 클러스터와 같은 대규모 산업 단지가 수도권에 집중되면서 전력 소비가 폭증하고 있지만, 정작

"수십만 볼트의 전기가 흐르는 송전선이 안전하다면,
왜 서울은 거의 모든 송전선을 지중화했습니까? 지방은 그냥 희생해도 된다는 겁니까?"

그 전력을 생산하는 지방에서는 에너지를 제대로 활용하지 못한다는 사실이 불공정하게 느껴졌다.

이동백 송전반대대책위원장은 더욱 강한 어조로 말했다. "우리는 단순히 전선을 반대하는 게 아닙니다. 왜 수도권의 에너지 부족을 해결하기 위해 지방이 희생해야 합니까? 전기가 필요하면 공장을 지방으로 옮기면 됩니다. 유럽이나 미국처럼 전력 생산지에서 소비가 이루어지는 방식으로 가야 합니다. 하지만 우리 정부는 그저 지방을 전력 수출 기지로만 이용하려고 합니다. 이건 지방을 식민지처럼 대하는 거죠."

그의 말처럼 유럽과 미국에서는 송전선로를 신설하는 대신, 전력이 필요한 기업들이 전력 생산지로 이전하는 정책을 추진하고 있다. 하지만 한국에서는 이러한 논의조차 이루어지지 않았다. 더욱이 미국에서는 서부의 풍력발전 전기를 동부로 이송할 때 지상 송전탑이 아닌 지하 매설 방식을 이용했다. 이와 달리 한국에서는 여전히 가장 비용이 적게 드는 방법만을 선택하려 하고, 주민들의 반발에는 귀를 닫고 있었다.

한국전력공사 측의 입장도 듣기 위해 고은종 차장을 만났다. 그는 한전이 2023년 3월부터 15개 지자체를 방문하며 사업 공론화를 진행했다고 설명했다. "우리는 주민들과 충분히 논의했습니다. 전자파 영향도 국제 기준에 비해 엄격하게 관리하고 있고요. 하지만 일부 지역에서 반대가 심해서 갈등이 커진 상황입니다." 그는 한전이 전자파의 안전성을 주민들에게 지속적으로 홍보하고 있으며, 입지선정위원회를 통해 투명한 절차를 밟아왔다고 말했다.

그렇다면 정말로 충분한 논의가 이루어졌을까? 주민들이 납득할 수 있도록 설명이 되었을까? 다시 주민들을 만났다. 윤택근 공동의장은 단호했다. "수십만 볼트의 전기가 흐르는 송전선이 안전하다면, 왜 서울은 거의 모든 송전선을 지중화했습니까? 지방은 그냥 희생해도 된다는 겁니까?" 그는 수도권에서는 전력선을 지하로 묻으며 지역 주민들의 반발을 최소화했지만, 지방에서는 여전히 '비용 절감'을 이유로 송전탑을 세우고 있다고 지적했다.

이 문제의 핵심은 결국 에너지 정책의 불균형이다. 지방에서 전력을 생산하고, 수도권에서 소비하는 구조는 오랫동안 지속되어왔다. 이제 주민들은 더 이상 가만히 있지 않겠다고 말하고 있다. 지역에서 생산된 전기는 지역에서 사용해야 한다는 '지산지소地産地消' 원칙이 강조되고 있지만, 실제 정책은 여전히 수도권 중심으로 운영되고 있다. 지방 소멸을 우려하는 정부가 정작 지방을 전력 기지로만 활용하고 있다는 것은 아이러니가 아닐 수 없다.

송전선로 건설을 반대하는 주민들의 목소리는 단순한 반발이 아니다. 그것은 지방의 권리를 주장하는 목소리이며, 환경을 보호하고 미래 세대에게 더 나은 터전을 물려주기 위한 외침이다. 이 문제가 단순한 갈등으로 끝나지 않기를 바란다. 진정한 해결책은 소통 속에서 나온다. 지방의 희생을 강요하는 구조가 아니라 지방과 수도권이 함께 공존할 수 있는 방법을 찾는 것이야말로 우리가 나아가야 할 길이다.

31
지리산 산악열차 찬반

지리산의 능선 위로 뿌옇게 흐르는 겨울바람이 나무 사이를 헤집고 지나갔다. 이곳은 남원 주천면. 지리산의 품속에 자리한 작은 마을이다. 오랫동안 지역을 가로지르는 가장 뜨거운 논쟁을 마주하고 있다. 산악열차. 아니, 공식적으로는 '산악용 친환경 운송 시스템'이라고 불리는 이 사업은 개발과 보존이라는 양극단의 갈등을 더욱 선명하게 드러내고 있었다.

현장의 목소리를 듣기 위해 가장 먼저 찬성 측 주민들이 모여 있는 마을회관을 찾았다. 외평 마을 박정기 이장은 밝은 표정으로 나를 맞았다. "이거요, 국내 최초입니다. 우리 남원이 관광으로 먹고살아야 하는데, 이렇게 주목받는 사업이 들어오면 지역 경제에 엄청난 도움이 되겠죠."

그의 말 속에는 남원의 현실이 짙게 배어 있었다. 인구는 계속 줄고 젊은이들은 떠나고, 남아 있는 건 점점 줄어드는 관광객뿐이었다. 그는 기대에 찬 눈빛으로 말했다. "이 산악열차가 들어오면 일자리도 생길 것이고, 동네도 활기를 찾을 겁니다. 다들 환경 파괴를 걱정하는데, 지금 계획된 건 친환경 시스템이잖아요. 무가선으로 가고 기존 도로 위로 놓는 거라면서요."

찬성하는 주민들의 이야기를 듣고 나서 반대 측의 이야기를 듣기 위해 이동했다. 반대 대책위의 이주헌 위원은 표정이 굳어 있었다. 그는 차분하지만 단호한 목소리로 말했다. "이 사업이 정말 경제성이 있다고 생각하십니까? 처음엔 국가 기관인 철도기술연구원이 경제성이 없다고 결론 내렸어요. 그런데 남원이 포기하지 않고 민간 용역을 맡겼더니 갑자기 경제성이 뛰어올랐죠."

그의 말대로라면 이미 이 사업의 경제적 타당성 자체가 조작된 가능성이 있었다. 그는 손에 든 서류를 가리키며 덧붙었다. "산악열차가 들어오면 수천만 명의 관광객이 몰릴 거라는 전제가 있는데, 그 수치는 겨우 몇백 명을 대상으로 한 설문조사를 바탕으로 계산된 겁니다. 현실적으로 말이 안 되는 거죠."

그가 지적한 또 하나의 문제에 주목했다. "환경 파괴가 없다고 했지만, 시범 사업 1킬로미터만 봐도 도로를 확장해야 하고 나무를 베어내야 한다는 결론이 나왔어요. 그런데 전 구간을 확장하지 않을 거라고요? 이건 기만입니다."

산악열차가 환경을 해치지 않는다는 주장과 달리, 그저 1킬로미터를 놓는 데에도 나무를 수백 그루 잘라야 한다면 13.2킬로미터 전 구간이 확장될 경우 얼마나 많은 숲이 사라질까. 그의 목소리는 더욱 깊은 울림으로 다가왔다.

"국립공원은 건드리지 말아야 합니다. 기후위기의 시대에 자연유산을 보호하는 것이 인류를 위한 길 아닙니까? 남원시는 이 천문학적인 예산을 개발이 아니라 주민 복지와 지속 가능한 경제 모델을 만드는 데 써야 해요."

남원의 경제를 살려야 한다는 찬성 측의 논리도 이해할 수 있었다. 그러나 자연을 보호해야 한다는 반대 측의 논리 역시 무겁고 타당했다. 산악열차 논란은 단순한 지역 사업의 문제가 아니었다. 우리가 살아가는 이 땅에서 발전과 보존은 어떻게 공존할 수 있을까? 우리는 어떤 미래를 선택해야 할까?

남원 시의회에서도 갈등은 깊어지고 있었다. 찬성 입장의 손중식 의원은 사업의 필요성을 강조했다. "전북에서 유일하게 산악열차 사업이 선정됐습니다. 다른 지역이라면 난리가 났을 겁니다. 관광도시로 도약할 기회입니다."

그 역시 관광산업의 경제적 효과를 강조하고 있었다. 하지만 같은 의회의 임희선 의원은 반대의 입장을 고수했다. "기술적 검토 없이 대규모 예산이 투입됩니다. 환경영향평가도 미비한 상태에서 밀어붙이면 나중에 남원이 감당할 위험이 큽니다."

그녀는 이 사업이 현재와 미래의 남원에 어떤 부담을 안길지 고민하고 있었다. 지리산 능선 위에서 내려다본 남원의 풍경이 한층 더 깊은 의미로 다가왔다. 찬성과 반대, 두 입장 속에서 이 선택의 끝에는 어떤 미래가 기다리고 있을까?

산악열차가 생기고 관광객이 몰려와 지역이 활기를 되찾을 수도 있다. 하지만 반대 측이 우려하는 대로 환경 파괴와 경제적 부담이 남원에 더 큰 문제를 안길 수도 있다. 한 가지 확실한 것은 어떤 선택이든 충분한 논의와 고민이 필요하다는 것이다. 한 번 잘못된 선택을 하면 그 돌이킬 수 없는 결과는 다음 세대에게도 영향을 미칠 것이다.

지리산은 오랜 시간 그 자리에 서서 모든 변화를 지켜봐왔다. 지금 이 순간에도 지리산은 조용히 우리에게 묻고 있다. 어떤 선택을 하겠느냐고.

이후 전북지방환경청은 두 차례에 걸쳐 산악열차가 환경 측면에서 바람직하지 않다고 판단을 내렸다. 한국철도연구원 또한 이 사업과 관련해 남원시에 협약 해지 공문을 보냈다. 결국 시리산 산악열차 산업은 최종 무산됐다.

32
무주 산불 진화대

산불은 단 한 번의 실수로 삶의 터전과 자연의 시간을 송두리째 삼켜버리는 재앙이다. 전북 무주의 산골에서 만난 산불 진화대원들은 이 단순한 사실을 누구보다도 뼈저리게 체감하고, 또 그 감각을 행동으로 옮기는 이들이었다. 뉴스 속 재난이 아닌 현실의 고단한 일상이 바로 이들이 마주하는 산불이다. 출근길의 기도처럼 "오늘도 화재 없이 하루를 무사히 마치게 해달라"는 마음으로, 그들은 매일 아침 무주의 산불대응센터에 모인다. 설천, 무풍, 부남……. 이름만으로도 첩첩산중이 연상되는 이 고장 곳곳에서 그들은 '불'이라는 존재와 싸운다.

무주의 산은 낮은 언덕이 아니다. 해발 1700미터 가까이 솟아 있는 덕유산(향적봉, 중봉, 삿갓봉 등)은 그 자체로 거대한 벽처럼 서 있다. 산이 많다는 건 곧 화재가 나면 사람이 접근하기 어려운 환경이라는 뜻이 된다. 소방차는 끼어들 수 없는 좁은 산길, 불이 번지는 속도는 도보로 뛰어 올라가는 사람보다 빠르다. 이곳에서 산불 진화는 단순한 '소방 작업'이 아니라, 체력과 집념과 공동체 정신이 어우러진 고된 '사람의 일'이다.

산불 진화대원 정원철 씨는 2년 전부터 이 일을 해오고 있다. 그의 업무는 단순한 진화뿐 아니라 예방 활동까지 포함된다. 폐기물 소각을 막기 위해 순찰을 돌고, 주민들을 설득하고, 경고하고, 때로는 엄포를 놓는다. "최소 30만 원 벌금입니다"라고 말은 하지만 같은 마을 주민을 고발하는 건 쉬운 일이 아니다. 그래서 그의 말투에는 언제나 부탁과 정중함이 스며 있다. 행정의 언어보다 '이웃의 말'로 다가가는 사람들, 그들이 바로 진화대원들이다.

작은 1톤 트럭에 장착된 진화 장비들은 결코 '작은' 역할을 하지 않는다. 이 차량 한 대가 험한 산길을 가장 먼저 헤쳐 나가야 한다. 이들이 다루는 호스는 최대 500미터 길이. 산불 현장까지 끌고 올라가기 위해선 두 명 이상이 협력해 수십 킬로그램의 무게를 나눠 멘다. 발전기는 30킬로그램. 말이 30킬로그램이지 그것을 짊어지고 산을 오르는 것은 상상 이상의 노동이다.

등짐식 펌프에 물을 채워 올려 보내고, 저수조를 만들어 그 위에 분사 장치를 올린다. 불과의 싸움은 그 자체로 물과의 사투다. 불을 끄기 위해 물을 올려야 하는데, 그 물을 실어 나르기 위해 사람이 산을 오르는 일. 그것이 무주의 현실이다.

대원들은 새벽같이 출근해 체조와 걷기 운동으로 하루를 시작한다. 대기 시간 중에도 체력 관리를 소홀히 하지 않는다. 대부분 연령대가 높지만 이들의 움직임은 젊은이 못지않다. "저희는 주로 방화선 구축이나 잔불 정리를 합니다"라고 담담히 말하지만, 이 일은 오랜 경험과 순발력이 필요한 일이다. 산불의 방향은 바람에 따라 시시각각 달라지고, 위기 상황에서 대원들의 판단력은 생명과 직결된다.

22년 경력의 신문철 대원은 산불 진화라는 단어조차 낯설었던 시절부터 무주에서 이 일을 해왔다. "내 일처럼 보여요. 연기가 나면 마음이 가요." 그는 불이 나면 반사적으로 몸이 먼저 반응한다. 이미 그의 몸에는 '산불 감지 센서'가 내장된 듯하다. "이건 직장이 아니에요. 삶이죠" 라며 웃는다.

봄철이 가장 힘들다는 그는 "불이 타고 있는데 줄이 끊어지거나 따라오지 않으면 정말 힘들다"고 털어놓는다. 그래도 그는 이 일을 놓을 수 없다. "내 발로 걸어 다닐 수 있는 한은 할 겁니다."

무주 산불대의 또 다른 축은 행정이다. 김상웅 팀장은 행정과 주민의 가교 역할을 한다. '소각 없는 마을 캠페인'을 통해 150여 개 마을에 '불조심 문화'를 퍼뜨리고, 위반 시 과태료 30만 원을 부과하는 등 법적 장치도 마련했다. 하지만 그는 말한다. "불조심은 처벌보다 자발적인 경각심이 중요하다"고.

팀장으로서 가장 고된 일은 진화 이후가 아니라 화재 발생 이전의 예방이라고 말한다. 무주는 고령화가 심해 연세가 있는 대원들의 안전이 늘 걱정이다. 그래서 채용 시 체력 검정을 반드시 거친다. 산에 오르기 위해선 경험도 중요하지만, 결국 몸이 버텨야 한다.

화재가 발생했을 때 행동 요령도 빼놓을 수 없다. 산불이 크게 번졌을 경우 진화를 시도하기보다 아래 방향으로 재빨리 대피하고, 계곡이나 바람 통로는 피해야 한다. "진화보다 대피가 먼저입니다"라는 이 단순한 문장을 현장에서는 반복하고 또 반복한다. 그리고 무엇보다 중요한 건 '즉시 신고'다. 119, 그 세 자리 숫자가 자연을 지키는 출발점이다.

인터뷰를 할수록 이들은 단지 '불을 끄는 사람'이 아니라 '사람을 지키는 사람'이라는 생각이 들었다. 그들은 산을 타는 사람들이 아니라 이 지역을 지키는 지역 그 자체였다. 무주의 산불 진화대원들은 물을 뿌리는 것으로 끝나는 것이 아니라, 그 물 위에 공동체의 신뢰와 지역의 안전을 함께 쏟아 붓고 있었다. 가장 아랫마을에서 가장 높은 산꼭대기까지 그들의 발자국은 무주의 푸른 숲과 맞닿아 있었다.

언제나 그렇듯 불은 순간이다. 하지만 그 불을 막는 사람들의 시간은 길고 묵묵하다.

3장

지역의 위기와 현실

1
전주 한옥마을

전주 한옥마을. 한 해 1000만 명이 넘는 관광객이 다녀가는 전국적인 명소가 되었다. 전통과 현대가 공존하는 공간으로 한때 관광객들로 북적이며 지역 경제에 큰 활력을 불어넣었다. 하지만 최근에는 방문객이 줄고 있다는 우려가 나오고 있다. 단순한 숫자의 감소가 아닌 한옥마을의 정체성과 지속 가능성에 대한 고민이 깊어지는 시점이다.

한옥마을 주민자치위원회 이승원 위원장은 50년 넘게 이곳에서 살아온 원주민이다. 그는 "관광객 수가 줄었다고 하지만 사실 체감하는 것은 다를 수도 있다"고 말한다. 한옥마을의 주요 거리에는 여전히 많은 사람들이 오가고 있고, 특히 외국인 관광객들이 눈에 띄게 증가했다는 것이 그의 관찰이다.

하지만 관광객들의 소비 패턴이 변화하면서 예전과 같은 경제적 효과를 체감하기 어려운 것이 현실이다. 그는 "예전에는 한옥마을이 여행의 목적지였지만, 이제는 짧게 머무는 경유지처럼 변하고 있다"고 설명했다. 서울에서 내려와 한옥마을을 들른 후 여수나 다른 관광지로 이동하는 패턴이 많아졌다는 것이다.

이러한 변화는 한옥마을의 상업화와 맞물려 있다. 한옥마을은 원래 주민들이 생활하는 전통적인 마을이었다. 그러나 관광객이 몰리면서 상업 시설이 늘어났고, 임대료가 상승하면서 원주민들이 하나둘씩 떠났다. 현재는 원주민보다 외부에서 들어온 상인들이 더 많아졌고, 이를 두고 '젠트리피케이션' 현상이 심화되었다는 지적도 있다. 한옥마을에서 꽃가게를 운영했던 이승원 위원장은 "원주민들이 떠난 가장 큰 이유는 높은 임대료와 소음 문제 때문"이라고 말했다.

그러나 상업화가 문제의 전부는 아니다. 상업화는 필연적인 흐름일 수 있지만, 한옥마을의 본질적인 가치가 훼손되면서 관광객들에게 매력을 잃고 있는 것이 더 큰 문제다. 관광객들이 단순히 길거리 음식을 먹고 사진을 찍는 수준에서 머무르는 것이 아니라, 한옥마을의 전통과 문화를 체험하고 깊이 있는 시간을 보내도록 해야 한다. 그러나 현재 한옥마을은 그 역할을 충분히 하지 못한 한옥마을이 과거처럼 머물고 싶은 공간이 아니라, 스쳐 지나가는 곳이 되고 있다는 것이다.

전주 한옥마을이 지속 가능한 관광지로 자리 잡기 위해서는 단순한 볼거리나 상업적인 요소만으로는 부족하다. 주민들이 함께 살아가며 그 자체가 하나의 살아 있는 역사와 문화가 되어야 한다. 그러나 현재의 한옥마을은 점점 더 소비 중심적인 공간으로 변하고 있고, 관광객들에게 제공할 깊이 있는 경험이 줄어들고 있다. 전통 한옥과 고즈넉한 분위기를 유지하는 것이 중요하지만, 그 안에서 주민들이 실제로 생활하며 문화를 이어갈 수 있도록 지원해야 한다.

특히 최근 몇 년간의 관광 패턴 변화를 고려할 때, 한옥마을은 단순한 방문지가 아니라 '체류형 관광'의 중심지가 되어야 한다. 숙박 시설과 체험 프로그램을 늘리고, 전통문화를 직접 경험할 수 있는 기회를 확대해야 한다.

하지만 현실은 정반대다. 많은 가게들이 단순한 길거리 음식점으로 바뀌었고, 숙박 시설보다는 카페나 기념품 가게가 늘어나면서 한옥마을의 특성이 점점 흐려지고 있다. 이에 대해 상인들은 "관광객들은 많지만 실제 소비가 이루어지지 않는다"고 토로한다. 한옥마을을 방문하는 사람들은 많지만, 오랜 시간 머물며 지역 경제에 실질적인 기여를 하는 경우는 점점 줄어들고 있다는 것이다.

전문가들은 이러한 문제를 해결하기 위해 한옥마을의 정체성을 명확히 하고, 다양한 문화 프로그램을 도입해야 한다고 조언한다. 전주전통문화연수원의 김순석 원장은 "한옥마을은 단순한 관광지가 아니라, 천년 전라도의 문화적 중심지로서의 역할을 해왔다"면서 "볼거리 제공을 넘어서 역사적 가치와 문화를 직접 체험할 수 있는 공간으로 만들어야 한다"고 강조했다. 그는 "현재 한옥마을의 관광객 유치는 단순한 숫자가 아니라, 어떤 질적인 경험을 제공할 것인지에 초점을 맞춰야 한다"고 말했다.

이러한 흐름을 반영해 전주시에서는 한옥마을의 정체성을 유지하기 위한 정책들을 고민하고 있다. 예를 들면 '비빔공동체'라는 단체가 결성되어 한옥마을의 상업화를 일정 부분 통제하고, 주민들과 상인들이 함께 지역의 문화를 지켜 나가는 활동을 하고 있다. 그들은 매주 금요일마다 자정 운동을 통해 한복 마네킹 개수 제한, 무분별한 광고물 정리 등 관광객들에게 보다 쾌적한 환경을 제공하기 위해 노력하고 있다.

그런데 이러한 노력만으로는 부족하다. 한옥마을이 지속 가능한 관광지로 자리 잡기 위해서는 관광객들의 체류 시간을 늘릴 수 있는 전략이 필요하다. 단순한 먹거리와 쇼핑을 넘어서 전통 한옥에서 숙박을 하거나, 지역 주민들과 함께하는 체험 프로그램이 활성화되어야 한다. 한옥마을 내에 전통공예 체험 공간을 늘리고, 관광객들이 단순한 소비자가 아니라 한옥마을의 문화적 가치를 공유하는 주체가 될 수 있도록 유도해야 한다.

교통 문제 역시 중요한 이슈다. 현재 한옥마을의 가장 큰 문제 중 하나는 주차 공간 부족이다. 자가용 이용이 불편하기 때문에 관광객이 단체 여행객 중심으로 몰리고, 짧은 시간 안에 이동해야 하는 구조가 형성되어 있다. 일부 전문가들은 일본이나 유럽의 사례처럼, 도심 내 유휴 공간을 활용한 소규모 주차장을 확대하고, 이를 통해 접근성을 개선하는 방안을 제시하고 있다.

전주 한옥마을이 단순한 관광지가 아니라 진정한 전통문화의 중심지로 자리 잡기 위해서는 단기적인 상업적 성공을 넘어 장기적인 문화적 비전을 수립해야 한다. 관광객 유치에 급급하기보다 한옥마을이 가진 본래의 가치를 회복하는 것이 우선이다. 1000만 명 방문이라는 숫자보다 한옥마을에서의 경험이 얼마나 의미 있고 기억에 남을 만한 것이었느냐가 더 중요하다.

　한옥마을이 과거와 현재, 그리고 미래를 연결하는 공간으로 거듭나기 위해서는 주민과 상인, 행정이 함께 고민해야 한다. 한때의 유행에 휩쓸리지 말고 한옥마을이 가진 전라도 천년의 역사를 기반으로 지속 가능한 문화를 만들어가야 한다. 그것이 진정한 한옥마을의 미래이며 관광과 문화가 조화를 이루는 방향일 것이다.

2
귀농귀촌 동상이몽

귀농과 귀촌은 더 이상 나이 든 세대만의 선택이 아니다. 도시의 번잡함을 뒤로하고 새로운 삶을 꿈꾸는 청년들, 은퇴 후 자연 속에서 살아가기를 원하는 중장년층, 공동체적 삶을 지향하는 이들까지 다양한 사람들이 농촌으로 향하고 있다.

　완주군의 귀농귀촌 게스트하우스를 찾았다. 이곳은 이제 막 문을 연 공간이었다. 아직은 숙박한 사람이 없었지만 황인조 팀장은 이곳이 앞으로 많은 이들에게 의미 있는 장소가 될 것이라고 확신하고 있었다. "지금까지는 귀농귀촌을 고민하는 분들이 상담을 받으러 와도 마땅히 머물 곳이 없었어요. 이제는 편하게 오셔서 머무르며 충분히 고민하고 체험할 수 있게 됐죠."

그의 말에서 새로운 시작을 향한 기대감이 묻어났다. 귀농과 귀촌을 꿈꾸는 이들이 많지만, 정작 그것이 자신에게 맞는지 경험해볼 기회는 드물다. 이곳은 그런 이들에게 소중한 기회가 될 것이다.

완주군은 귀농귀촌 정책을 적극적으로 펼치고 있다. 청년들에게 월 50만 원의 지원금을 제공하고, 창업을 위한 공동체 공간도 마련해주고 있다. "청년들이 농촌에서 새로운 기회를 찾을 수 있도록 돕는 게 목표입니다." 황 팀장의 설명을 들으며 나는 완주가 그저 '시골'이 아니라, 새로운 가능성이 열리는 곳이라는 생각이 들었다.

그런 가능성을 직접 보여주는 사람이 바로 엄하영 씨였다. 대구에서 나고 자란 그는 전혀 연고가 없는 완주에서 새로운 삶을 시작했다. "예전부터 작은 도시에서 살아보고 싶었어요. 그러다 완주군에서 운영하는 쉐어하우스를 알게 됐죠. 월세가 5만 원밖에 안 되더라고요."

현재 그는 완주의 공동육아 시설에서 돌봄 선생님으로 일하고 있다. 도시에서의 삶보다 만족도가 높은지 물어보았다.

"전혀 후회 없어요. 물론 불편한 점도 있어요. 차가 없으면 생활이 힘들다는 것, 쓰레기를 태우거나 농업 폐기물을 아무 데나 버리는 문제 같은 건 개선되었으면 좋겠어요. 그래도 전 여기 오길 정말 잘했다고 생각해요."

그의 결단력과 적응력에 감탄했다. 익숙한 곳을 떠나 완전히 새로운 환경에서 살아간다는 것은 결코 쉬운 일이 아니다. 하지만 그는 도시에서보다 더 단순하고 의미 있는 삶을 찾은 듯 보였다.

이곳에서 만난 사람들은 각자의 이유로 완주에 정착하고 있었다. 특히 체류형 귀농인의 집에서 생활하는 한 중년 귀농인은 나에게 현실적인 이야기를 들려주었다. "농사, 참 재미있어요. 하지만 체력이 안 따라줘요."

그는 직장생활을 접고 농사를 짓기로 결심했지만, 현실적인 문제들이 많다고 했다. "땅을 사려면 돈이 많이 들고, 농산물을 팔아보니 가격이 너무 낮아요. 공판장에도 내보고 지인들에게도 팔아봤지만 이걸로 생계를 유지하기가 쉽지 않겠더라고요."

귀농귀촌이 낭만이 아니라는 사실을 다시금 깨닫게 해주는 이야기였다. 그는 신중한 계획 없이 귀농을 결정하는 것은 매우 위험하다고 강조했다. "막연히 내려오면 다 잘 될 거라는 생각은 버려야 해요. 준비 없이 오면 정말 힘들어요."

다른 귀촌인을 만나보았다. 남편과 함께 완주로 이사 온 40대 여성이었다. 그녀는 완주의 장점을 이야기하면서도, 예상보다 높은 정착 비용에 대한 고민을 털어놓았다. "땅과 집을 마련하는 데 돈이 너무 많이 들었어요." 귀농귀촌의 가장 큰 걸림돌은 역시 경제적인 문제였다. 그러나 그녀는 무엇보다 정착할 '거주지'를 가장 중요한 요소로 꼽았다. "어디에서 살 건지부터 정해야 마음이 편해요. 거주지가 안정되지 않으면 모든 게 불안정하거든요."

그녀의 말에 공감이 갔다. 단순히 일자리를 찾거나 농사를 짓는 것이 아니라, 안정적으로 머물 수 있는 공간이 먼저 마련되어야 한다는 것. 그것이 도시와 다른 농촌 정착의 핵심일지도 모른다.

완주군에서는 체류형 귀농인의 집을 통해 다양한 교육을 제공하고 있었다. 1년 동안 200시간 이상의 교육을 진행하며, 지역민과의 교류 기회도 제공하고 농가 현장실습도 지원한다.

무엇보다 중요한 것은 개개인의 철저한 준비다. 귀농을 꿈꾸는 사람들에게 조언을 해달라고 하자, 한 귀촌인은 이렇게 말했다. "계획을 세우고 내려와야 해요. 그냥 와서 배우다 보면 되겠지 하는 생각은 위험해요." 그는 도시보다 농촌이 일자리가 더 많을 수도 있지만, 스스로 적극적으로 움직이지 않으면 정착이 쉽지 않다고 강조했다. "일손이 부족한 시대라서 부지런히 움직이면 도시보다 나을 수도 있어요. 하지만 기본적인 준비 없이 오면 힘들어요."

완주군의 체류형 귀농인의 집과 게스트하우스를 둘러보며 나는 귀농과 귀촌이 단순한 '시골 생활'이 아니라, 또 다른 삶의 방식이라는 걸 깨달았다. 누군가는 자연 속에서 여유로운 삶을 원했고, 누군가는 경제적 자립을 목표로 했다. 또 누군가는 공동체적 삶을 찾고 있었다. 하지만 공통점은 있었다. 모두가 자신의 삶을 스스로 개척해 나가야 한다는 점이었다.

"막연한 기대보다는 철저한 계획이 필요해요." 이곳에서 만난 사람들이 공통적으로 강조한 말이었다. 귀농과 귀촌은 하나의 트렌드가 아니다. 그것은 새로운 삶을 설계하는 도전이며, 스스로 만들어가는 선택이다. 고민과 준비를 충분히 하면 도시에서보다 더 나은 삶을 찾을 수도 있다.

나는 다시 도시로 돌아가지만, 이곳에서 만난 사람들의 이야기가 오랫동안 기억에 남을 것 같다. 그리고 언젠가 나도, 자연 속에서 새로운 삶을 꿈꾸게 될지도 모른다.

3
로컬푸드 공동체 부엌

로컬푸드 직매장에 들어서자마자 신선한 농산물과 가공식품이 가득한 진열대가 눈에 들어왔다. 익숙한 채소와 과일을 비롯해 지역에서 생산된 떡갈비와 블루베리 가공품도 있었다. 흔히 로컬푸드라고 하면 신선한 농산물만 떠올리기 쉽지만, 이곳에서는 1차 농산물뿐 아니라 지역에서 직접 가공한 제품도 소비자들에게 선보이고 있었다.

매장에서 홍보를 담당하고 있는 직원에게 소비자들의 반응을 물어보았다. 그는 "오래된 제품은 단골이 많다"며 "로컬푸드 가공품도 꾸준히 신뢰를 쌓아가고 있다"고 했다.

특히 이곳에서 판매되는 제품들은 일정한 품질 관리를 거친다고 한다. "2~3개월마다 제품 생산 라인에서 자가 품질 검사를 합니다. 만약 이상이 있으면 바로 판매를 중단하고 개선 조치를 하죠." 이런 철저한 관리 덕분에 소비자들의 신뢰를 얻어가고 있었다.

완주로컬푸드 가공센터는 단순한 직매장이 아니다. 이곳은 청년 일자리 창출에도 기여하고 있었다. 현재 총 11명의 청년들이 일하고 있으며 홍보 마케팅팀, 사무직, 공공급식센터에서 각자의 역할을 맡고 있다. 이들은 농산물의 생산 과정부터 유통, 소비까지의 전 과정을 배우면서 지역 경제와 로컬푸드 시스템을 깊이 이해하고 있었다.

현장에서 직접 농산물을 판매하는 한 생산자는 "처음에는 가격 때문에 소비자들이 망설였지만, 4년째가 되면서 점점 더 많은 분들이 찾아오다"고 했다. 로컬푸드는 생산자가 직접 가격을 정하고, 자신의 이름을 걸고 판매하는 방식이기 때문에 더욱 자부심을 느낄 수 있다고 한다. "시장의 흐름에 맞추기보다 이제는 저희가 정당한 가격을 결정하고 있습니다."

소비자와 생산자가 함께하는 공간도 마련되어 있었다. 강의실에서는 "안전한 농산물이 어떻게 재배되고 있는가"에 대한 교육이 진행되고 있었다. 소비자들이 단순히 로컬푸드를 구매하는 것을 넘어 생산자들의 수고를 이해하고, 지역 농업의 가치를 배우는 시간이었다.

"이곳은 단순한 강의실이 아닙니다. 소비자들이 지역 농산물을 활용해서 요리를 만들고, 공기 정화 화분을 만드는 등 다양한 체험을 하는 공간이죠. 공동체 부엌이라고 불러요. 농산물이 단순한 식재료가 아니라 지역 경제를 살리고, 환경을 지키는 중요한 요소라는 것을 직접 경험할 수 있는 자리입니다."

체험을 마친 한 참가자는 "농산물을 단순히 마트에서 사는 것이 아니라, 그 과정 속에 얼마나 많은 노력과 정성이 들어가는지를 알게 되었다"며 "앞으로는 더 신경 써서 구매해야겠다는 생각이 들었다"고 했다.

로컬푸드 직매장에서는 신선한 농산물을 파는 것과 함께 소비자들이 직접 참여할 수 있는 다양한 프로그램도 운영하고 있다. 특히 소비자가 로컬푸드의 품질을 직접 점검하는 '소비자 모니터링단'의 활동이 인상적이었다.

"예전에는 모니터링단이라고 하면 감시 역할을 했어요. 지금은 소비자들이 직접 농산물의 품질을 점검하고, 애정을 가지고 개선점을 제안하는 방식으로 바뀌었습니다. 교육을 통해 생산 과정도 배우고, 로컬푸드의 가치를 알게 되면서 자연스럽게 홍보대사 역할을 하게 되더라고요."

현재 51명이 모니터링단으로 활동하고 있다. 이들은 매장을 방문해 신선도, 진열 상태, 포장 상태 등을 점검한다. 이러한 활동을 통해 생산자들은 품질을 개선하고, 소비자들은 더욱 신뢰할 수 있는 환경이 조성되고 있었다. 특히 이 모니터링단이 주목한 프로그램 중 하나가 '독거 남성 요리교실'이었다.

"이 프로그램은 지역 사회복지협의체에서 기획한 것으로, 저소득층 독거 남성들을 대상으로 8주 동안 요리 수업을 진행했습니다. 처음에는 40~50대 남성들이 올 줄 알았는데, 70~80대 어르신들이 오셨더라고요. 혼자 사시면서 외로움을 느끼던 분들이 요리를 배우면서 자부심도 느끼고, 서로 소통하는 공간이 되었습니다."

한 참가자는 "이 공간에서 주인공이 된 것 같았다"며 "일주일에 한 번씩 돌아오는 수업을 기다리며 삶의 활력을 찾았다"고 했다. 이처럼 로컬푸드는 신선한 농산물만 판매하는 것이 아니라, 지역 사회와 밀접하게 연결된 삶의 방식이 되고 있었다.

완주로컬푸드 직매장은 현재 일곱 개 지점으로 확대되었으며, 연간 6만 명의 소비자들이 이용하고 있다. 하지만 아직도 로컬푸드의 가치와 중요성을 모르는 소비자들이 많다. "저희 단체는 소비자들을 더 많이 만나고 싶어요. 지역 농업이 얼마나 중요한지 알리고, 농민과 소비자가 함께 지역 농업을 지키는 역할을 하고 싶습니다."

로컬푸드는 단순한 '먹거리'가 아니다. 그것은 지역 경제를 살리고, 환경을 보호하며, 공동체를 강화하는 하나의 움직임이었다. 이곳에서 만난 사람들은 각자의 자리에서 그 가치를 지켜가고 있었다. 소비자와 생산자가 함께 만드는 지속 가능한 먹거리 문화, 그것이야말로 진정한 의미의 '세상을 바꾸는 밥상'이 아닐까.

4
암 발병 장점마을

장점마을로 가는 길은 평온했다. 논밭이 펼쳐진 도로를 따라 달리다 보면, 전형적인 한국 농촌 마을의 모습이 눈앞에 펼쳐진다. 하지만 그 안에 숨겨진 이야기를 알고 나면, 이곳은 단순한 시골 마을이 아니다. 익산 장점마을. 이곳에서는 지난 10여 년간 공장 굴뚝에서 나온 연기가 마을을 덮었고, 저수지에는 폐수가 흘러들어 갔다. 그리고 주민들은 하나둘씩 암에 걸려 쓰러졌다.

마을 이장을 만나 마을회관으로 향했다. 입구에 걸린 사진 한 장이 눈에 들어왔다. 2006년 경로회원들이 청와대를 방문했을 때 찍은 단체 사진이었다. 사진 속 어르신들은 환하게 웃고 있었다. 이장님이 내게 말했다. "여기 계신 남성분들은 거의 다 돌아가셨습니다. 대부분 암이었죠."

사진을 바라보다가 말을 잇지 못했다. 단지 세월이 흘러 자연스럽게 세상을 떠난 것이 아니라, 모두 비슷한 원인으로 세상을 떠난 것이다. 그중 한 부부는 같은 날 아침과 저녁에 차례로 숨을 거두었다고 했다. "한 분은 폐암, 한 분은 간암이었습니다." 이장님의 목소리는 담담했지만, 그 안에 서린 무력감과 분노를 느낄 수 있었다. "현재 마을 주민 75명 중 16명이 암으로 세상을 떠났고, 12명이 암 투병 중입니다."

　이쯤 되면 단순한 우연이라 볼 수 없다. 무엇이 이들을 이렇게 만든 걸까? 답은 바로 마을 인근에 위치한 비료 공장이었다. "이 공장은 2001년에 들어왔어요. 그리고 몇 년 후부터 사람들이 하나둘씩 아프기 시작했습니다." 이장님은 긴 한숨을 내쉬었다. "처음에는 원인을 몰랐어요. 하지만 2012년 저수지에서 물고기가 떼죽음을 당했을 때, 우리는 이곳이 심각하게 오염되었다는 걸 깨달았죠."

　비료 공장에서 나오는 연기는 바람이 불지 않는 날이면 마을 위를 뒤덮었다. 폐수는 마을로 흘러들어 갔고, 주민들은 그 물로 농사를 짓고 생활용수로 사용했다. 하지만 행정 당국은 별다른 조치를 취하지 않았다. "공장이 가동될 때마다 냄새가 심했습니다. 처음에는 그냥 냄새가 나는 정도라고 생각했는데, 시간이 지나면서 마을 전체가 병들어가는 걸 보았습니다." 이장님의 얼굴에는 깊은 주름이 새겨져 있었다.

　우리는 차를 타고 공장으로 향했다. 마을에서 불과 2분 거리였다. 그곳은 이미 폐쇄된 상태였지만 그 흔적은 여전히 남아 있었다. "여기가 저수지입니다. 원래는 깨끗한 물이었죠. 하지만 공장이 가동되면서 이곳으로 폐수가 흘러들어 갔습니다." 저수지는 여전히 탁한 색을 띠고 있었다. "1급 발암물질 6종이 검출되었습니다." 그는 손으로 저수지 아래를 가리켰다. "가장 가까운 집부터 암 환자가 발생하기 시작했어요. 이곳에서 오염된 공기와 물을 마셨으니, 결과는 뻔한 거죠."

　폐쇄된 공장 앞에 서니 거대한 철문이 우리를 가로막았다. "공장 문이 닫혔어도 안에는 여전히 폐기물이 가득합니다. 저 안에는 매립된 폐기물이 남아 있고, 지하수도 오염된 상태입니다. 하지만 행정은 아무런 조치를 하지 않고 있어요." 이장의 목소리에는 분노가 묻어났다.

나는 공장 내부를 들여다보았다. 거대한 로터리 킬른(회전식 원통형 열처리 장비)과 그 주변을 둘러싼 폐기물 더미. "이 공장에서 연초박을 태웠어요. 연초박은 담배 찌꺼기인데, 이를 고온에서 태울 경우 '담배 특이 나이트로사민TSNA'이라는 1급 발암물질이 생성됩니다." 그는 손으로 공장 굴뚝을 가리켰다. "저 굴뚝에서 나오는 연기가 마을을 뒤덮었죠. 그리고 우리는 그 연기를 들이마셨습니다."

이 공장은 비료제조업과 종합재활용업 허가를 받았지만, 실질적으로는 폐기물처리업을 병행하며 사업을 확장했다. "연초박이 10년 동안 매일 8.8톤씩 들어왔습니다. 주민들은 이 사실을 전혀 알지 못했어요. 단지 냄새가 심하다고 생각했을 뿐입니다."

문제는 여기서 끝나지 않는다. 공장을 매입한 새로운 업체가 로터리 킬른을 뜯어 가려고 하고 있다. "이 기계는 국내에서 생산되지 않는 고가의 장비입니다. 새로 공장을 인수한 측에서 저걸 가져가려고 소송까지 벌이고 있어요." 하지만 주민들은 반대하고 있다. "저 장비를 뜯어 가면, 우리는 연초박을 태운 흔적을 완전히 잃어버리게 됩니다. 제대로 된 조사가 필요합니다."

우리는 다시 마을로 돌아왔다. "공장 부지를 시민공원으로 만들어달라고 요청했습니다." 이장은 단호하게 말했다. "우리는 돈을 원하는 게 아닙니다. 이 마을이 다시 건강한 곳으로 돌아가길 바랄 뿐입니다."

다시 마을회관으로 돌아와 사진을 바라보았다. 2006년 활짝 웃고 있던 어르신들. 그 자리에는 빈 의자만 남아 있었다. 너무 늦은 조치였다. 남아 있는 사람들을 위해서라도 이 문제는 해결되어야 한다. 장점마을의 투쟁은 끝나지 않았다.

5
임실 조월마을 환경인상

전북특별자치도 임실군 신덕면 조월마을. 그 이름만 들어서는 특별할 것 없는 작은 농촌 마을이다. 2016년 조월마을이 '전북환경인상'을 수상하면서 많은 이들의 주목을 받고 있다.

이 마을이 어떤 특별한 노력을 해왔는지 직접 확인하기 위해 이곳을 찾았다. 햇볕이 잘 드는 산자락 아래 자리 잡은 조용한 마을 마을 입구에 들어서자마자 변화의 기운이 느껴졌다. 폐자전거 바퀴와 빈 가스통을 이용한 조형물들이 이곳이 평범한 시골 마을이 아니라는 것을 말해주고 있었다.

마을을 둘러보면서 조월마을의 운영위원장이자 목회 활동을 하고 있는 김윤배 목사님을 만났다. 그는 마을 주민들과 함께 6년 동안 자원순환 마을로서의 활동을 꾸준히 이어왔다고 말했다. 처음에는 몇몇 주민들만 참여하는 작은 움직임에 불과했지만, 지속적인 노력 끝에 점점 더 많은 사람들이 동참하게 되었다. 결국 마을 전체가 하나의 환경 공동체로 변화했고, 이제는 전국에서도 주목하는 환경 선도 마을이 되었다.

이 마을이 처음부터 이렇게 자원순환 마을로 성장한 것은 아니었다. 시골 마을이다 보니 오히려 도시보다 환경오염 문제가 심각했다. 마을에는 폐비닐, 농약병, 플라스틱 등 영농 폐기물이 넘쳐났다. 도시에서는 분리수거 시설이 잘 갖춰져 있지만, 농촌에서는 그런 체계가 미비하다 보니 많은 쓰레기가 무분별하게 버려지고 있었다. 마을 주민들은 어쩔 수 없이 쓰레기를 태우거나 땅에 묻어버리곤 했다.

그러다가 2016년 조월마을이 전북도의 '자원순환 마을'로 선정되면서 변화의 기틀이 마련되었다. 당시 몇몇 주민들은 환경을 지키기 위해 작은 움직임을 시작했지만, 처음부터 많은 사람들의 호응을 얻지는 못했다. 대부분의 주민들은 고령층이었고, 오랫동안 익숙했던 방식에서 벗어나는 것을 어려워했다. 그러나 김윤배 목사님을 비롯한 몇몇 주민들의 끈질긴 설득과 노력 끝에 점차 변화가 시작되었다.

특히 눈에 띄었던 것은 이 마을만의 독창적인 분리수거 방식이었다. 그들은 '소시지 방식'이라고 불리는 독특한 수거 방식을 개발했다. 빈 농약병이나 플라스틱을 긴 비닐망에 모아 마치 소시지처럼 묶어 보관하는 방식이다. 이렇게 하면 비가 와도 농약 찌꺼기가 흘러나오지 않고 운반도 훨씬 수월해진다. 이 방식은 특허까지 받았지만 조월마을 주민들이 환경을 위해 누구나 자유롭게 사용할 수 있도록 특허권을 포기했다.

마을 한편에서는 어르신들이 빈 페트병을 정리하며 분주하게 움직이고 있었다. "이게 다 돈이 돼요." 한 어르신이 웃으며 말했다. 실제로 조월마을은 재활용품을 수거해서 판매한 수익금으로 마을 주민들에게 조

끼를 맞춰주고, 간식을 마련하고, 쓰레기봉투를 구입하는 등 공동체를 위한 활동을 이어가고 있다. 어르신들은 "집에서 TV만 보는 것보다 이렇게 나와서 몸을 움직이고 마을을 가꾸는 게 훨씬 즐겁다"고 입을 모았다.

조월마을은 환경을 깨끗하게 만드는 것을 넘어서, 환경을 매개로 마을 공동체의 유대를 더욱 단단하게 만들고 있었다. 부녀회장님은 "이전에는 마을 곳곳에 쓰레기가 쌓였지만, 지금은 주민들이 스스로 깨끗한 환경을 유지하려고 노력한다"며 그 변화를 자랑스러워했다. 마을 어르신들은 매주 세 번씩 모여 환경정화 활동을 진행한다. 영농 폐기물을 수거하고, 쓰레기를 분리하고, 하천 주변을 정리하는 등의 활동을 이어가고 있다.

놀라운 점은 조월마을의 변화가 다른 지역에도 영향을 미치고 있다는 것이다. 이미 전북도 내 여러 마을에서 조월마을을 벤치마킹하기 위해 견학을 다녀갔고, 경기도에서도 이곳을 찾아올 정도로 그들의 노력이 인정받고 있다. 실제로 마을에서는 환경지킴이 활동을 다큐멘터리 영화로 제작해 알리려는 노력도 하고 있다. 이 영화는 마을 주민들이 직접 주인공이 되어 조월마을의 변화 과정을 기록하는 내용으로, 앞으로 다양한 환경영화제에도 출품할 계획이라고 한다.

이 마을을 방문하며 나는 환경운동이 꼭 거창한 도시에서만 이루어지는 것이 아니라, 작은 농촌에서도 얼마든지 실천될 수 있다는 사실을 새삼 깨달았다. 아니, 오히려 농촌이기에 더욱 절실하게 필요한 일일 수도 있겠다. 농약병과 폐비닐이 무분별하게 버려지던 과거와 달리, 이제는 <u>스스로의 힘으로</u> 깨끗한 마을을 만들어가고 있는 조월마을 주민들.

이들의 노력은 단순한 환경보호 차원을 넘어 공동체를 하나로 묶는 힘이 되고 있었다.

조월마을의 노력은 한 세대에서 끝나지 않는다. 마을에 새로 귀촌한 젊은 주민들도 이 활동에 자연스럽게 스며들고 있었다. 한 귀촌 주민은 "이 마을에 처음 왔을 때는 환경정화 활동이 없었지만, 몇 년 사이에 마을 전체가 달라졌다"며 "이제는 나도 함께 참여하고 있다"고 말했다. 그는 마을 어르신들에게 한글을 가르쳐 드리면서, 동시에 환경운동의 중요성도 함께 공유하고 있었다. 이렇게 세대 간의 협력이 이루어지는 모습이 인상적이었다.

마을 주민들은 환경운동을 단순히 '일'이라고 생각하지 않는다. 이들은 이 활동을 통해 함께 어울리고 웃고 이야기를 나눈다. "집에서 가만히 있는 것보다 이렇게 나와서 사람들 만나고 마을을 가꾸는 게 더 좋다"는 어르신들의 말에서 그들의 진심이 전해졌다.

한 어르신이 내게 말했다. "이게 다 우리 후손들한테 깨끗한 환경을 물려주기 위해 하는 일이죠. 우리가 해야 하는 일이라고 생각해요." 환경을 위한 작은 실천이 모여 마을 전체를 변화시키고, 나아가 더 넓은 지역까지 영향을 미치는 모습. 조월마을의 노력은 우리 모두가 환경을 지키기 위해 무엇을 해야 하는지 분명한 답을 보여주고 있었다.

나는 오늘 이곳에서 단순히 환경을 위한 노력만을 본 것이 아니다. 환경을 지키는 일이 쓰레기를 치우고 재활용을 하는 것에서 끝나는 것이 아니라, 사람과 사람을 연결하고 공동체를 하나로 묶어주는 중요한 역할을 한다는 것을 깨달았다. 조월마을 주민들이 보여준 끈기와 협력의 힘은 단순한 환경보호를 넘어, 마을 전체를 변화시키는 원동력이 되고 있었다. 이런 작은 변화들이 모여 더 큰 변화를 만들어낼 것이라는 확신이 들었다.

6
태양광이 삼킨 마을

김제의 어느 마을, 차를 타고 들어서는 순간 눈앞에 펼쳐진 풍경에 나는 말을 잃었다. 집 앞도 뒤도, 마을의 사방이 태양광 패널로 가득했다. 이곳이 태양광 마을이라고 불린다는 이야기를 들었다. 처음엔 웃었다. 하지만 마을을 직접 보자, 그 말이 농담이 아니라는 걸 깨달았다. 집을 둘러싼 태양광 패널.

주민들은 말했다. "햇빛 반사로 눈이 아프고, 전자파 때문에 불안해요." "산책을 나가도 사방이 태양광 패널이에요. 누가 이런 마을에서 살고 싶겠어요?" 주민들의 이야기를 들으며 이 상황이 단순한 '신재생에너지 확대'의 문제가 아님을 깨달았다. 이건 삶의 공간을 지키려는 사람들과 그 공간을 돈벌이로 보는 사람들 사이의 싸움이었다.

전북농민연맹의 박흥식 의장이 말했다. "태양광 사업이 처음에는 신재생에너지를 위한 좋은 정책이라고 생각했어요. 그런데 지금 보면 농지를 빼앗고, 마을을 파괴하고 있어요." 나는 의장의 말을 곱씹었다. 태양광이 농촌을 황폐화시킨다니, 이게 무슨 말인가?

자료를 보니 김제에서 허가된 태양광 발전소의 72퍼센트가 외지인 소유였다. 태양광 패널을 설치하면 수익이 보장되니, 투자자들이 땅을 사들여 태양광 발전소를 세우는 것이다. 하지만 정작 그곳에 사는 농민들은 아무런 혜택도 받지 못한 채 삶의 터전을 잃고 있었다. "우리도 노후를 준비해야죠. 그런데 태양광 시설은 외지인들이 와서 설치하고 돈을 벌어요. 정작 마을 사람들은 피해만 보죠." 이 말에 나는 할 말을 잃었다.

정부는 '신재생에너지 확대'를 외쳤지만, 그 과정에서 농촌 공동체는 무너지고 있었다. 신성마을에서 만난 한 주민은 이렇게 말했다. "귀촌해서 자연을 즐기며 살고 싶었어요. 그런데 태양광 패널이 사방을 둘러싸니까 산책도 하기 싫어요. 처음에는 경치가 좋아서 이곳에 집을 지었는데, 지금은 후회돼요." 그는 분노했다. "내가 여기 온 이유는 자연 때문인데, 이제는 자연이 아니라 태양광 패널 사이에서 살아야 해요."

마을을 걸었다. 길을 따라 걷다가 고개를 들면 태양광 패널이 끝도 없이 이어졌다. 햇빛은 반사되고 주변엔 사람이 보이지 않았다. 이곳에서 10년 후에도 사람이 살고 있을까? 신성마을의 한 이장은 말했다. "우리 마을은 사람이 떠나고 있어요. 앞으로 30년 후 김제라는 도시 자체가 사라질지도 모른다는 이야기가 나와요." 단순한 문제가 아니었다. 태양광 발전소가 들어서면서 마을 공동체 자체가 무너지고 있었다.

태양광이 미래라면 농촌의 미래는 어디에 있는가? 태양광이 친환경 에너지라면 왜 농촌은 파괴되고 있는가? 왜 주민들의 삶은 고려되지 않는가? 신재생에너지를 확대하면서도 농촌을 지킬 방법은 없는가?

주민들은 이렇게 말했다. "정부가 태양광을 확대하려면, 공공건물 옥

상 같은 곳에 설치해야 해요. 농지를 태양광으로 덮으면 우리는 먹고살 길이 막혀요." 우리는 '탄소 중립'을 이야기하면서 정작 농촌을 희생시키고 있었다. 신성마을을 떠나면서 나는 한 주민의 마지막 말을 떠올렸다. "아무리 돈이 중요해도 사람이 살아야 하는 곳인데, 이렇게 마을을 다 태양광으로 덮으면 누가 이곳에서 살겠어요?"

신재생에너지는 중요하다. 그러나 그것이 사람들의 삶을 파괴하는 방식이라면 지속 가능할 수 없다.

7
동학농민혁명 유적지

125년 만에 동학농민혁명 기념일이 공식적으로 지정되었다. 황토현 전승일, 5월 11일이 그날이다. 책상 앞에서 역사적 의미를 곱씹는 것과 직접 현장을 밟는 것은 전혀 다르다. 그래서 황토현 전적지를 찾았다. 함께 동행해줄 문병학 부장을 만나 이야기를 나누며 기념관과 전적지, 그리고 곳곳에 새겨진 혁명의 흔적을 따라가 보기로 했다.

황토현 전적지에는 전봉준 장군 동상을 중심으로 여러 기념 시설들이 자리하고 있었다. 동학농민혁명기념관과 교육관, 전적지 내 갑오동학혁명 기념탑, 그리고 농민군들의 위폐가 봉안된 구민사가 있었다. 동학농민혁명에 참여했던 수백 명의 위폐가 모셔진 이곳에서 매년 5월 11일 기념제가 거행된다. 그들은 국가의 보호를 받지 못한 농민이었고, 탐관오

리와 외세의 압박 속에서 스스로를 지키기 위해 일어섰던 혁명의 선봉장이었다.

기념일이 황토현 전승일로 지정된 이유는 단순했다. 그것은 농민군이 관군을 상대로 처음 승리를 거둔 날이었기 때문이다. 혁명은 항상 계획과 실천 사이에서 갈등하지만, 이곳에서는 계획이 실천으로 폭발했다. 사발통문으로 시작된 움직임이 무장기포로 이어지고, 백산대회에서의 결의가 실질적인 전투로 변모했다. 황토현 전투에서 농민군은 전라감영군을 물리치며 승리를 거머쥐었다. 이것이 동학농민혁명에서 결정적 순간이었다.

혁명의 흐름을 따라 이동하다보니 전봉준 장군의 단소, 즉 허묘 앞에 서게 되었다. 흔히 그의 묘라고 생각하지만 사실 이곳은 빈 무덤이다. 과거에는 단순한 돌비 하나가 서 있었고, 나무들에 둘러싸여 초라한 모습이었다고 한다. 하지만 지금은 그의 이름을 기억하고 기리는 사람들이 모여 이곳을 찾는다. 동학농민혁명의 첫 번째 기념 시설로 세워진 이 단소는 혁명을 '반란'이라 부르던 시대를 지나, 이제 국가가 공식적으로 인정하는 '기념일'로 자리 잡기까지의 긴 세월을 품고 있다.

전봉준 장군이 이끌었던 농민군은 전라감영군을 무너뜨린 뒤 전주성으로 향했다. 조선 정부가 보낸 최정예부대인 경복궁 수비대가 농민군을 막기 위해 내려왔다. 그러나 농민군은 쉽게 물러서지 않았다.

전주성 함락은 전라도 전체가 조선 정부에 내는 세금의 절반을 책임지던 곳이 무너졌다는 뜻이기도 했다. 전라도는 단순한 한 지방이 아니었다. 조선 왕조의 경제적 기반이자 국가의 존립을 떠받치는 중요한 지역이었다. 그러기에 전주성이 농민군에 의해 점령되자 조선 정부는 긴급 대신회의를 열어 청나라에 파병을 요청했다. 동학농민혁명이 결국 청일전쟁으로까지 연결되는 이유는 이 때문이다.

황토현 전적지를 떠나 우리는 만석보 터로 이동했다. 여기가 바로 동학농민혁명의 도화선이 되었던 곳이다. 원래 농민들은 구보舊洑, 즉 이전 보를 통해 논에 물을 대고 있었다. 그런데 고부군수 조병갑이 새롭게 보를 쌓고 물세를 거둬들이기 시작했다. 세금과 착취에 지친 농민들은 더 이상 참을 수 없었다. 결국 농민들은 조병갑이 쌓은 만석보를 허물어버렸다. 혁명의 불길이 타오르기 시작한 것이다.

이곳에 서 있으면 당시 농민들의 분노가 느껴지는 듯했다. 그들은 나라를 뒤집으려 한 것이 아니라 단지 먹고살 수 있는 세상을 만들고자 했다. 하지만 그들의 요구는 받아들여지지 않았고, 결국 혁명이 시작됐다. 125년이 지나 동학농민혁명이 기념일로 지정된 날, 우리는 무엇을 기억해야 할까? 단순히 역사적 사건으로만 바라볼 것이 아니라, 오늘의 우리 사회 속에도 당시 농민군이 외쳤던 '보국안민輔國安民'의 정신을 다시 되새겨야 하지 않을까.

다시 한 번 동학농민군들이 걸었던 길을 생각했다. 무장기포에서 시작해 백산을 지나 황토현과 전주성, 우금치로 이어지는 그들의 여정은 힘겨운 싸움이었을 것이다. 하지만 그들이 남긴 흔적은 단순한 패배로 끝나지 않았다. 지금 우리가 누리는 평등과 민주주의, 그 기초가 이 혁명에서 시작되었음을 기억해야 한다.

동학 정신이 3·1운동, 4·19 혁명, 5·18 민주화운동으로 이어져왔

음을 우리는 잊어서는 안 된다. 이제 이들의 이야기가 단순한 역사가 아닌, 우리의 삶 속에서 계속 살아 숨 쉬길 바라며 발걸음을 돌렸다.

8
태양광과 주민들

태양광에너지는 기후위기 대응과 신재생에너지 전환이라는 시대적 흐름 속에서 중요한 역할을 하고 있다. 화석연료 사용을 줄이고 친환경적인 방식으로 전력을 생산하는 것은 국가적으로도, 세계적으로도 필수적인 과제다. 하지만 이러한 친환경 에너지가 오히려 지역 주민들에게는 위협이 될 수도 있다.

전라북도 장수군 천천면의 작은 마을에서 벌어지고 있는 태양광 발전소 건립을 둘러싼 갈등은 우리가 신재생에너지를 도입하는 과정에서 반드시 고민해야 할 문제들을 상징적으로 보여준다. 주민들은 태양광 발전소가 가져올 환경적 영향뿐만 아니라, 개발 과정에서 발생하는 불투명한 절차와 공동체의 붕괴 가능성에 대해 우려하고 있다.

마을에 태양광 발전소가 들어선다는 소식이 전해진 후 주민들은 천막을 치고 반대 농성을 벌이기 시작했다. 이들은 태양광 발전소 건립이 마을의 환경과 생태계를 해칠 뿐만 아니라, 역사적으로 중요한 가야시대 산성 유적이 있는 지역에 대규모 개발이 이뤄진다는 점에서 문제가 크다고 주장한다. 더욱이 이 과정에서 주민들의 의사가 충분히 반영되지 않았다고 느끼고 있다. 마을 이장은 "주민 설명회에서 찬성한 사람이 한 명도 없었다"라고 분명히 말했지만, 사업자는 행정적 절차를 밟아가며 사업을 진행하고 있다.

문제의 핵심은 태양광 발전소 설치 과정에서 주민들의 의견이 얼마나 반영될 수 있는가 하는 점이다. 장수군 조례에 따르면 태양광 발전소를 설치하려면 주변 500미터 이내 마을 주민을 대상으로 설명회를 개최해야 한다. 그러나 주민들의 반대 여부가 사업 허가를 결정하는 기준이 되지는 않는다. 즉, 설명회는 주민들의 의견을 듣는 것이 아니라 단순한 안내 절차에 불과하다. 이런 형식적인 절차 때문에 주민들은 자신들이 철저히 배제된 채 사업이 추진되고 있다고 느낀다.

특히 주민들은 설명회가 불투명하게 진행되었다고 주장하고 있다. 마을 주민 일부는 태양광 사업과 관련된 설명회가 무엇인지도 모른 채 참석했으며, 서명 또한 주민 동의가 아니라 단순한 참석 확인 서명이었다고 말한다. 그런데도 나중에는 이 서명이 태양광 발전소를 허가하는 근거로 사용되었다.

한 주민은 "태양광을 반대한다고 했는데도 나중에 보니 허가가 나 있었다"라고 분노를 터뜨렸다. 또 다른 주민은 "사업자 측에서 마을 발전기금 얘기를 하며 설득했지만, 우리는 그런 돈을 받기보다 마을 전체를 보호하고 싶었다"라고 말했다. 결국 주민들은 개발업자의 전략적 접근과 행정 절차의 문제로 인해 자신들이 속수무책으로 당했다고 생각하고 있다.

이러한 문제는 단순히 행정적 절차만이 아니다. 태양광 발전소가 들어서면 마을 공동체가 흔들릴 수밖에 없다. 장수군은 사과 농사가 유명한 지역인데, 태양광 사업이 과수원과 농지를 잠식하면서 농업 기반이 위태로워지고 있다. 과수원을 정리하고 태양광 발전소를 세우면 땅을 가진 사람들은 단기적으로 경제적 이익을 얻을 수 있다. 하지만 마을 전체로 보면 지속적인 경제 활동이 어려워질 수 있다. 더욱이 태양광 패널이 깔린 대규모 부지는 기존의 자연환경과는 완전히 다른 모습으로 변모하며, 농사와 방목을 해오던 주민들의 생활 방식도 바뀔 수밖에 없다.

또한 태양광 발전소가 들어서면 경관과 환경에도 큰 변화가 생긴다. 주민들은 "골짜기 안에 살면서 사과 농사를 짓고 방목을 해왔는데, 이제 눈을 뜨면 태양광 패널이 보이게 될 것"이라며 걱정하고 있다. 그동안 자연과 함께 살아온 삶의 방식이 송두리째 바뀌는 것이다. 태양광 패널이 반사하는 빛, 패널 설치로 인한 토양 변화와 물길의 변화 등도 지역 생태계에 어떤 영향을 미칠지 충분한 검토가 이루어지지 않았다.

더 큰 문제는 이러한 갈등이 장수군에서만 벌어지는 것이 아니라는 점이다. 장수군만 해도 태양광 발전소 허가를 기다리고 있는 곳이 400곳이 넘는다. 현재 전국적으로 신재생에너지 확대 정책이 추진되면서 유사한 분쟁이 곳곳에서 발생하고 있다. 즉 지금 발생한 문제는 단지 한 마을의 문제가 아니라 앞으로 계속될 갈등의 전조일 수 있다.

장수군의 행정은 "절차에 따라 허가를 내줄 수밖에 없다"라고 설명한다. 문화재 지표조사를 거쳤고, 주민 설명회도 개최했으며, 법적인 요건을 모두 충족했기 때문에 사업을 막을 수 없다는 것이다. 행정 당국의 이런 태도는 결국 마을 공동체의 붕괴와 주민들의 불신을 초래할 수밖에 없다. 태양광 발전소는 단순한 건물이 아니다. 그것이 설치되는 지역의 환경과 생활 방식, 그리고 공동체의 유대감까지 바꿀 수 있는 시설이다. 따라서 단순히 법적 절차를 따랐다는 이유만으로 사업을 강행하는 것은 갈등을 심화시키는 결과를 초래할 뿐이다.

태양광 발전은 반드시 필요한 에너지 전환 과정이지만, 그것이 지역 사회의 희생을 강요하는 방식이어서는 안 된다. 태양광 사업이 주민들과의 충분한 대화와 조율 없이 진행된다면, 결국 지역 주민들은 반대 운동에 나설 수밖에 없다. 천천면의 주민들이 현재 하고 있는 반대 농성이 바로 그 대표적인 사례다.

진정한 친환경 에너지는 단순히 탄소 배출을 줄이는 것만이 아니다. 인간과 자연, 공동체가 함께 지속 가능한 방식으로 살아갈 수 있도록 하는 것이다. 천천면의 사례는 우리가 신재생에너지를 도입하는 과정에서 주민들과의 충분한 소통과 신뢰 구축이 얼마나 중요한지를 다시 한 번 일깨워준다. 법과 행정이 주민들의 목소리를 진정으로 반영할 수 있도록 개선되지 않는다면, 태양광 발전소는 에너지 혁신이 아니라 지역 갈등의 불씨로 남을 것이다.

9
새만금 국제공항 찬반 논란

새만금의 바람은 강했다. 광활한 갯벌 위를 가로지르는 바람이 얼굴을 때릴 때마다 이곳이 가진 자연의 숨결이 선명하게 느껴졌다. 하지만 이 땅 위에 거대한 공항이 들어선다면 이 바람은 어떤 변화를 맞이할까? 전북 경제의 도약을 위한 날개가 될까, 아니면 돌이킬 수 없는 생태계의 훼손일까? 새만금 국제공항을 둘러싼 찬반 논쟁의 현장을 직접 찾았다. 그곳에서 여러 사람들을 만나고, 다양한 의견을 듣고, 고민을 거듭했다.

국제공항이 없는 전라북도. 이는 지역 경제와 기업 유치의 최대 걸림돌이라는 주장이 있다. 전북경영자총연합회 김동창 부회장은 새만금 국제공항이 "반드시 필요하다"며 강한 확신을 보였다. 그는 "기업인들은 물류와 교통의 접근성을 가장 중요하게 생각한다. 그러나 전북은 공항이 없어 수도권과의 연결이 불편하다. 이 때문에 기업들이 투자하기를 꺼리고, 결국 일자리 부족으로 젊은이들이 전북을 떠나게 된다"라고 말했다.

그의 주장은 단순하지만 분명한 논리를 갖고 있었다. 실제로 전북 지역에서는 다른 지방보다 수도권과의 접근성이 떨어진다는 문제가 오랫동안 제기되어왔다. 전국 각지에 공항이 있지만 전북은 여전히 공항이 없는 유일한 광역지자체. 강원도와 비교해도 오히려 수도권과의 연결이 더 불편한 상황이라고 한다. 김 부회장은 "청주공항이 생긴 후 충청북도가 비약적으로 성장했고, 무안공항도 비록 어려움을 겪고 있지만 물류의 핵심 거점으로 자리 잡고 있다"며 새만금 국제공항이 전북 경제를 살릴 열쇠가 될 것이라고 강조했다.

전주상공회의소 윤방섭 회장도 공항이 "전북 경제의 대전환점이 될 것"이라며 강한 기대감을 내비쳤다. 새만금 신항만, 철도, 도로망과 함께 공항까지 완비되면 새만금이 동북아 물류 중심지로 거듭날 수 있다는

"과거 김제공항 계획이 무산된 이유가 무엇이었습니까? 경제성이 없었기 때문입니다.
그런데 새만금 신공항이라고 해서 뭐가 달라질까요?"

것이다. 그는 "기존에 대형 국책 사업이 추진될 때마다 환경문제를 이유로 지연되거나 좌절되는 경우가 많았다. 하지만 이번에는 도민들이 하나가 되어 공항 건설을 반드시 이루어야 한다"고 말했다.

그들의 말을 듣고 있자니 공항이 곧 전북 발전의 핵심 열쇠라는 생각이 들었다. 수십 년간 개발이 지체된 새만금 지역이 본격적인 경제 중심지로 변모하기 위해서는 하늘길이 필요하다는 주장은 설득력이 있었다. 하지만 모든 일이 그렇듯 한 가지 측면만으로 판단할 수 있는 사안은 아니었다.

　새만금 신공항 예정지에서 환경운동연합 남대진 대표를 만났다. 그는 바람에 흩날리는 갯벌의 모습 속에서 걱정 어린 눈빛을 띠고 있었다. "새만금 갯벌은 수많은 생명이 살아가는 곳입니다. 흰발농게, 금개구리, 저어새 같은 희귀 생물들이 이곳에 서식하고 있습니다. 하지만 공항이 들어서면 그들의 터전은 사라집니다." 그의 말은 날카로웠다.

　환경단체들은 신공항 건설로 새만금 갯벌이 사라질 것을 우려하고 있다. 새만금은 이미 오랜 기간 간척 사업으로 인해 생태계가 심각하게 파괴된 곳이다. 그런 상황에서 신공항까지 들어선다면 남은 자연조차 사라지는 것은 아닐까?

　남 대표는 신공항의 경제성에 대해서도 의문을 제기했다. "과거 김제공항 계획이 무산된 이유가 무엇이었습니까? 경제성이 없었기 때문입니다. 그런데 새만금 신공항이라고 해서 뭐가 달라질까요?" 실제로 새만금 신공항은 예비타당성조사에서 경제성이 낮다고 평가받았다. 그럼에도 정부가 예타를 면제하면서 사업이 강행되고 있는 것이다.

　그는 또 다른 문제도 지적했다. "새만금 신공항이 과연 국제공항으로 기능할 수 있을까요? 이곳은 3급 공항입니다. 즉, 동남아와 아시아권 노선까지만 운항 가능하고, 유럽이나 미주 노선은 취항할 수 없습니다. 전북 도민들이 인천공항을 이용하는 이유가 뭘까요? 다양한 국제노선 때문입니다. 새만금에 공항이 생긴다고 해도 인천공항을 대체할 수는 없습니다."

　그의 말은 현실적이었다. 전북에 공항이 없다는 것이 문제이긴 하지만, 그것이 반드시 새만금에 있어야 하는가? 차라리 과거에 김제에 공항을 세우려고 했던 계획을 다시 검토하는 것이 더 합리적이지 않은가?

찬성과 반대, 두 입장은 극명하게 엇갈렸다. 기업과 경제계를 중심으로 한 찬성 측은 "공항 없이는 전북 경제가 도약할 수 없다"고 주장한다. 반면에 환경단체와 일부 시민들은 "경제성이 없는 공항을 세우기 위해 갯벌을 희생하는 것은 부당하다"고 맞서고 있다.

이제 중요한 것은 우리 사회가 어떤 가치를 우선하느냐의 문제다. 전라북도가 수도권과의 접근성이 떨어지고, 경제적으로 낙후되어 있는 것은 분명한 사실이다. 하지만 그것을 해결하는 방법이 과연 새만금 국제공항뿐일까?

무조건 반대를 위한 반대는 무의미하다. 하지만 충분한 경제적 타당성과 실효성이 검증되지 않은 사업을 무작정 추진하는 것 또한 위험하다. 이미 전국 곳곳에서 적자에 허덕이는 지방 공항들이 늘어나고 있다. 만약 새만금 국제공항이 개항한 후 예상만큼 이용객이 확보되지 않는다면, 그 부담은 결국 국민의 세금으로 돌아올 것이다.

10
전통시장과 청년몰

전통시장의 오전은 여느 때처럼 분주했다. 장을 보러 온 사람들, 두런두런 이야기를 나누는 상인들, 그리고 오래된 점포들이 내뿜는 정겨운 분위기. 그러나 자세히 들여다보면 이곳에도 변화의 바람이 불어왔고, 그 바람이 모두에게 순풍이 된 것은 아니었다. 전통시장의 변화를 이끌었던 '청년몰'이 다시 활기를 되찾을 수 있을지, 그리고 그것이 단순한 생존을 넘어 지속적인 성장으로 이어질 수 있을지를 알아보기 위해 이곳을 찾았다.

시장 입구에서 만난 상인회장은 반갑게 맞아주었지만 표정이 밝지만은 않았다. "청년몰이 한때 시장을 살릴 희망이었는데, 지금은 텅 비어 버렸어요." 그는 안타까운 듯 시장 한쪽을 가리켰다. 처음 청년몰이 들어설 때만 해도 기대가 컸다. 젊은 층의 유입을 늘리고 새로운 소비문화를 창출하며 시장을 다시 활성화할 것이라는 기대였다. 처음에는 괜찮았다. 새로운 음식, 트렌디한 아이템, 젊은 사장들의 열정이 넘쳤다. 그러나 불과 몇 년이 지나지 않아 많은 청년 점포들이 하나둘 문을 닫았다.

나는 청년몰이 한창 운영될 때 시장을 찾았던 기억이 떠올랐다. 예전에는 활기가 넘쳤다. 길을 따라 늘어선 감각적인 간판들, 전통시장에서는 보기 힘든 독특한 메뉴들, 젊은 상인들이 내뿜는 패기가 있었다. 지금은 어떨까? 시장 한편의 청년몰 공간은 불이 꺼진 채 비어 있는 점포들만이 흩어져 있었다. "열 개의 점포가 있었는데 지금은 두 곳만 남았습니다." 상인회장은 깊은 한숨을 내쉬었다.

나는 남은 두 점포가 어떻게 살아남았는지 궁금해졌다. 우선 살아남은 점포 중 하나를 운영하는 청년을 만나보기로 했다. "처음엔 다 같이 시작했어요. 지원도 있었고 손님도 많았어요. 그런데 시간이 지나면서 장사가 쉽지 않더라고요." 그는 시장에서 장사하는 법을 몰랐다고 했다.

"저희가 만든 음식이 시장의 분위기와 맞지 않았어요. 가격이 너무 높았고, 손님들도 익숙하지 않은 메뉴에 선뜻 손이 가지 않더라고요."

그는 결국 메뉴를 바꾸고, 시장의 분위기에 맞춰 가격을 조정하면서 살아남을 수 있었다. "시장 상인들에게 배운 게 많아요. 처음엔 그냥 내 방식대로 하면 될 줄 알았죠. 그런데 전통시장에는 나름의 질서가 있고, 손님들의 소비 패턴도 다르더라고요."

다른 한 점포는 특색 있는 지역 요리를 개발해 유명해진 경우였다. "소라볶음이요. 이 지역에서만 맛볼 수 있는 메뉴로 개발했어요." 그는 지역의 특색을 살린 것이 살아남을 수 있었던 비결이라고 했다. "전통시장에서 뭔가 새로운 걸 한다고 너무 튀어서는 안 되더라고요. 기존 시장과 조화를 이루는 게 중요했어요." 그의 말에서 청년몰이 실패한 이유가 조금은 명확해졌다. 새로운 시도는 좋았지만 시장과의 조화가 부족했던 것이다.

그렇다면 떠난 청년들은 왜 버티지 못했을까? 다른 청년몰 상인을 만나 그들의 이야기를 들어보았다. "솔직히 단기 지원 사업이 끝나면 그때부터가 진짜 시작이거든요. 그런데 대부분의 청년몰은 지원이 끝난 후를 대비하지 못했어요. 정부에서 초반에 인테리어부터 지원해주고 임대료도 도와줬는데, 그게 끝나고 나니 현실이었죠."

그는 많은 청년 상인들이 장사를 지속할 준비가 되지 않은 상태에서 시작했다고 했다. "시장 조사를 충분히 하지 않은 상태에서 그냥 새로운 걸 시도하는 게 중요하다고 생각했어요. 그런데 장사라는 건 그게 다가 아니더라고요."

문득 '전주 남부시장 청년몰'을 떠올렸다. 그곳은 여전히 운영 중이다. 차이점이 무엇일까? 남부시장 청년몰의 한 상인은 이렇게 말했다. "저희는 처음부터 정부 지원을 기대하지 않았어요. 물론 도움은 받았지만 우리가 직접 가게를 꾸리고 홍보하고 성장시키는 과정이 있었어요." 그는 자율성과 지속 가능성을 강조했다. "단순히 가게를 열어준다고 끝나는 게 아니라, 여기에 오래 머물고 싶은 환경을 만들어야 해요."

전통시장에서 청년몰이 살아남기 위해서는 무엇이 필요할까? 다시 상인회장을 찾았다. "청년몰이 다시 살아나려면 단순한 지원이 아니라 실질적인 준비가 필요합니다." 그는 시장과 어울릴 만한 아이템 선정, 가격 책정, 지속적인 교육 등이 필요하다고 말했다. "청년몰을 다시 활성화하려면 처음부터 시장과 함께 성장할 수 있는 시스템을 만들어야 해요."

청년몰을 떠나기 전 비어 있는 점포들을 다시 한 번 둘러보았다. 이곳을 가득 채웠던 젊은 열정이 떠올랐다. 한때는 많은 청년들이 모여 새로운 꿈을 키우던 공간이었다. 이제는 다시 채워질 날을 기다리고 있었다. 어쩌면 청년몰의 실패는 하나의 과정일지도 모른다. 중요한 것은 다시 도전하는 것이다. 전통시장과 청년들이 함께할 수 있는 새로운 방법을 찾는 것, 그것이 진정한 전통시장 활성화의 시작이 아닐까.

청년몰은 단순한 창업 공간이 아니라 전통시장과 청년들이 공존할 수 있는 가능성을 실험하는 곳이어야 한다. 그리고 그 가능성을 현실로 만들기 위해서는 지원 이상의 것이 필요했다. 시장과 함께 성장하는 지속 가능한 구조. 그것이야말로 청년몰이 살아남을 수 있는 진짜 길이 아닐까.

11
인 서울에서 인 완주

완주는 청년 인구 유출이 심각한 지역 중 하나다. 그럼에도 이곳에서 자신의 미래를 꿈꾸는 이들이 있었다. 단순한 귀농이나 귀촌이 아니라, 완주라는 지역 안에서 자신의 삶을 개척하려는 청소년들과 청년들이 있었다. 그들이 말하는 'in 서울'이 아닌 'in 완주'의 삶이란 무엇인지 듣고 싶었다.

고산에 도착하자마자 문화예술협동조합에서 청소년들과 함께하고 있는 선생님을 만났다. 그는 아이들과의 수업을 함께 참관할 것을 제안했다. 나는 흔쾌히 응했다. 일반적인 학교 교실과는 다른 분위기가 느껴졌다. 학생들은 자유롭게 의견을 나누고 있었고 수업 방식도 정형화되지 않았다. 여기서는 교사가 중심이 아니라 학생들이 주도적으로 움직이고 있었다.

학생들은 'LTI 프로젝트'라는 프로그램을 진행 중이었다. "매주 수요일에 원하는 멘토를 찾아가 직접 배우는 거예요." 한 학생이 설명했다. 나는 궁금해졌다. "보통은 직업체험 정도로 끝나는 경우가 많지 않나요?" 내 질문에 학생들은 고개를 저었다. "그냥 직업체험이 아니에요. 멘토의 삶을 배우는 거죠. 그 사람이 왜 이 직업을 선택했는지, 어떻게 살아가고 있는지를 배우는 거예요." 그 말에서 이들이 단순한 직업교육이 아니라, 자기 삶을 만들어가는 방법을 배우고 있다는 것을 깨달았다.

학생들에게 완주는 어떤 곳일까? "완주는 기회가 있는 곳이에요." 한 학생이 말했다. "외부에서 보면 그냥 시골 같지만, 여기엔 새로운 삶을 꿈꾸는 사람들이 모여 있어요. 청년들도 많고요." 그 말이 신기하게 들렸다. 보통 청년들은 일자리를 찾아 도시로 떠나기 마련인데, 완주에서 희망을 발견하고 있다는 말이 신선하게 다가왔다.

그중 한 학생은 완주에서 계속 살고 싶다고 말했다. "나중에 목공 팀을 만들 거라는 선생님이 계세요. 그 팀에서 일해보고 싶어요." 선생님에게는 은근한 부담이 될 수도 있는 말이었지만, 그만큼 학생이 미래를 구체적으로 그리고 있다는 뜻이기도 했다.

또 다른 학생은 문학과 관련된 일을 하고 싶다고 했다. "완주에서 글을 쓰는 작가들이 모일 수 있는 커뮤니티를 만들고 싶어요. 작은 북카페 같은 공간을 운영하면서 작가들과 독자들이 소통할 수 있는 곳을 만들면 좋을 것 같아요." 그 말에 나는 문득 생각했다. 단순히 수도권에서 자리를 잡는 것만이 성공이 아니라, 자신이 원하는 삶을 스스로 개척하는 것이야말로 진정한 성공이 아닐까.

하지만 여전히 사회의 시선은 엄격하다. "서울에 가지 않으면 성공할 수 없다는 말을 많이 들어요." 한 학생이 씁쓸하게 말했다. "지방에서 공부하는 건 선택의 여지가 없어서라고 생각하는 사람들이 많잖아요. 하지만 저는 그렇게 생각하지 않아요. 중요한 건 어디에 있느냐가 아니라 내가 무엇을 하고 있느냐니까요."

나는 그의 말이 무척이나 인상적이었다. 어쩌면 우리 사회가 지나치게 서울 중심적으로 사고하는 것이 아닐까. 학생들은 자신들이 지방에서 머무르는 것이 실패가 아니라 선택임을 강조하고 있었다. 이곳 학생들은 단순히 지방에 남아 있는 것이 아니라 스스로 삶을 설계하고 있었다. "우리는 수도권에 가지 않아도 충분히 만족스러운 삶을 살 수 있어요." 학생들의 목소리에는 확신이 가득했다.

그러나 여전히 지방 대학을 다니거나 지역에서 직업을 찾는 것을 실패로 보는 사회적 인식이 남아 있다. "지방대는 무조건 수준이 낮다는 인식이 있잖아요. 하지만 그렇지 않아요. 예를 들어 카이스트도 지방대잖아요. 그런데 그걸 무시할 순 없죠." 학생의 논리는 단순했지만 매우 설득력이 있었다. 어쩌면 우리가 너무 쉽게 서울과 지방을 나누고 있는 것은 아닐까.

한 학생이 조용히 입을 열었다. "꽃은 누구나 피는데, 다만 피는 시기가 다를 뿐이에요. 저는 늦게 피는 꽃일 수도 있지만 괜찮아요." 그의 목소리는 단호했다. "늦게 취업을 하든 천천히 꿈을 찾든 좌절하지 않고 계속 나아가면 된다고 생각해요."

이곳 학생들의 이야기를 들으며 '교육'이라는 개념 자체를 다시 생각해보게 됐다. 고산고등학교는 단순한 대안학교가 아니라, 삶을 살아가는 방법을 가르치는 곳이었다. 성적이 아니라 개개인의 삶을 중시하는 교육. "3년 동안 내가 뭘 좋아하는지, 뭘 잘할 수 있는지를 찾아가는 과정이었으면 좋겠어요." 한 선생님의 말이 기억에 남았다. 입시 중심 교육이 아니라, 아이들이 자기만의 길을 찾아갈 수 있도록 돕는 교육. 이곳에서는 그것이 실현되고 있었다.

완주의 학생들은 자신감을 갖고 있었다. 그리고 그들은 미래를 준비하고 있었다. "우리는 지방에서 살아도 행복할 수 있어요." 이 한마디가 오랫동안 마음에 남았다. 완주라는 지역을 넘어 자신의 삶을 주도적으로 만들어가고 있는 이들의 모습이 내게도 깊은 영감을 주었다.

완주는 청년들이 떠나가는 곳이 아니라, 새로운 희망이 싹트고 있는 곳이었다. 그리고 나는 그 희망을 직접 보았다. 나의 고향 완주.

12
77년 역사 비안도초등학교 폐교

오늘은 배를 타고 바다를 건넌다. 한때 아이들의 웃음소리로 가득 찼을 작은 섬마을의 학교가 문을 닫았다는 소식을 들었기 때문이다. 아이들이 떠난 운동장은 텅 비었고, 바닷바람만이 쓸쓸하게 불어왔다. 오래된 교실 창문 너머로 바라보니 칠판 위에 마지막으로 남겨진 글씨가 희미하게 보였다.

분명 누군가가 여기에 있었다. 꿈을 꾸었고 배움을 이어가려 했고 작은 교실에서 친구들과 미래를 이야기했을 것이다. 하지만 이제 이곳에는 아무도 없다. 77년이라는 긴 세월 동안 수많은 학생이 이 학교를 다녔을 텐데, 이제는 한 명도 남아 있지 않았다. 마지막 학생이 졸업하고 나서야 학교는 문을 닫았다. 배구부가 전국대회에서 준우승을 차지했던 시절도 있었고 시끌벅적한 조회와 체육대회도 열렸을 텐데, 지금은 그 모든 것이 기억 속 이야기로만 남았다.

학교 앞에서 한참을 서 있었다. 운동장 한가운데 놓인 축구 골대는

"학교가 사라진다는 건 우리 마을이 사라지는 것과 같아요."

한쪽으로 기울어져 있었다. 마지막까지 이곳을 지켜온 교직원들이 정리하고 떠난 흔적이 남아 있었다. 행정실을 들여다보니 책상 위에 여전히 몇 장의 서류들이 흩어져 있었다. 모든 것이 마치 시간이 멈춘 듯한 기분이었다.

한쪽에서는 폐교 정리 작업이 진행 중이었다. 학교가 문을 닫는다는 것은 건물이 사라지는 일만이 아니다. 마을이 점차 사라져가는 과정과도 같다. 아이들이 떠나고 젊은 사람들이 육지로 나가고, 결국 이곳에서는 남은 이들만이 고요하게 삶을 이어간다.

이곳에 남아 있는 사람들은 폐교에 대한 아쉬움을 토로했다. 한 졸업생은 "학교가 사라진다는 건 우리 마을이 사라지는 것과 같아요"라고 말했다. 그는 이 학교에서 어린 시절을 보냈다. 친구들과 함께 교실에서 장난도 치고 운동장에서 뛰놀기도 했다. 그러나 그의 아이는 이곳에서 학교를 다닐 수 없었다. 젊은 부모들이 떠난 이유는 단순했다. 일자리도 교육 환경도 의료 시설도 부족했기 때문이다. 배를 타고 나가야 하는 생활은 점점 더 부담이 되었고, 그렇게 하나둘씩 마을을 떠났다.

학교는 단순히 배움의 공간이 아니다. 공동체가 모이고 세대가 이어지는 장소다. 이곳에서 사람들은 함께 생활하고 함께 자라고 함께 살아간다. 비안도 초등학교는 이제 더 이상 그 역할을 할 수 없다. 교사 한 명, 학생 한 명, 그리고 행정실 직원이 전부였던 마지막 몇 년 동안에도 이곳을 지켜온 이들은 있었다. 하지만 결국 학교 문을 닫는 것은 막을 수 없는 현실이 되어버렸다.

마을 주민들은 학생을 유치하기 위해 노력했다고 했다. 그러나 젊은 부부들이 이곳으로 돌아오는 일은 쉽지 않았다. 교육의 기회는 더 나은 곳에서 찾고 싶었고, 미래를 위해 어쩔 수 없이 도시를 선택해야 했다. 그렇게 마을의 인구는 점점 줄어들었고, 아이가 없는 학교는 존재할 이유를 잃었다.

폐교가 결정된 이후 주민들은 학교 건물이 어떻게 활용될지에 대한 이야기를 나누었다. 누군가는 문화 공간으로, 또 누군가는 체험학습장으로 만들자고 했지만 아직 확정된 것은 없었다. 학교가 없어졌다고 마을이 완전히 사라지는 것은 아니다. 하지만 더 이상 아이들이 뛰어놀지 않는 운동장은 그 자체로 커다란 상실감을 남긴다.

　학교가 있던 자리를 마지막으로 한 번 더 돌아보았다. 벽에는 아직도 "꿈을 키우는 학교"라는 문구가 남아 있었다. 그 문구가 이제는 공허하게 느껴졌다. 꿈을 꾸는 아이들이 없으면 그 문구도 의미를 잃는다. 교실을 둘러보니 칠판에 남겨진 글씨가 흐릿하게 지워지고 있었다. 마지막까지 이곳을 지켜온 교사들은 어떤 마음이었을까. 떠나는 날 교실 문을 닫으며 어떤 기분이었을까.

　마을을 떠나기 전 한 주민이 나를 붙잡고 말했다. "그래도 여기는 우리 고향이고 우리 학교였어요." 그의 목소리에는 깊은 애정이 묻어 있었다. 학교가 사라져도 그 기억까지 사라지는 것은 아니었다. 하지만 기억만으로는 현실을 바꿀 수 없다. 언젠가 이 마을에 다시 아이들이 돌아올 수 있을까. 이 학교가 다시 문을 여는 날이 올까. 쉽지 않은 일이지만 그래도 사람들은 여전히 그 가능성을 바라고 있었다.

　천천히 섬을 떠나는 배에 올랐다. 창밖으로 사라져가는 학교를 바라보았다. 이제는 아무도 다니지 않는 학교지만, 그곳을 기억하는 사람들이 있는 한 이 학교는 완전히 사라지지 않을 것이다. 하지만 오늘 나는 한 시대가 끝나는 장면을 목격했다. 학교가 닫히는 것은 단순한 행정 절차가 아니라, 그곳을 지나온 모든 사람들의 삶 한 조각이 사라지는 일이었다. 나는 바다를 건너며 그 무게를 깊이 느꼈다.

13
전기도 수도도 없는 마을

완주의 전기 없는 마을로 향했다. 한여름의 폭염 속에서 에어컨도 선풍기도 없이 지내는 일이 얼마나 힘든지 상상조차 되지 않았다. 하지만 우리 지역에는 아직도 전기가 들어오지 않는 마을이 존재하고 있었다. 전북특별자치도의 오지, 깊은 산속에 자리한 마을들. 나는 그곳의 현실을 직접 확인하고자 완주 소방서의 도움을 받아 현장으로 향했다.

완주 소방서의 소방대원들과 함께한 출발은 쉽지 않았다. 비가 많이 내려 계곡물이 불어나면서 진입이 어렵다는 연락을 받았다. "우천 시 개울이 범람해서 접근 자체가 불가능할 수도 있습니다." 소방대원들은 그곳이 얼마나 고립된 장소인지 설명해주었다. 도로는 포장되지 않았고 전기가 들어오지 않는 만큼 상하수도 시설도 갖춰지지 않았다. 나는 걱정을 안고 우선 마을 입구까지라도 가보자고 결심했다.

첫 번째 목적지는 동상면 신원리 밤목마을이었다. 길은 점점 좁아지고 비포장도로가 시작되었다. 차창 밖으로는 깊은 숲과 계곡이 펼쳐졌고 곳곳에 물웅덩이가 생겨 있었다. "여기서부터는 걸어가야겠네요." 소방대원 중 한 명이 말했다. 비가 계속 내리고 있어 계곡물이 불어나면 진입이 완전히 차단될 수도 있었다. 이곳 주민들은 단순히 전기 없는 생활을 하는 것이 아니라 계절과 날씨에 따라 고립될 위험까지 감수해야 하는 것이었다.

포장도로가 끝나는 지점에서 차량을 세우고 우리는 걸어서 마을을 향했다. 산길을 따라 한참을 오르자 드디어 인가가 보였다. 집들은 산속에 흩어져 있어 한눈에 들어오지는 않았다. 마을 주민을 찾기 위해 소방대원들과 함께 집을 두드려보았다. 마침 한 주민이 문을 열어주었다. 그는 태양광 패널이 설치된 집 앞에서 우리를 맞이했다.

"전기 없이 생활하시려면 많이 불편하시겠어요?" 내가 묻자 그는 담담한 표정으로 답했다. "불편하죠. 하지만 어쩌겠어요. 우리는 익숙해졌어요." 나는 집 안을 둘러보았다. 태양광 패널로 최소한의 전기를 공급받고 있었지만, 흐린 날이나 비 오는 날에는 전기 사용이 불가능했다. "이틀 전에도 하루 종일 비가 와서 전기가 하나도 없었어요. 밥도 못 짓고 불도 못 켜고."

이 마을에는 몇 가구가 살고 있을까? 주민은 손가락을 접어가며 세어보았다. "다섯 집, 많아야 여섯 집 정도 됩니다." 전기가 들어오려면 최소한의 거주 조건이 충족되어야 한다고 들었는데, 이곳은 아직도 기준을 충족하지 못한 상태였다. "한전에서도 몇 번 왔다 갔어요. 하지만 등기된 집이 적어서 어렵다고 하더라고요." 주민들은 전기 공급을 원하지만 행정적 절차와 비용 문제로 해결이 요원한 상태였다.

다음으로 향한 곳은 고산면 소양리 운문마을이었다. 이곳도 전기가 들어오지 않는 또 다른 마을이었다. 진입로 입구에는 피서객들의 차량이 가득해 마을까지 들어가는 길이 막혀 있었다. 결국 우리는 완주 소방서의 산악 구조대 차량을 이용해 들어가야 했다.

마을로 가는 길은 더욱 험난했다. 소방서에서 제공한 차량으로도 진입이 어려웠고 결국 도보로 이동해야 했다. 산길을 따라 한참을 걸어가

완주의 전기 없는 마을. 그곳에는 여전히 불이 밝혀지지 않는 밤이 이어지고 있었다.

니 집 몇 채가 보이기 시작했다. "여기가 마을입니다." 소방대원이 안내했다.

한 주민을 만났다. 그는 전기가 없다는 것에 대해 너무나 담담한 태도를 보였다. "없으면 없는 대로 사는 거죠." 하지만 그의 생활을 들여다보니 현실은 생각보다 더 힘들었다. 태양광 전기는 흐린 날이면 쓸 수 없었고, 냉장고를 돌릴 전력이 없어 식재료를 오래 보관할 수도 없었다. 세탁기는커녕 전기밥솥도 사용하지 못했다. "밥 지을 때는 발전기를 돌려야 해요. 전기가 없으니 아궁이에 불을 때기도 해요."

그에게 전기가 꼭 필요하냐고 물었다. 그는 망설임 없이 대답했다.

"그럼요. 전기가 들어오면 훨씬 편해지죠. 하지만 들어오려면 돈이 많이 든다잖아요." 정부 지원을 받을 방법은 없을까? "몇 번 문의했어요. 하지만 집이 많아야 한다고 하더라고요. 이 마을에는 사람이 많지 않아서 쉽지 않대요."

완주군에서는 전기 공급을 위해 노력하고 있다고 했다. 하지만 문제는 단순하지 않았다. 전선이 지나갈 땅이 모두 개인 소유지라 토지주들의 동의를 얻어야 하는데, 그것이 쉽지 않다는 것이었다. "사유지 문제로 인해 전선 설치가 어렵다고 하더라고요." 주민들은 기대하면서도 크게 달라질 거라는 희망을 품지 않는 듯했다.

소방서에서는 주민들에게 화재 예방을 위한 소화기를 지급하고 있었다. "전기가 없으니 화재 위험도 크죠. 불조심해야 합니다." 한 주민은 화재가 두 번이나 발생했다고 했다. "예전에는 바닥이 흙이었는데, 쥐가 구멍을 파서 불이 났어요. 지금은 시멘트 바닥이라 좀 낫긴 하지만 그래도 조심해야죠."

"여기서 계속 사실 건가요?" 주민들은 웃으며 대답했다. "그럼요. 이곳이 우리 고향이고, 우리 집이니까요."

완주의 전기 없는 마을. 그곳에는 여전히 불이 밝혀지지 않는 밤이 이어지고 있었다.

14
노인 고독사

군산의 한 어르신 댁을 찾았다. 요즘 혼자 사시는 어르신들의 삶이 더욱 힘들어지고 있다. 코로나19 이후로 외출도 줄고 사회와의 연결고리가 약해지면서 고독사 문제가 심각하게 대두되고 있었다. 전주시에서 운영하는 노인복지 서비스를 받고 계신 한 어머님을 만나 뵙기로 했다.

어머님은 문을 열며 반갑게 맞아주셨다. "어서 와요. 내가 이렇게 방송에 나오게 될 줄은 몰랐네." 밝게 웃으시는 얼굴 뒤에는 혼자 사는 세월의 흔적이 보였다. "혼자 사신 지 얼마나 되셨어요?"하고 물었다. 어머님은 조용히 과거를 되짚으시며 말씀하셨다. "중년이 지나고 나서부터 혼자 지낸 게 벌써 20년이 넘었지. 남편도 일찍 떠났고 아이들은 다들 멀리 살고 있어서 그냥 이렇게 혼자 지내고 있어."

어머님은 아침에 일어나면 집 주변을 한 바퀴 돌며 운동을 하신다고 했다. "운동을 해야 건강을 유지할 수 있잖아. 집에만 있으면 몸도 굳고 마음도 답답해지더라고." 하지만 최근 들어 건강이 예전 같지 않아 걱정이 많으셨다. "요즘은 다리가 자주 아프고 조금만 걸어도 숨이 차. 이러다가 갑자기 쓰러지는 거 아닐까 걱정도 돼. 혼자 있다가 그렇게 되면 어쩌나 싶어."

고독사 이야기를 꺼냈다. 최근에 혼자 사시는 어르신뿐만 아니라 중장년층에서도 고독사가 늘어나고 있다는 소식을 접했다. 어머님은 깊은 한숨을 쉬며 "뉴스 볼 때마다 마음이 아파. 나도 언젠가 그런 일이 생길까 무섭기도 하고. 사람이 외로워지면 몸도 마음도 약해지거든" 하고 말씀하셨다. 어머님은 다행히도 요양보호사 선생님과 복지관의 도움을 받고 있었다. "요양보호사 선생님이 와서 도와주고 복지관에서 도시락도 챙겨 주고 있어. 그래도 누군가가 날 찾아온다는 게 얼마나 고마운지 몰라."

인터뷰를 마치며 나는 어머님께 혼자 사시는 다른 어르신들께 해주고 싶은 말이 있으신지 여쭈었다. "무엇보다 건강이 중요하니까 운동을 꼭 해야 해. 그리고 사람들과 자주 이야기 나누는 게 좋아. 혼자 있으면 생각도 많아지고 우울해질 수도 있잖아. 가까운 이웃이랑 가끔 연락도 하고 복지관 같은 곳도 자주 다녀야 해." 어머님의 말에서 삶에 대한 강한 의지를 느낄 수 있었다.

요양보호사 선생님과도 이야기를 나눴다. "겨울철이라 더 걱정이 많으시죠?"라는 질문에 요양보호사 선생님은 "그럼요. 추운 날씨에 외출을 자제하시는 어르신들이 많아서 집에만 계시다 보면 우울증이 심해지시기도 해요. 저희를 기다리는 어르신들이 많죠. 혼자 계시는 게 익숙해지셨지만, 그래도 사람의 온기를 그리워하시는 분들이 대부분이거든요"라고 대답했다.

요양보호사 선생님들은 하루에 평균 두세 곳을 방문한다고 했다. "방문하면 말벗도 해드리고 집안 청소나 식사 준비도 도와드려요. 병원 동행도 자주 하고요. 가끔은 어르신들께서 혼자 계시다가 사고를 당하는 경우도 있어서 걱정이 많죠." 그녀는 한숨을 쉬며 말했다. "가장 안타까운 순간은 담당하던 어르신이 갑자기 세상을 떠나셨다는 소식을 들을 때예요. 그럴 때마다 더 자주 찾아뵙지 못한 게 죄송스럽고 마음이 참 무겁죠."

다음으로는 전주시 복지환경국의 민선식 국장과 이야기를 나누었다. 그는 1인 가구 증가에 따른 고독사 예방을 위해 전주시에서 다양한 정책을 추진 중이라고 했다. "전주에는 11만 4000여 가구가 1인 가구인데, 이 중에서 20대 청년부터 64세까지의 중장년층이 차지하는 비율도 상당합니다. 정부에서도 2020년에 고독사 예방법을 제정했고 작년부터 본격적으로 시행하고 있어요."

그는 전주시에서 추진하고 있는 '안심앱'에 대해서도 설명했다. "이 앱을 이용하면 혼자 사시는 분들의 핸드폰이 장시간 움직이지 않을 경우 자동으로 가족이나 지인에게 알림이 가는 시스템입니다. 이런 기술적 지원과 함께 지역 공동체가 함께 나서는 것도 중요합니다. 일본에서는 '문 두드리기 운동'이라는 것을 통해 외로운 이웃들이 사회와 연결될 수 있도록 하고 있어요. 우리도 그런 관심과 노력이 필요합니다."

마지막으로 전북노인복지협회의 박강수 회장을 만나 이야기를 들었다. 그는 고독사의 위험성을 강조하며 "요양보호사 선생님들이 정기적으로 방문해주시지만 가끔 연락이 닿지 않는 경우도 있습니다. 그런 경우에는 직접 찾아가 문을 두드려보기도 하죠. 한번은 어르신이 화장실에서 넘어져 계셨는데, 저희가 방문해서 발견하고 병원에 모셨던 적도 있어요. 그때가 아니었다면 정말 위험한 상황이었죠"라고 말했다.

박 회장은 또 다른 문제도 지적했다. "자녀들이 있어도 멀리 떨어져 지내면서 연락이 거의 없는 경우가 많아요. 결국 요양보호사나 복지사분들이 유일한 말벗이 되고 있습니다. 우리가 더 많은 관심을 가져야 합니다."

혼자 사시는 어르신들의 이야기를 듣고 나니, 단순한 외로움의 문제가 아니라 사회적 구조 속에서 해결해야 할 중요한 문제라는 생각이 들었다. 복지 서비스가 강화되고 있지만 여전히 사각지대에 놓인 사람들이 많았다. 무엇보다 중요한 것은 이웃 간의 관심과 연대였다. 관심 한 번, 말 한 마디가 누군가의 생명을 지킬 수도 있다는 사실을 다시금 깨닫는 하루였다.

15
벚꽃 엔딩 지방 대학

대학 캠퍼스는 여전히 활기차 보였지만 그 이면에 자리 잡은 현실은 결코 녹록지 않았다. 지역 대학이 겪고 있는 위기는 단순한 학교 문제를 넘어 지역 경제와 공동체의 지속 가능성까지 위협하는 중요한 사안이었다. RIS Regional Innovation System 사업 출범식을 취재하면서, 지역 대학과 지역 사회가 어떻게 함께 살아남을 것인가에 대한 고민을 다시 한 번 깊이 하게 되었다.

지난 몇 년간 수도권 대학 선호 현상은 더욱 심화되었고, 지방 대학은 점점 경쟁력을 잃어갔다. 학령인구 감소는 이미 예견된 일이었고, 이에 따른 대학 구조조정은 불가피한 현실이 되었다. 문제는 이것이 단순히 대학의 위기가 아니라는 데 있다. 대학이 사라지면 그 지역의 산업과 경제도 위축되고, 나아가 지역 공동체의 존속 자체가 위태로워질 수 있다. 전북대학교에서 열린 RIS 사업 출범식은 바로 이러한 위기 속에서 대학과 지역 사회가 함께 살아남기 위한 첫걸음이었다.

출범식에는 전북 지역의 여러 대학 총장들과 행정가, 기업인, 정치인, 시민단체 대표들이 한자리에 모였다. 이들은 한목소리로 지역 대학의 위기가 곧 지역 소멸의 위기로 이어질 수 있다는 점을 강조했다. 김보금 소비자정보센터 소장은 "지역 혁신 사업은 대학만의 문제가 아니라 지역 전체의 문제"라며 "지역에서 교육받고 취업하고 삶을 이어갈 수 있도록 하는 것이 이번 사업의 핵심"이라고 말했다. 단순히 대학이 생존하는 것이 아니라, 대학이 지역과 함께 성장할 수 있는 시스템을 만들어야 한다는 것이다.

대학은 단순한 교육 기관이 아니다. 지역 경제와 밀접하게 연결되어 있으며, 지역 인재를 키우고 기업과 협력하여 혁신을 이끌어가는 핵심 축이다. 하지만 현재의 대학 시스템은 지역과의 연계를 충분히 고려하지 않고 있다. 수도권 대학 선호 현상은 더욱 심화되었고, 지역 대학들은 우수한 학생들을 유치하는 데 어려움을 겪고 있다. 이는 곧 지역 기업들의 인력난으로 이어진다.

기업들은 지역 대학이 우수한 인재를 배출하지 못한다며 수도권으로 눈을 돌리고, 학생들은 좋은 일자리를 찾아 지역을 떠난다. 이러한 악순환 속에서 지역 경제는 점점 더 어려워지고, 지역 대학의 위기는 더욱 심화된다. RIS 사업은 바로 이 문제를 해결하기 위해 마련된 것이다. 전북대 김동원 총장은 "대학이 지역과 함께 성장하기 위해서는 기업과의 협력이 필수적"이라며 "이번 사업을 통해 지역 대학과 기업이 보다 긴밀하게 협력할 수 있는 기반을 마련하겠다"고 말했다.

실제로 RIS 사업은 지역 대학과 기업, 지방자치단체가 협력하여 산업 맞춤형 인재를 양성하고 지역 기업에 취업을 연계하는 것을 목표로 한다. 이는 단순한 대학 교육 개혁이 아니라 지역 전체의 경제 생태계를 변화시키는 중요한 사업이 될 수 있다. 원광대 박맹수 총장은 "이 사업이 성공하려면 지역 대학과 기업, 지자체가 함께 고민하고 협력해야 한다"며 "전북이 가진 산업적 강점을 살려 지속 가능한 지역 혁신 모델을 만들어야 한다"고 강조했다.

하지만 RIS 사업이 성공적으로 추진되기 위해서는 몇 가지 중요한 과제를 해결해야 한다.

첫째, 대학과 기업 간의 협력 체계를 보다 체계적으로 구축해야 한다. 현재 많은 기업들이 지역 대학 졸업생을 채용하는 데 소극적인 태도를 보이고 있다. 이는 지역 대학의 교육이 실무와 동떨어져 있다는 인식 때문이다. 따라서 대학은 기업이 원하는 인재를 양성할 수 있도록 교육 과정을 개편하고, 학생들이 졸업 후 바로 현장에서 활용할 수 있는 실무 역량을 갖추도록 해야 한다.

둘째, 정부와 지자체의 적극적인 지원이다. RIS 사업은 정부의 지원을 받아 추진되지만, 단순히 예산을 투입하는 것만으로는 문제를 해결할 수 없다. 지자체는 지역 대학과 기업 간의 협력을 촉진하고, 지역 인재들이 정착할 수 있도록 주거와 생활환경을 개선하는 데 힘써야 한다. 또한 대학을 졸업한 청년들이 지역에서 안정적으로 정착할 수 있도록 창업

지원과 일자리 연계 프로그램을 확대해야 한다.

셋째, 학생들의 인식 변화도 필요하다. 많은 학생들이 여전히 수도권에서 취업해야 성공할 수 있다는 고정관념을 가지고 있다. 하지만 지역에서도 충분히 좋은 일자리를 찾을 수 있으며, 지역 경제가 활성화되면 더 많은 기회가 생길 수 있다. 이를 위해서는 지역 기업들이 우수한 인재를 유치하기 위한 노력도 함께 이루어져야 한다.

전북대학교 총학생회장 창경수 씨는 "전북대 학생들도 수도권으로 취업을 나가는 경우가 많다"며 "지역 내에서도 좋은 일자리가 많아진다면 학생들이 굳이 서울로 가지 않아도 될 것"이라고 말했다. 이는 단순히 대학의 문제를 넘어 지역 사회 전체가 함께 고민해야 할 문제이다. 대학이 살아남으려면 지역이 살아야 하고, 지역이 살아남으려면 대학이 살아남아야 한다.

전북 지역의 한 중견기업 대표는 "기업이 성장하려면 지역 대학이 우수한 인재를 배출해야 하고, 지역 대학이 살아남으려면 지역 기업들이 적극적으로 협력해야 한다"며 "기업과 대학이 서로 성장할 수 있는 환경을 만들어야 한다"고 말했다. 이는 지역 대학과 기업, 지자체가 함께 고민해야 할 문제다.

이제 더 이상 지역 대학의 위기를 방관해서는 안 된다. RIS 사업은 단순한 대학 지원 사업이 아니라 지역 사회 전체의 생존이 걸린 문제다. 지역 공동체가 협력하여 대학과 기업, 지자체가 함께 성장하는 모델을 만들어야 한다. 그렇지 않으면 지역 대학은 점점 더 경쟁력을 잃고 결국 사라질 위기에 처할 것이다.

전북대학교에서 열린 RIS 사업 출범식은 단순한 행사 그 이상이었다. 이는 지역 대학과 지역 사회가 함께 살아남기 위한 첫걸음이었다. 이제 중요한 것은 이 첫걸음이 지속적인 노력으로 이어질 수 있도록 하는 것이다. 지역 대학의 미래는 지역 공동체의 미래와 직결되어 있다. 그렇기에 모든 구성원이 힘을 합쳐야 한다. RIS 사업이 전북 지역의 새로운 전환점이 될 수 있도록 대학과 기업, 지자체가 함께 나아가야 한다. 지금이 바로 그 변화를 만들어 나갈 때다.

〈패트롤 전북〉에서는 출범식을 개최하기 위해 전북대 김동원 총장과 원광대 박맹수 총장을 스튜디오에 초대해 여러 차례 방송을 통해 공감대를 확산시켰다. 뿐만 아니라 김동원 총장실에서 전북소비자연합 김보금 소장님과 각계 수장들과의 회의도 수차례 진행했다. 이러한 노력이 있어 출범식을 할 수 있었다. 이 글을 빌려 감사의 인사를 드리고 싶다.

16
외국인 계절노동자

농촌으로 향하는 길, 창문을 열자 공기가 상쾌했지만 마음 한편은 무거웠다. 최근 뉴스에서 농촌 인력 부족 문제를 다룬 기사를 접했지만 막연히 '어려운가 보다' 하고 지나쳤던 것이 사실이다. 이번 취재를 통해 직접 그 현장을 마주하며 농촌이 단순한 일손 부족이 아니라 구조적 붕괴

위기에 처해 있다는 것을 깨닫게 되었다.

도착한 곳은 순창군 복흥면의 한 마을. 논과 밭이 끝없이 펼쳐져 있었지만, 마을 분위기는 한산했다. 농번기라면 사람들이 분주하게 움직여야 할 텐데 조용한 농촌의 모습이 이상할 정도였다.

첫 번째로 만난 농민은 사과 농사를 짓고 있었다. 햇볕에 그을린 얼굴, 흙 묻은 손, 깊게 팬 주름이 그의 삶을 말해주고 있었다. 그는 요즘 혼자 농사를 짓는다고 했다. "예전에는 그래도 계절노동자들이 있어서 일손이 좀 나았어요. 그런데 이제는 그마저도 없어졌어요. 사람을 구하려고 해도 구할 수가 없어요." 농촌의 현실이 단순히 '힘들다'의 문제가 아니라는 것을 알게 되었다.

그는 한숨을 내쉬며 사과나무를 가리켰다. "나무마다 전부 손이 가야 해요. 수확 철에는 하루 종일 사다리를 오르락내리락해야 하고 가지치기도 해야 하고 병충해 방제도 해야 하죠. 기계로 할 수 있는 일이 아니에요. 그런데 이렇게 중요한 일을 할 사람이 없어요. 다들 도시로 가버렸거든요."

특히 계절노동자를 구하기가 어렵다고 했다. 외국인 근로자를 고용하고 싶어도 행정 절차가 복잡하고 비용도 만만치 않다고 했다. "외국인 노동자도 4대 보험을 들어줘야 하고 숙소도 제공해야 하고 식사도 챙겨야 해요. 한 사람당 한 달에 350만 원 정도가 들어가요. 그런데 농사는 1년 내내 돈을 버는 게 아니잖아요. 수확 철 몇 달 동안만 필요한데, 그 비용을 감당하기가 쉽지 않죠." 결국 그는 가족들과 함께 농사를 지을 수밖에 없다고 했다. "하지만 가족도 나이가 들잖아요. 이렇게 계속 가다가 우리

세대가 끝나면 농사는 누가 짓겠어요?"

비단 그만의 이야기가 아니었다. 다른 농가를 찾아가면서도 같은 문제를 반복해서 들었다. 김제의 쌈채소 농민은 "우리 마을엔 젊은 사람이 없어요. 다들 70대, 80대 어르신들이죠. 그런데 농사는 계속 지어야 하니까, 어르신들이 힘들어도 계속하시는 거예요. 하지만 몇 년 후에는 그마저도 불가능해질 거예요"라고 말했다.

그는 외국인 노동자를 고용하고 싶어도 그조차 쉽지 않다고 했다. "외국인 노동자라고 해서 싼 게 아니에요. 오히려 더 비싸요. 게다가 불법 체류를 목적으로 들어오는 사람들도 많아서 자고 나면 사라지는 경우도 있어요. 그러면 우리는 그 빈자리를 어떻게든 메워야 하는데 정말 막막하죠."

순창의 한 마을 이장을 만나보니 그는 농촌의 인력 문제를 이렇게 정리했다. "사람이 없으니 일을 맡길 수가 없고, 일을 맡길 사람이 없으니 농사를 포기하는 농가가 늘어나고 있어요. 악순환이에요." 그는 정부의 인력 지원 정책이 현실과 맞지 않는다고 지적했다. "농촌 일자리는 계절성이 강한데 정부 정책은 그걸 반영하지 못하고 있어요. 계절근로자들이 꼭 필요한 시기에 안정적으로 올 수 있어야 하는데 지금은 그런 시스템이 없어요."

정부와 지자체도 문제를 해결하려 하고 있었다. 순창군 관계자는 계절노동자 제도를 확대하고 외국인 노동자들을 위한 숙소 지원을 늘리겠다고 했다. 하지만 문제의 본질은 단순히 숙소를 제공하는 것이 아니라, 지속 가능한 농업 구조를 만드는 데 있었다. "사람이 없으면 결국 기계로

해야 하는데, 기계를 도입하려면 초기 비용이 많이 들죠. 하지만 기계가 해결할 수 없는 일도 많아요. 결국 농업을 지속 가능하게 만들려면 농업 자체가 매력적인 산업이 되어야 해요."

농촌의 일자리가 점점 기피되는 이유는 단순히 힘든 노동 때문만이 아니었다. 그는 "요즘 젊은이들은 3D 업종이라고 해도 돈을 많이 주면 가잖아요. 그런데 농업은 돈을 많이 주기도 어렵고 일 자체가 불안정해요. 수확 철에는 일이 넘치지만 비수기에는 일이 없거든요. 그래서 안정적인 직업으로 보기 어려운 거죠"라고 말했다.

이 문제를 해결하려면 농업이 단순히 '힘든 일'이라는 이미지를 벗어나야 한다. 도시에서 안정적인 삶을 보장받는 것처럼, 농촌에서도 최소한의 안정성이 보장되어야 한다. 이를 위해 기본소득 개념을 도입하거나, 농민들에게 더 많은 복지 혜택을 제공하는 것도 하나의 방법이 될 수 있다. 농업이 단순히 '생산'의 역할을 넘어 '국가 안보'의 문제로도 연결된다는 사실을 고려한다면, 농업을 국가적으로 보호해야 할 필요성도 분명해진다.

한 농부의 마지막 말은 "우리는 이 일을 포기하지 않을 거예요. 농사는 그냥 직업이 아니니까요. 우리 삶이죠"였다. 그는 웃으며 말했다. 하지만 그의 웃음 뒤에는 깊은 고민이 엿보였다. 지금 농업을 지탱하는 것은 기술이나 정책이 아니라 그들 같은 농민들의 끈기였다. 하지만 이대로 가면 그들이 모두 은퇴한 후에는 누가 이 땅을 지켜낼 것인가.

농업은 단순한 산업이 아니다. 그것은 우리의 식탁을 지키는 최후의 보루이며, 국가의 미래를 결정짓는 중요한 요소다. 이 문제를 더 이상 농민들의 몫으로만 남겨둬서는 안 된다. 지속 가능한 농업, 안정적인 인력 공급, 그리고 농민들의 삶의 질을 보장하는 정책이 절실하다.

17
선유도초등학교 휴교

교실이 텅 비어버린 학교로 왔다. 한때 아이들의 웃음소리로 가득했을 운동장에는 바람만이 휑하게 불고 있었다. 교실 창문 너머로 보이는 풍경도 달랐다. 분명 이곳에서 수많은 아이들이 함께 공부하며 성장했을 텐데, 지금은 누구도 앉아 있지 않은 책상과 의자들만 덩그러니 남아 있다.

선유도초등학교. 1946년에 개교해 오랜 역사를 지닌 이 학교는 결국 올해부터 휴교라는 이름 아래 문을 닫았다. 마지막으로 남아 있던 학생 세 명마저 무녀도초등학교로 전학을 가며, 선유도초등학교는 더 이상 아이들의 배움터가 되지 못했다. 나는 이곳에 남아 있는 주민들과 교육 관계자들을 만나 그들이 이 현실을 어떻게 받아들이고 있는지 이야기를 들어보기로 했다.

학교를 안내하던 관계자는 한숨을 쉬며 말했다. "1학년부터 6학년까지 한 학년에 한 명씩만 있어도 여섯 명인데, 이제는 전교생이 세 명도 되지 않으니 문을 닫을 수밖에 없었어요." 교실들은 비어 있었고 과학실과 보건실도 그대로 남아 있었다. 그러나 이 공간을 사용할 아이들은 이제 없었다. 운동장은 아직도 깨끗이 정리되어 있었고, 교실 벽에는 알록

달록한 그림들이 붙어 있었다. 이곳에 더 이상 아이들이 뛰어놀지 않을 것이라는 생각에 마음이 무거워졌다.

학교의 폐교 소식은 마을 사람들에게도 깊은 쓸쓸함을 남겼다. 선유도는 아름다운 바다를 품고 있는 관광지이지만, 정작 이곳에서 나고 자란 아이들은 더 이상 이곳에서 학교를 다닐 수 없게 되었다. 한 주민은 이렇게 말했다. "젊은 친구들이 관광산업에 종사하고 있지만, 자녀들을 키우려면 결국 시내로 나갈 수밖에 없어요. 교육 환경이 열악하니까요." 아이를 키울 수 있는 환경이 마련되지 않으면 자연스럽게 젊은 세대가 떠날 수밖에 없고, 그 결과로 학교는 문을 닫게 되는 것이다.

한때 선유도초등학교는 고군산군도에서 가장 오래된 학교 중 하나였다. 이제 그 역사는 멈추고 말았다. 학교가 문을 닫는다는 것은 단순히 교육 시설이 사라진다는 의미가 아니다. 이는 마을의 미래가 사라진다는 것을 의미한다. 아이들이 없는 마을은 결국 고령화될 수밖에 없고, 젊은 세대가 떠난 곳에는 활력이 사라진다.

그렇다면 정말 방법이 없었던 것일까? 한 주민은 "서울에서는 농촌 유학 프로그램을 운영하고 있는데, 어촌에도 비슷한 시스템을 도입하면 좋지 않을까요?"라고 말했다. 실제로 몇몇 농촌 지역에서는 도시 학생들을 받아들이는 '농촌 유학' 제도를 운영하고 있다. 이를 통해 농촌 학교의 학생 수를 유지하고, 아이들에게 색다른 교육 경험을 제공하기도 한다. 어촌에서도 비슷한 방식으로 해양 생태 교육을 접목한다면 선유도 같은 지역에서도 학교를 유지할 수 있지 않을까?

하지만 이런 해결책이 논의되기에는 이미 너무 늦어버린 감이 있었다. 주민들은 아쉬움을 토로하면서도 현실을 받아들이는 분위기였다. "학교가 사라진다고 해서 마을이 곧바로 없어지는 것은 아니지만, 장기적으로 보면 분명 큰 영향을 미칠 겁니다."

선유도 마을 이장님을 만나 이야기를 나눴다. 그는 마을의 교육 문제에 대해 깊이 고민하고 있었다. "학교가 있다면 사람들이 귀농하고 귀촌하고 이곳에서 아이를 키울 수도 있을 텐데, 학교가 없으면 그런 선택을 하기가 어려워요. 선유도에는 이미 외지 사람들이 많이 들어와 있지만 교육 문제는 여전히 해결되지 않고 있습니다."

하지만 마을 주민들 사이에서도 의견이 나뉘었다. "학교가 이곳 중심에 있다 보니 다양한 건축 행위가 제한되고 상권이 활성화되지 않는 것도 문제예요." 결국 학교가 유지되어야 한다는 의견과 마을의 경제적 발전을 위해서는 학교의 폐교가 불가피하다는 의견이 맞서는 상황이었다.

학교가 문을 닫는다는 것은 곧 마을이 쇠락한다는 뜻일까? 모든 지역이 그런 것은 아니다. 어떤 지역들은 폐교된 학교를 활용해 마을 공동체 공간으로 만들기도 한다. "학교가 사라지는 대신에 이곳을 교육과 체험 공간으로 활용하면 어떨까요?" 한 주민의 말처럼 선유도 같은 곳에서는 해양 교육을 접목한 체험 학습장이 될 수도 있다.

나는 무녀도초등학교로 이동했다. 이곳은 선유도초등학교에서 전학 온 학생들을 받아들여 이제 전교생이 열한 명으로 늘었다. 하지만 무녀도초등학교 역시 상황이 안정적인 것은 아니었다. 올해 1학년 신입생이 한 명도 없었고, 몇 년 뒤에는 학생 수가 다시 감소할 가능성이 컸다.

장인선 교장 선생님은 "다른 지역에 비해 유치원이 있어서 그나마 신입생이 이어지고 있지만, 학생 수 감소가 계속될 경우 학교 운영이 어려워질 수도 있습니다"라고 말했다. 학교가 작은 만큼 교육 방식도 다를 수밖에 없었다. "큰 학교들은 전담 교사가 있지만 우리는 음악, 미술, 체육 같은 수업을 통합해서 진행합니다. 방과 후 활동도 전교생이 함께하는 방식이죠."

학교가 사라지면 교사의 자리도 줄어든다. 과거에는 교육대학교가 인기 있는 진로였지만 이제는 상황이 달라졌다. "교대 경쟁률이 점점 낮아지고 있어요. 학생 수가 줄어드니 임용고시에 합격해도 발령을 받지 못하는 경우가 늘어나고 있죠. 서울에서도 작년에 100명 이상이 임용 대기 상태로 남아 있다고 합니다." 교사라는 직업의 안정성도 점점 흔들리고 있었다.

어려운 현실임에도 교장 선생님은 무녀도초등학교의 가치를 강조했다. "이곳에서는 모든 아이들이 형제처럼 지내요. 작년에는 전교생이 마라톤 대회를 함께 준비해서 5킬로미터를 완주했어요. 작은 학교지만 아이들에게 특별한 경험을 줄 수 있는 환경입니다."

전라북도 교육청 관계자를 만나 소규모 학교에 대한 정책 방향을 들었다. "학교는 단순히 지식을 배우는 곳이 아니라 사회성을 기르고 인성을 배우는 곳입니다. 학생 수가 너무 적으면 이러한 교육적 기능이 약해질 수밖에 없어요."

교육청은 현재 작은 학교를 살리기 위해 '농촌 유학'과 '특성화 교육'을 추진하고 있다. 하지만 현실적으로 학생 수 감소 속도를 따라잡기 어려운 상황이다. "무작정 학교를 유지할 수는 없습니다. 폐교 후에도 마을이 살아남을 수 있도록 대안을 마련하는 것이 중요합니다."

교육은 지식을 가르치는 것만이 아니라 공동체를 유지하는 힘이기도 하다. 작은 학교들이 사라지는 것은 단순한 숫자의 변화가 아니라 한 시대의 변화다.

18
안전한 스쿨존

내가 서 있는 곳은 스쿨존이다. 어린아이들이 통학하는 길. 부모들이 아이의 손을 꼭 잡고 건너는 횡단보도, 등하굣길에 아이들보다 훨씬 빠른 속도로 질주하는 자동차들, 그리고 이곳에서 벌어졌던 크고 작은 사고들. 스쿨존은 '보호구역'이라 불리지만, 정말 보호받고 있는 공간인지 의문이 드는 곳이기도 하다.

안전을 위한 법과 제도는 계속해서 생겨나지만 정작 현장은 여전히 위태롭다. 나는 이곳에서 아이들의 작은 목소리를 듣고, 그들의 시선으로 위험을 바라보고, 어른들이 놓치고 있는 것들을 찾았다.

내가 가장 먼저 찾은 곳은 전주에서 100년의 역사를 지닌 우전초등학교였다. 이곳에서는 특별한 일이 있었다. 초등학생들이 스스로 통학로의 위험을 알리고 개선을 요청하는 편지를 완산구청에 보냈다. 그 편지를 쓴 학생들을 직접 만나 이야기를 나눴다.

우전초 6학년 박민서 학생은 "5학년 국어 교과서에서 학생들이 학교 문제를 해결하기 위해 편지를 쓰는 이야기를 보고, 우리 학교도 직접 건의할 수 있겠다는 생각을 했어요"라고 말했다. 한 번도 행정기관에 의견을 내본 적 없던 초등학생들이 교장 선생님의 순찰을 보며 용기를 얻고, 직접 행동에 나선 것이다.

"통학로가 너무 위험했어요. 사각지대가 많고, 신호가 없는 곳이 많아서 차들이 그냥 다녀요. 우리가 직접 해결해야겠다고 생각했어요."

함께 편지를 쓴 김연우 학생도 이 과정이 특별했다고 말했다. "구청과 시청이 뭔지도 잘 몰랐어요. 그런데 우리가 건의하니까 답변도 오고 실제로 도로가 바뀌었어요. 우리보다 어린 동생들이 안전하게 학교에 다니는 걸 보니까 정말 뿌듯했어요." 아이들의 목소리는 현실을 바꿨고 통학로 일부가 개선됐다.

하지만 아직도 위험한 곳이 남아 있었다. "길이 너무 험하고 공사도 덜 끝나서 아직도 불편한 부분이 있어요." 아이들은 이렇게 직접 변화를 만들어내면서도 여전히 어른들의 도움이 필요하다고 말했다. "아이들이 많은 곳에서는 운전자들이 더 조심해야 해요. 그리고 어른들이 먼저 관심을 가져줬으면 좋겠어요."

학교 주변을 걸어보았다. 도로는 넓었고 신호등은 부족했다. 사거리에 서 있는 동안 신호가 바뀌었는데도 차들은 속도를 줄이지 않고 그대로 달려갔다. 학교 관계자를 만났다. "이곳은 카메라가 없어요. 그래서 제한속도가 있지만 지켜지지 않는 경우가 많아요." 아이들이 건너야 하는 횡단보도 앞에서도 자동차들이 멈추지 않았다. 제한속도 표시가 있긴 했지만 속도를 줄이는 차량은 거의 없었다.

"사실 정작 카메라가 필요한 곳은 여기인데, 저기 한참 지나서 있어요." 학교 관계자의 말에 나는 다시 한 번 현장을 살펴보았다. 아이들은 매일 이 길을 건너야 했다. 운전자의 눈에는 단순한 도로일지 몰라도, 아이들에게는 생명을 걸고 건너야 하는 공간이었다.

다행히도 일부 개선이 이루어진 곳도 있었다. "이곳은 비가 오면 물이 고여서 아이들이 옷을 다 버리고 다녔어요. 이제는 배수로가 정비됐고 도로도 다시 포장됐어요." 학교 후문 쪽은 확실히 이전보다 안전해 보였다.

그럼에도 여전히 개선이 필요한 곳들이 남아 있었다. "여기 신호등 하나만 더 있었으면 좋겠어요. 하지만 행정에서는 설치가 어렵다고 했어요." 필요한 곳에 설치되지 못하는 신호등, 미끄러운 도로, 여전히 불안한 통학길. 바뀌어야 할 것들은 많았고, 그만큼 해결해야 할 문제도 많았다.

그런데 이 위험한 통학로에서 '길'을 내준 사람들이 있었다. 그 주인공은 박주연, 김지연 부부였다. 이들은 자신들의 가게 한가운데를 통학로로 내어주었다. "원래는 가게를 통으로 지으려고 했어요. 그런데 아이들이 위험할 것 같아서 그냥 길을 내주기로 했죠." 아이들이 지나갈 수 있도록 가게의 설계를 바꾸고 길을 만들었다. 처음에는 단순한 부모의 마음이었는데, 이 작은 결정이 아이들의 안전을 지키는 중요한 역할을 하게 되었다.

"아침마다 아이들이 지나가는 모습을 보면 기분이 좋아요. 1학년이던 아이가 3학년이 되고 졸업하는 모습을 보면 뿌듯해요."

하지만 이 길을 유지하는 것은 쉬운 일이 아니었다. "10년 동안 수없이 보수를 했어요. 나무 데크가 망가지면 직접 고치고, 손상이 생기면 다시 수리하고." 그동안 아무런 지원도 받지 못했지만 그들은 묵묵히 이 길을 지켜왔다. 최근에서야 행정이 이 사실을 알고 지원 방안을 마련하고 있다고 했지만 그들은 큰 기대를 하지 않는 듯 보였다. "우리는 그냥 아이들이 안전하게 다닐 수 있으면 돼요. 남의 집 아이도 내 아이처럼 생각하면 자연스럽게 이렇게 하게 돼요."

스쿨존에서 일어난 수많은 사고들을 떠올렸다. '민식이법'이 만들어진 계기가 된 사고, 그리고 최근 전주에서 발생한 비극적인 사고들. 사고가 발생한 후에야 안전 대책이 논의되고, 뒤늦게 개선이 이루어지는 현실.

"사고가 난 후에야 조치를 취하는 게 아니라 사고가 나기 전에 예방해야 합니다." 전북 안전재단 대표는 이렇게 말했다. "스쿨존에 펜스가 있지만 차량 충격을 막을 정도로 튼튼하지 않아요. 강도를 높여야 합니다. 그리고 음주운전 사고는 더욱 강력하게 처벌해야 합니다." 실제로 스쿨존에서 발생한 사고 중 많은 경우가 음주운전과 관련이 있었다. 하지만 여전히 낮에도 음주운전을 하는 사람들이 있었고, 스쿨존의 안전 대책은 여전히 부족했다.

스쿨존은 정말 보호구역인가? 아이들이 직접 나서야만 바뀌는 현실, 사고가 나서야 비로소 어른들이 관심을 갖는 시스템, 그리고 여전히 아이들을 위협하는 운전자들. 이 모든 것들이 과연 제대로 된 '보호'라고 할 수 있을까? 아이들은 안전을 '요청'하는 것이 아니라 당연히 보호받아야 한다. 하지만 현실에서는 아이들이 직접 건의를 해야 하고, 행정이 뒷북을 치고, 어른들이 사고가 난 후에야 뒤늦게 대책을 마련한다.

19
자전거도로 조성 중 중단

전주의 백제대로다. 이곳은 전주의 주요 도로 중 하나로, 전주시가 자전거도로를 조성하려던 계획이 있었다. 하지만 시민들의 반발과 논란 속에서 공사가 중단되었다. 시는 시민 의견을 수렴하는 과정에 들어갔다.

백제대로에 서자 도로는 여느 때와 다름없이 분주했다. 왕복 10차선 도로 위로 차량들이 빠르게 지나가고 있었다. 가까이 가서 들여다보니 차선 한쪽에는 미완성된 자전거도로의 흔적이 남아 있었다. 나는 먼저 환경운동연합의 문지연 사무처장을 만나 이야기를 나누었다.

"이곳은 원래 5차선이었는데, 4차선으로 줄이고, 한 차선을 자전거도로로 조성하려던 계획이었습니다. 하지만 시민들의 반발이 이어져 공사가 중단된 상황입니다." 문 사무처장의 말처럼 공사가 진행되던 동안 차선을 줄이는 과정에서 출퇴근 시간대 교통 체증이 발생했다. 시민들 사이에서는 도로 축소가 오히려 불편을 초래한다는 반발이 커졌다.

하지만 환경단체에서는 자전거도로의 필요성을 강조했다. "자전거 이용을 활성화하고 탄소 배출을 줄이는 것은 시대적 과제입니다. 전주처럼 대중교통 인프라가 부족한 도시에서는 자전거가 중요한 교통수단이 될 수 있어요."

그의 말에 공감하면서도 나는 반대 의견도 들어보기로 했다. 전주시의회 최서연 시의원과 만나 이야기를 나누었다. "자동차를 운전하는 시민들에게는 도로 한 차선을 빼앗긴 느낌이겠죠. 하지만 자전거 이용자들에게는 도로가 없으면 안전하게 다닐 방법이 없습니다."

최 의원은 자전거도로가 단순한 편의 시설이 아니라, 전주의 교통 문제를 해결하기 위한 하나의 전략이라고 설명했다. 그러나 시의 계획이 충분한 공론화 과정을 거치지 않고 추진되었기에 갈등이 빚어진 것이라고 덧붙였다. "교통 체증을 해결하기 위해서는 자동차와 자전거, 대중교통이 균형을 이루어야 합니다. 하지만 시민들의 의견을 충분히 반영하지 않은 상태에서 공사가 시작되었기 때문에 반발이 클 수밖에 없죠."

나는 직접 자전거를 타고 백제대로를 달려보기로 했다. 환경운동연합의 문 사무처장이 함께했다. 도로 위에서 자전거를 타는 것은 결코 쉬운 일이 아니었다. 차량들은 빠르게 지나가고, 자전거도로는 완성되지 않은 상태였다. 도로 한쪽에 자전거도로 표시가 없기 때문에 차량과 자전거가 혼재된 상황에서 위험이 도사리고 있었다.

한편 시민들 사이에서도 의견이 엇갈렸다. 자전거 이용을 적극적으로 지지하는 시민들은 "전주처럼 도로가 넓은 도시는 자전거도로를 조성하기 좋은 조건"이라며 찬성했다. 반면에 자전거를 이용하지 않는 시민들은 "교통 체증이 심한 도시에 차선을 줄이는 것은 현실적이지 않다"며 반대했다.

전주시의 공론화 과정은 앞으로 어떻게 진행될까? 전주시 대중교통과 이영섭 과장을 만나 이야기를 들어보았다. "처음부터 논란이 없었던 것은 아닙니다. 하지만 시민들의 반발이 예상보다 컸고, 특히 상인들의 반대가 거셌습니다. 차량 통행이 줄어들면서 매출이 감소할 것이라는 우려가 컸죠."

이 과장은 자전거도로 조성의 필요성에 대해서는 인정하면서도, 시민들의 의견을 충분히 반영하는 과정이 필요하다고 말했다. "공론화 과정을 거쳐 시민들이 납득할 수 있는 해결책을 마련할 예정입니다."

이번 논란을 통해 공공 정책이 성공하기 위해서는 단순히 좋은 계획을 세우는 것만으로는 충분하지 않다는 사실을 확인했다. 시민들의 의견을 반영하고 그들과 충분히 소통하는 과정이 필요하다. 백제대로 자전거도로 조성 문제는 단순한 교통 정책이 아니라, 전주시가 나아가야 할 방향성과 관련된 중요한 이슈다.

백제대로에서 기린대로로 이동하며 기존의 자전거도로가 얼마나 효율적으로 운영되고 있는지도 살펴보기로 했다. 기린대로의 자전거도로는 비교적 잘 정비되어 있었지만 여전히 개선이 필요한 부분이 많았다. 특히 보행자와 자전거 이용자 간의 충돌 위험이 많았고, 차량과의 접점에서도 안전 문제가 발견되었다. 이러한 문제를 해결하기 위해서는 단순히 자전거도로를 설치하는 것에 그치지 말고 이를 효율적으로 운영할 시스템을 마련해야 했다.

그렇다면 전주시가 앞으로 가야 할 방향은 무엇일까? 몇 가지 해결책을 고민해보았다.

첫째, 자전거도로 조성을 둘러싼 갈등을 해결하기 위해 더 적극적인 시민 공론화 과정이 필요하다. 시민들이 충분히 논의하고 합의할 수 있는 과정을 거쳐야 한다. 자전거도로의 필요성을 알리고, 차량 운전자와 보행자의 우려를 해소할 수 있는 방안을 마련해야 한다.

둘째, 자전거도로가 단순한 교통수단이 아니라 도시의 지속 가능한 발전을 위한 필수 요소임을 시민들에게 인식시켜야 한다. 이를 위해 공공 캠페인과 홍보를 강화하고, 시민들이 자전거를 더욱 편리하게 이용할 수 있는 환경을 조성해야 한다.

셋째, 기존 자전거도로의 개선이 필요하다. 기린대로처럼 이미 설치된 자전거도로도 지속적인 점검과 보완이 이루어져야 한다.

보행자와 자전거 이용자, 차량 운전자 모두가 안전하게 도로를 이용할 수 있도록 하는 것이 핵심이다. 단순히 한 차선의 문제를 넘어 전주시의 미래 교통 정책과 시민의 삶의 질을 결정짓는 중요한 논의가 될 것이기 때문이다. 더 많은 시민들의 목소리를 듣고, 이를 반영할 수 있도록 하는 것이 진정한 공공 정책의 역할이 아닐까.

20
수신료와 공영방송의 가치

사실 이번 주제는 나에게도 불편한 이야기다. 하지만 나 개인의 입장을 떠나 공영방송 KBS의 수신료에 대한 공적 가치를 논하는 것이 더 중요하다고 생각했다. 최근 정부가 수신료 분리징수를 추진하면서, 단순히 납부 방식의 변화만이 아니라 공영방송의 역할과 미래에 대한 논의가 필요해졌다. 그렇다면 KBS는 어떤 방향으로 나아가야 할까? 그리고 우리는 수신료의 가치를 어떻게 바라봐야 할까?

첫 번째 인터뷰 대상은 지역 시민사회 단체의 대표였다. 그는 정부가 추진하는 개정안이 절차적으로 졸속이며, 공론화 과정이 부족했다고 지적했다. 특히 지역의 공영방송이 공공성을 유지하면서 지역 사회의 다양한 목소리를 대변해온 역할을 강조했다. 그는 이렇게 말했다. "지역 방송이 없다면 지역의 목소리를 누가 들어주겠습니까? 지방선거, 재난 정보, 지역의 문화와 역사를 기록하는 것이야말로 공영방송의 중요한 기능인데, 이런 부분을 고려하지 않고 시행령을 밀어붙이는 것은 문제가 있습니다."

사실 공영방송의 역할을 이해하지 못하는 국민들도 많다. 수신료 2500원은 오랜 세월 인상되지 않았지만, 그 가치는 단순한 금전적 가치 이상이다. KBS는 전국적으로 재난 방송을 가장 먼저 송출하며, 공적 서비스로서 역할을 수행해왔다. 하지만 이런 공적 가치를 제대로 설명하지 못한 것도 우리의 책임이 아닐까?

다음으로 만난 이는 지역 신문 기자였다. 그는 전혀 다른 시각을 가지고 있었다. "공영방송이 필요하다면 그 가치를 인정하는 사람들만 비용을 지불하는 것이 맞지 않습니까? 지금은 미디어 환경이 다양해졌고 사람들이 굳이 KBS를 보지 않아도 정보는 넘쳐납니다." 그는 KBS가 독점적 지위를 이용해 강제적으로 수신료를 징수하는 것은 불합리하다고 주장했다. "수신료라는 개념이 있었던 시절과 달리 이제는 다양한 미디어가 존재하는데 왜 특정 방송사에만 국민들이 의무적으로 돈을 내야 합니까?"

과거처럼 TV가 주요한 정보 매체가 아닌 시대가 되었다. 젊은 세대는 TV를 거의 보지 않으며 유튜브나 OTT 플랫폼을 통해 정보를 소비

한다. 이런 상황에서 수신료를 일률적으로 부과하는 것이 과연 공정할까? 반대로 수신료가 폐지된다면 공영방송이 유지될 수 있을까? KBS와 EBS가 수행하는 교육 및 재난 방송 역할은 어떻게 될까?

세 번째 인터뷰 대상은 방송통신심의위원 출신의 교수였다. 그는 수신료의 본질을 짚어주었다. "수신료는 단순한 수신료가 아닙니다. 이는 공영방송을 운영하기 위한 공공 재원으로 방송법에 명시된 특별부담금입니다." 그는 과거 수신료 납부 거부 운동과 관련된 역사도 언급하며, 공영방송이 정치권력의 영향을 받아왔던 문제를 지적했다. "공영방송이 정치적 독립성을 확보하지 못하면 국민의 신뢰를 얻기 어렵습니다. 하지만 그렇다고 해서 공영방송을 없애거나 약화시키는 것이 해결책이 될까요?"

그의 말에서 중요한 점을 발견했다. 공영방송의 신뢰 회복과 정치적 독립이 선행되지 않는다면 국민들의 반감을 돌리기는 어려울 것이다. 수신료가 정당성을 가지려면 KBS 스스로 공적 가치를 더 강화하고 투명성을 확보해야 한다. 이를 위해 KBS가 해야 할 일은 무엇일까?

첫째, 국민들에게 공영방송의 역할과 가치를 제대로 설명해야 한다. 단순히 "우리가 공영방송이니까 돈을 내야 한다"는 논리가 아니라, 수신료가 왜 필요한지를 명확히 전달해야 한다. 수신료가 폐지되거나 대폭 삭감될 경우 지역 뉴스, 재난 방송, 교육 콘텐츠가 사라질 위험이 있다는 점을 강조해야 한다.

둘째, 내부 혁신이 필요하다. 공영방송이 정권에 휘둘리는 모습을 보여서는 안 된다. 독립적인 편집권을 유지하고 불필요한 예산 낭비를 줄이며, 수익성보다는 공공성을 우선시하는 조직 문화가 자리 잡아야 한다. 지역 방송과의 협업을 강화하고 다양한 미디어 환경 속에서도 공적 가치를 실현할 방안을 찾아야 한다.

셋째, 새로운 재원 조달 방안을 고민해야 한다. 단순히 기존 방식의 수신료 징수를 유지하는 것이 아니라, 시대에 맞는 공영방송 재원 조달 모델을 개발해야 한다. 해외 사례를 참고하여 정부 지원, 시청자 후원, 기업 협찬 등을 조합한 복합적인 재정 모델을 구축할 필요가 있다.

다양한 목소리를 들었다. 공영방송이 유지되어야 한다는 입장, 변화해야 한다는 입장, 그리고 폐지해야 한다는 입장까지. 한 가지 분명한 것은 공영방송의 역할이 사라진다면 가장 큰 피해를 보는 것은 결국 국민이라는 점이다. 수신료 논란을 계기로 우리가 원하는 공영방송의 방향을 다시 한 번 고민해볼 때가 아닐까?

21
전통시장 청년몰 쇠퇴

전주 남부시장에 도착했을 때 가장 먼저 눈에 들어온 것은 한산한 분위기였다. 과거에는 활기가 넘쳤던 이곳이었지만, 오늘은 문을 닫은 점포가 더 많이 보였다. 특히 전통시장 활성화와 청년 창업 지원을 위해 조성되었던 청년몰이 더욱 조용했다. 한때 전국적인 주목을 받으며 롤모델이 되었던 남부시장 청년몰. 지금은 많은 점포가 문을 닫았고, 남아 있는 상인들도 어려움을 겪고 있었다. 왜 이렇게 된 걸까?

시장 한편에서 남부시장 상인회 오기성 회장을 만났다. "청년몰이 처음 조성될 때는 기대가 컸죠. 35개 점포로 시작했는데, 지금은 20개도 채 남지 않았습니다." 그는 현실을 담담하게 설명했다. "2층에 자리 잡고 있지만, 1층과의 연결성이 부족합니다. 1층 전통시장의 상인들은 연로하신 분들이 많아서 청년몰과 적극적인 협력을 하지 않았어요. 결국 청년몰은 시장 안에 있지만, 시장과는 분리된 공간처럼 되어버렸습니다."

그의 말에서 청년몰이 단순한 공간 부족이나 지원 문제만이 아니라, 전통시장과의 연계 부족이라는 근본적인 문제를 안고 있다는 것을 알게 되었다.

남부시장의 청년몰은 문화체육관광부가 주관한 문전성시 사업의 일환으로 조성되었다. 이 사업은 전통시장과 청년 창업자들을 연결해 시장의 활성화를 도모하고자 했다. 당시 청년몰은 새로운 시장 모델로 전국적인 관심을 받았고, 다른 지역에서도 비슷한 청년몰이 만들어졌다. 하지만 시간이 지나면서 청년몰은 점점 어려움을 겪기 시작했다. 남부시장뿐만 아니라 전국적으로도 청년몰이 쇠퇴하고 있다는 이야기가 들려왔다.

코로나19의 영향도 컸다. "코로나로 방문객이 줄었고 그 여파가 지금까지도 이어지고 있습니다." 오 회장은 한숨을 내쉬었다. "그나마 한옥마을에서 관광객들이 오기도 하지만, 1층 시장을 지나 2층 청년몰까지 올라오는 경우는 많지 않아요."

그는 청년몰이 위치적인 한계뿐만 아니라 지원에서도 소외되고 있다고 말했다. "남부시장 청년몰은 대한민국 제1호 청년몰입니다. 그런데 오히려 이게 문제가 됐어요. 정부가 새로운 청년몰 지원 사업을 추진하면서 기존의 남부시장 청년몰이 지원 대상에서 빠진 겁니다. 정작 청년몰 지원 사업의 원조 격인 이곳이 지원을 못 받게 된 거죠."

청년몰에서 여전히 버티고 있는 몇 안 되는 상인들을 만나보았다. 작은 책방을 운영하는 한 청년 상인은 "여전히 책을 좋아하시는 단골손님들이 있어서 버티고는 있지만, 청년몰 전체 분위기는 침체돼 있어요. 청년몰을 알리는 홍보도 부족하고 고객 유입이 너무 적어요"라고 말했다.

그는 청년몰이 시장과 자연스럽게 연결되지 못하는 것이 가장 큰 문제라고 지적했다. "청년몰은 기존 시장과 함께 운영돼야 하는데, 현실은 그렇지 않아요. 청년몰을 찾는 고객과 전통시장을 찾는 고객이 다르다 보니 시너지가 부족해요."

남부시장뿐만 아니라 전주 중앙시장에서도 같은 문제를 겪고 있다는 이야기를 들었다. 중앙시장의 청년몰은 더 심각한 상황이었다. 상인회 반봉현 회장은 "우리 시장의 청년몰은 완전히 실패했습니다. 처음에는 열 개 넘는 점포가 입점했지만, 지금은 단 한 곳도 남아 있지 않아요"라고 말했다.

그는 청년몰이 실패한 이유로 소규모 점포와 회전율 부족을 꼽았다. "청년몰 점포는 대부분 10평 이하의 작은 공간이에요. 주방을 빼면 고객이 앉을 공간이 너무 협소하죠. 그러다 보니 손님이 오더라도 회전율이 낮고, 결국 수익이 나지 않아 문을 닫을 수밖에 없었습니다."

전국적으로 청년몰이 위기를 겪고 있지만, 근본적인 문제를 해결하기 위한 대책은 부족했다. 단순히 정부의 지원을 늘리는 것만으로는 해결될 수 없는 문제였다. 기존 시장과 자연스럽게 연결될 수 있는 구조를 만들고, 청년몰을 방문한 고객이 전통시장에서도 소비를 할 수 있도록 유도하는 시스템이 필요했다. 청년몰이 시장의 일부가 아닌, 시장과 함께 성장할 수 있는 구조로 바뀌어야 했다.

청년몰 상인들은 나름의 해결책을 모색하고 있었다. "전통시장의 상인들과 협업할 수 있는 프로그램을 만들면 어떨까요?" 한 청년 상인은 이렇게 말했다. "예를 들어 1층에서 전통 음식을 구매하면 2층 청년몰에서 할인 혜택을 주거나, 시장 투어 프로그램을 운영해서 전통시장과 청년몰을 함께 경험할 수 있도록 하면 좋을 것 같아요." 단순히 공간을 제공하는 것이 아니라 전통시장과 청년몰이 상호 보완적인 역할을 할 수 있도록 해야 한다.

전통시장의 변화도 중요했다. 기존 상인들은 변화하는 소비 패턴에 적응해야 했고, 온라인과 배달 서비스를 적극적으로 활용해야 했다. "전통시장이 단순한 장터가 아니라 경험을 제공하는 공간으로 바뀌어야 합니다." 남부시장 상인회 관계자는 이렇게 말했다. "청년몰이 그 역할을 해줄 수 있어야 하는데, 현재는 그렇지 못하고 있어요."

22
존폐 기로에 선 농촌 학교

전북의 작은 농촌 마을, 이곳의 학교들은 지금 존폐의 기로에 서 있다. 학생 수 감소로 폐교 위기에 몰린 학교가 속출하는 가운데, 어떤 학교는 마지막 불씨를 살리기 위해 몸부림치고 있었다. 그중에서도 특히 '학교를 살리기 위해 마을이 나섰다'는 이야기를 듣고 부귀초등학교를 찾았다. 교육청과 지역 사회가 함께 만든 '어울림 학교' 정책을 통해 학생 유치를 시도한 사례였다. 학생과 학부모, 교사들이 힘을 모아 에코시티로 직접 홍보를 나섰다는 이야기는 관심을 끌었다.

학교에 도착하자 마을 전체가 한눈에 들어왔다. 붉은 벽돌로 지어진 작은 교사校舍, 운동장을 둘러싼 나무들, 그리고 넓은 들판이 어우러진 이곳은 내가 기억하는 전형적인 농촌 학교의 모습이었다. 교문 앞에서 만난 교장 선생님은 "우리 학교에 학생이 없으면 결국 마을도 사라지는 겁니다"라고 단호하게 말했다.

실제로 부귀초등학교의 학생 수는 해마다 감소해왔다. 2021년 53명이었던 학생 수가 2022년에는 41명, 올해는 30명으로 줄었다. 내년과 내후년에는 입학생이 한 명도 없을 예정이다. 그 현실이 얼마나 절박한지를 알게 되었다.

학교에서는 다양한 프로그램을 준비해 도심 지역 학부모들에게 학교를 알리려 했다. 전교생이 합창단에 참여하고 외국 국립 오케스트라와 협연을 하며, 인라인스케이트장과 같은 특별한 시설을 갖춘 점을 강조했다. 특히 통학 버스를 제공하고 주소 이전 없이도 입학할 수 있도록 한 것은 학부모들에게 큰 매력이 될 수 있었다. 하지만 문제는 단순한 홍보만으로 도심 학부모들의 마음을 움직일 수 있을까 하는 것이었다.

"도심 학부모님들은 고민이 많아요. 아이들이 먼 길을 오가야 하고, 익숙한 환경을 떠나야 한다는 점이 부담스럽죠." 교장 선생님은 솔직하게 말했다. "하지만 우리 학교에 오면 아이들이 더 자유롭게 배우고, 맞춤형 교육을 받을 수 있어요. 우리는 그 점을 최대한 강조하려고 합니다."

실제 학부모의 의견이 궁금했다. 두 자녀를 부귀초등학교에 보내고 있는 한 학부모는 "처음에는 걱정도 됐어요. 시골 학교라 교육 환경이 부족하지 않을까 싶었죠. 막상 보내보니 너무 만족스러워요. 선생님들이 한 명 한 명 정말 세심하게 지도해주시고, 아이들도 행복해해요"라고 말했다. 이 학부모는 서울에서 이곳으로 시집을 왔고 처음에는 도시 학교와 비교하며 불안해했지만, 지금은 이곳이 더 좋은 교육 환경이라고 확신하고 있었다.

학생들도 만나봤다. 6학년 서진 학생은 "우리 학교 급식이 제일 맛있어요"라며 환하게 웃었다. 그는 선생님들과의 관계도 돈독하다고 했다. "장난도 잘 받아주시고 친구처럼 대해주세요." 또 다른 학생 다혜는 "인라인스케이트를 타는 게 너무 좋아요. 1학년 때는 아예 못 탔는데, 이제는 엄청 잘 타요"라며 자신감을 보였다. 다혜 학생은 곧 졸업을 앞두고 있었다. "제 동생들이 이 학교를 계속 다녔으면 좋겠어요. 친구들이 더 많아졌으면 좋겠어요."

이곳을 지키기 위해 직접 나섰던 교사들의 이야기도 들었다. 부귀초등학교는 학부모, 교사, 학생이 하나가 되어 학교를 살리기 위해 에코시티까지 가서 설명회를 열었다. "교육청에서 '어울림 학교'를 도입하면서 기회가 생겼어요. 하지만 정책만으로는 안 됩니다. 실제로 학부모들이 와서 학교를 보고, 경험해봐야 합니다."

그래서 교사들은 도심 학부모들을 대상으로 직접 홍보 활동을 펼쳤다. 학교 교환 학습 프로그램을 운영하며 도시 학생들이 일주일간 이곳에서 생활하도록 했다. 그 과정에서 많은 학생들이 농촌 학교의 장점을 직접 체험할 수 있었다.

하지만 현실적인 벽은 여전히 높았다. 도심 학부모들에게는 농촌 학교로 전학을 보내는 것이 쉬운 결정이 아니었다. "아이를 왜 굳이 시골 학교로 보내야 하죠?"라는 질문이 돌아올 때마다 교사들은 설득해야 했다. 교육의 질, 아이들의 정서적 안정, 소규모 학교의 장점 등을 강조했지만, 여전히 넘어야 할 장벽이 많았다. 특히 학부모들이 가장 고민하는 부분은 교통 문제였다. "통학 버스를 운행한다고 해도, 이동 시간이 길어질 수밖에 없어요. 이걸 어떻게 해결할 것인가가 관건이죠."

이 문제를 해결하기 위한 교육청의 역할이 중요하다고 생각했다. 단순히 정책을 발표하는 것이 아니라 실질적인 지원이 뒤따라야 했다. 대중교통 인프라를 확충하거나 통학 지원을 보다 체계적으로 운영하는 것이 필요했다. 한 학부모는 "전주에서 부귀초등학교까지 광역버스 같은 대중교통이 있으면 정말 좋겠어요. 그러면 훨씬 많은 사람들이 관심을 가질 텐데……."라고 말했다.

부귀초등학교의 사례를 보며 농촌 학교의 미래가 단순히 교육 문제를 넘어 지역 소멸과도 연결되어 있음을 다시금 깨달았다. 학교가 사라지면 마을도 사라진다. 학생이 줄어들면 지역 경제도 위축된다. 결국 이 문제는 단순히 학교 하나를 살리는 것이 아니라 지역을 살리는 문제로 이어진다.

"이렇게까지 해서 학교를 지키려는 이유가 무엇인가요?" 교장 선생님은 망설임 없이 답했다. "이곳에서 아이들이 더 행복하게 자랄 수 있다고 믿기 때문입니다. 교육은 단순히 공부를 가르치는 것이 아니라, 아이들에게 살아가는 방법을 알려주는 것이니까요."

23
문 닫는 막걸리 골목

전주 막걸리 골목. 한때는 밤이면 사람들이 삼삼오오 모여 앉아 막걸리 잔을 기울이며 정을 나누던 곳이었다. 따끈한 전과 갓 지은 밥을 안주 삼아, 한 상 가득 차려진 반찬을 앞에 두고 술 한 잔을 기울이면 세상 걱정도 잠시 내려놓을 수 있는 곳. 하지만 오늘 이곳은 조용했다. 줄을 서서 기다려야 했던 시절이 있었다는 것이 믿기지 않을 정도로 거리엔 한산한 기운만 감돌았다. 폐업한 가게가 하나둘 늘어나고, 간판 불이 꺼진 가게가 더 많아졌다. 전주 막걸리 골목이 사라져가고 있었다.

가게 앞에서 조기현 씨를 만났다. 그는 오랫동안 막걸리 축제를 기획하고, 이 골목의 명성을 지키기 위해 노력해온 사람이었다. "여기가 예전에는 진짜 대단했죠. 1만 원이면 막걸리 몇 병에 반찬이 한 상 가득 나왔어요. 2000년대 후반부터 입소문이 나기 시작해서, 2010년대 초반에는 주말이면 줄 서서 먹을 정도였어요."

그때만 해도 전주의 또 다른 명물이 될 것 같았다. 사람들은 삼천동 막걸리 골목을 찾았고, 관광객들도 일부러 이곳을 방문했다. 하지만 지금은 상황이 달라졌다. "그때는 1만 5000원이면 배 터지게 먹을 수 있었어요. 그런데 지금은 물가가 너무 올랐어요. 손님들은 아직도 옛날 가격을 기대해요. 막걸리 값만 안 오를 수는 없잖아요?" 그는 한숨을 내쉬었다.

한때 이 골목에서 유명했던 막걸리집을 찾았다. 그곳은 더 이상 막걸리집이 아니었다. 간판이 바뀌어 있었고, 안에는 막걸리가 아닌 따뜻한 밥을 찾는 손님들만 있었다. 20년 넘게 막걸리집을 운영해왔던 사장은 결국 버티지 못하고 식당으로 전환했다. "단골들 덕분에 끝까지 버텼어요. 하지만 장사가 안 되니 어쩔 수 없죠. 막걸리를 마시는 사람이 줄어든 게 아니라, 이 골목을 찾는 사람이 줄었어요. 전주 시민들도 잘 안 오고, 관광객도 예전만 못하고."

그는 덤덤하게 말했지만 아쉬움이 묻어났다. "우리가 장사하는 입장에서는 가격을 안 올릴 수도 없고, 그렇다고 예전처럼 장사가 잘 되는 것도 아니고……. 버티다 버티다 안 돼서 결국 밥집으로 바꿨어요."

그의 말대로 막걸리 골목이 쇠락한 이유는 단순하지 않았다. 시대가 변했고 소비자의 취향이 변했다. 코로나19 이후 술 문화가 바뀌었고 회식이 줄어들면서 막걸리를 마시는 기회도 줄어들었다. 가장 큰 문제는 이 골목을 찾는 사람이 줄어들었다는 점이다. "예전에는 관광버스가 서고 단체 손님들이 우르르 들어왔어요. 그런데 이제는 그런 게 없어요. 전주 한옥마을은 사람들이 넘쳐나는데, 여기까지 오는 사람이 없어요." 그는 고개를 저었다.

삼천동 막걸리 골목을 둘러보았다. 10년 전만 해도 스무 개가 넘던 막걸리집이 이제는 열세 개만 남았다. 그나마도 주중에는 손님이 거의 없고, 주말에만 조금 활기를 띨 뿐이었다. "예전에는 막걸리 한잔하려면 줄을 서야 했어요. 지금은…… 그냥 들어가면 자리가 있어요." 한 손님이 허탈하게 웃으며 말했다.

이제 막걸리 축제도 사라질 위기에 놓였다. 전주에는 막걸리 축제가 있었다. 하지만 시에서 적극적으로 지원하지 않으면서 예산이 줄고 관심도 줄어들었다. "막걸리 축제는 지역 농업과도 연결될 수 있어요. 지역 쌀을 활용해서 막걸리를 만들고, 전통주 문화를 알리는 계기가 될 수도 있죠. 그런데 그런 노력들이 부족해요." 지역에서 전통주를 연구하는 한 전문가는 이렇게 말했다. "맥주 축제는 큰 규모로 열리잖아요? 그런데 막걸리 축제는 그렇게 성장하지 못했어요. 이유요? 단순해요. 관심이 부족했어요."

이 골목이 다시 살아날 수 있을까 생각해보았다. 해결책이 없는 것은 아니었다. 막걸리 축제를 활성화하고, 문화 콘텐츠를 추가하고, 관광객들이 다시 찾아오도록 만드는 것. 전주 한옥마을과 연결되는 동선을 개발하고, 막걸리 체험 프로그램을 만드는 것도 방법이었다. 가장 중요한 것은 이 골목을 지키고 싶다는 사람들의 의지였다.

한 막걸리집을 찾아들어 갔다. 여전히 손님을 기다리며 불을 밝히고 있는 가게였다. 사장은 웃으며 막걸리 한 잔을 따라주었다. "그래도 아직 막걸리를 좋아하는 사람들은 있어요. 누군가는 이 골목을 잊지 않을 거라고 믿어요."

막걸리 한 잔을 마시며 생각했다. 이 골목은 사라지지 않을 것이다.

누군가는 기억하고, 누군가는 다시 찾을 것이다. 그것은 자연스럽게 이루어지는 것이 아니다. 지키려는 노력, 알리려는 의지, 그리고 변화를 받아들이는 자세가 필요할 것이다.

24
생명평화의 길을 걷다, 도법 스님

고요한 산사의 정적을 가르며 스님은 조용히 말문을 열었다. 도법 스님, 지리산 실상사에서 30년을 머물며 생명과 평화의 가치를 설파해온 분. 그의 말은 낮지만 단단했다. 마치 산중에서 천천히 자란 나무의 나이테처럼, 그의 언어는 깊었고 또 분명했다. 나는 남원 실상사의 마당에서 스님과 마주 앉았다. 스님의 말이 시작되자 평범한 사찰 인터뷰가 아니라, 지금 우리가 발 딛고 있는 이 땅에 대한 성찰이 흘러나왔다.

실상사는 단순한 절이 아니다. 우리나라에서 선불교가 처음 시작된 도량이며, 민간신앙 속에서는 백두대간의 기운이 흐르는 호국의 명당으로 여겨진다. 그 터 위에서 도법 스님은 고요히, 그러나 힘 있게 이 시대를 살아가는 우리에게 말을 건넨다.

"한반도에서 잘 관리되어야 할 기운이 흐르지 못하고 일본으로 흘러가면 일본이 흥합니다. 그 흐름을 잘 잡아야 나라가 부흥합니다." 신화같지만 상징으로 듣는다면 무척 강렬하다. 이 땅을 어떻게 가꾸고 살아야 할지, 어떻게 공동체가 조화를 이루어야 할지를 묻는 이 비유 속에는 깊은 의미가 담겨 있다.

스님은 평생 '고래 싸움에 새우 등 터진다'는 이 말에 천착해왔다고 했다. 그는 언제나 싸우는 고래들을 지켜보았고, 늘 등 터지는 새우들의 편에 섰다. 그러면서도 싸움을 부추기지 않았으며 어느 고래의 편에도 서지 않았다. 대신 싸움을 말리고 함께 살아가는 길을 고민해왔다. 그것이 스님이 말하는 화쟁和諍의 정치이고 생명평화 운동이며 탁발 순례의 길이었다.

"지금 이 시대가 더 나아졌다고 보십니까?"라는 질문에 스님은 조용히 웃으며 되물었다. "못 살겠다는 비명이 커지고 있는데, 그게 더 나아진 세상일까요?" 풍요와 편리함은 분명 발전일 수 있다. 그러나 사람들의 삶은 점점 불안과 소외, 분열로 무너져가고 있다. 스님은 이를 '죽임의 시대'라고 진단한다. 기술은 발전했지만 삶의 근본적인 방향성은 잘못 들어섰다는 것이다.

그렇다면 길은 무엇일까. 스님은 중도의 길을 말했다. 모든 생명이 안전하고 삶이 평화로울 수 있도록, 고래든 새우든 함께 사는 길. 싸움 대신 어울림을, 경쟁 대신 상생을 택하는 것. 그러나 중도는 이상이 아니다. 매우 구체적인 조건이 요구되는 현실의 길이다.

"함께 살아야 한다"는 말은 쉽지만, 고래들이 스스로 등을 굽히지 않는 한 새우들이 머리를 들 수 있는 여지는 없다. 그래서 스님은 '화쟁의 공간'을 만들어야 한다고 했다. 중립의 위치에서 멍석을 깔고, 당사자들이 감정과 논리를 내려놓을 수 있도록 이끌어주는 역할. 과거 지리산 댐 반대 운동에서 그가 화쟁위원장으로 수행했던 그 역할처럼, 전북에서도

'화쟁'이 필요하다는 것이다.

스님은 새만금을 예로 들었다. 이미 방조제가 막히고 매립이 진행된 이후에도 개발과 보존을 두고 전북 내부에서 심각한 편 가르기가 이어지고 있다. 누군가는 해수 유통을 말하고, 누군가는 더 많은 매립을 주장하며 고래처럼 부딪힌다.

스님은 말했다. "이대로 두면 결국 싸움으로 가고, 싸움은 소모적이며 파괴적일 수밖에 없습니다. 전북이 생명을 중심에 두고 나아가고 싶다면, 먼저 이 싸움을 풀어내는 구조부터 만들어야 합니다." 화쟁의 자리는 누군가가 책임지고 열어야 하며, 도민 모두가 참여할 수 있는 공론의 장으로 자리매김해야 한다는 뜻이다.

평화는 명분이 아니라 과정이어야 한다는 스님의 주장. 즉 싸워서 이기는 것이 평화를 이루는 길이 될 수 없다는 단언은 이 시대 정치와 시민사회에 던지는 묵직한 물음이었다. "과정이 평화로워야 평화로운 결실을 맺을 수 있다." 이 단순한 진리가 왜 이렇게 어려울까.

그것은 우리 대부분이 손익의 관점으로만 모든 것을 판단하기 때문일 것이다. 스님은 "사람들이 자기에게 불리하다고 생각하면 중도의 길조차 거부한다"고 말한다. 결국 중도의 길은 길 그 자체보다, 그것을 함께 걷자는 사람들의 태도에 달려 있다는 말일 테다.

수행이 왜 필요하냐는 질문에도 스님은 명료했다. 수행은 '자기 자신을 관찰하고 사유하고 여실히 지각하는 과정'이라고 했다. 잘 알아야 잘할 수 있고, 잘 아는 사람이 많아야 사회도 평화롭고 지속 가능하다. 스님은 불교에서 말하는 명상을 단순한 힐링이나 감성의 영역으로 보지 않았다. 오히려 인간의 내면을 들여다보고, 자신의 한계를 깨닫고, 공동체 속에서 어떻게 살아야 할지를 스스로 묻는 철학적이고 실천적인 행위로 보았다. "명상이란 결국 관찰과 사유를 통해 '있는 그대로를 아는 것'입니다. 거기서 삶의 질적 변화가 일어나요."

이 시대가 종교를 외면한다고 하지만, 스님은 오히려 지금이야말로 진짜 종교가 필요한 시대라고 강조했다. "종교는 궁극적으로 삶의 질적 향상을 위해 존재합니다. 경제적으로 아무리 부유해도 마음이 평화롭지 않으면 그 삶은 완성된 삶이 아닙니다." 지금 우리 사회가 잃어버린 것, 바로 그 평화, 그 온기, 그 관계성을 회복하는 일이야말로 종교적 태도의 회복에서 시작된다는 말이었다.

스님의 말 한 마디 한 마디는 지리산 자락처럼 조용하고 묵직했다. 화려한 언변도 격한 감정도 없었다. 그저 나지막하게 그러나 분명히 말했다. "우리 전북이 가야 할 길은, 함께 사는 길입니다. 싸움을 멈추고 머리를 맞대어야 희망이 보입니다."

고래 싸움 속에 새우 등이 터지는 세상을 끝내기 위한 유일한 방법. 나는 그날 실상사의 마당에서 진짜 종교인의 언어로 들을 수 있는 가장 명료한 정치적 언어를 들었다. 분열을 넘고 고통을 나누며 공존을 모색하는 언어. 그것이 도법 스님이 전북에 남긴 메시지였다.

25
2036 하계 올림픽 전주

"49 대 11. 압도적인 표 차였습니다. 서울이라는 이름이 주는 상징성보다 전북이라는 도전과 진정성이 선택받았다고 생각합니다."

2025년 2월 28일 체육계 안팎의 이목이 쏠렸던 '대한민국 2036 하계 올림픽 유치 국내 후보 도시 선정' 결과가 나왔다. 많은 이들이 서울을 예상했지만, 뜻밖에도 전라북도가 국내 유치 도시로 선정되며 전국을 놀라게 했다. 그것도 단순한 승리가 아닌 압도적인 표 차로. 이 일의 중심에 서 있던 김관영 전북도지사를 전북도청 집무실에서 만났다.

책상 옆 모니터 한쪽에는 아직도 올림픽 프레젠테이션 자료가 남아 있다. "지금 봐도 설레요." 김 지사는 쑥스러운 듯 웃었다. "그때를 생각하면 가슴이 뛰죠."

김 지사는 자신 있게 말했다. "정책이 아니라 마음을 설득했습니다." 단순한 정책적 논리로는 불가능한 승부였다고 했다. 서울이라는 거대한 상징성과 인프라를 넘어서기 위해서는 전북의 진정성과 간절함, 그리고 전략적인 접근이 필요했다. "대의원 한 분당 최소 다섯 번 이상 만났어요. 저뿐만이 아니라 공무원, 체육계, 지역 리더들이 함께 움직였습니다."

인터뷰를 준비하며 가장 인상 깊었던 장면은 '한복을 입은 김관영'이었다. 그는 발표 당일 하얀 두루마기 한복을 입고 무대에 올랐다. 스카프에는 오륜기를 상징하는 다섯 가지 색을 담았다. "문화올림픽을 말로만 설명할 수 없었어요. 왜 전북이어야 하는지, 왜 지방이 세계 무대를 열

수 있는지 직접 보여드리고 싶었죠."

그의 설명은 단순했다. '환경 친화적이고, 경제적이며, 사회적 연대를 이룰 수 있는 올림픽.' 이것이 IOC의 핵심 아젠다이고, 전북은 이 세 가지 가치에 가장 부합하는 도시라는 것이 그의 논리였다.

"서울은 기존 인프라가 갖춰져 있다지만, 우리는 미래를 향한 유연성과 지속 가능성을 제시했어요." 그는 한 발 더 나아가 전북이 제안한 '지방도시 연대 모델'이 앞으로 세계 올림픽 유치 방식의 새로운 전환점이 될 수 있다고 강조했다. 그리고 그 전략이 먹혔다.

일각에서는 잼버리 실패 이후 전북이 다시 국제대회를 논하는 것에 우려를 표했다. 하지만 김 지사의 설명은 달랐다. "잼버리를 통해 전북이 세계인의 이목을 끌 수 있다는 걸 확인했어요. 물론 아쉬운 점도 많았지만 그만큼 배운 점도 컸습니다."

그는 이어 지난해 전주에서 열린 세계한상대회를 언급하며, 전북이 가진 한류 콘텐츠의 경쟁력을 강조했다. 순창에서 고추장을 직접 만들어 보고, 그 고추장으로 떡볶이를 만드는 체험. 이 작은 체험이 외국 청소년들의 마음을 사로잡았다는 것이다. "우리는 너무 익숙해서 잘 모릅니다. 그런데 외국인은 '전통이 살아 있는 한국'을 전북에서 느낍니다."

그가 말하는 전북은 '한류의 본질'이 살아 숨 쉬는 곳이다. K-팝과 K-드라마가 대중문화의 정점이라면 한식, 한복, 한옥, 판소리는 그 뿌리다. 김 지사는 전북이 그 본질을 담은 지역이며, 올림픽은 그 가치를 세계에 알릴 절호의 기회라고 믿고 있다.

전북은 올림픽을 혼자 유치한 것이 아니다. 주변 도시들과 손잡았다.

"이건 전북만의 올림픽이 아닙니다. 대한민국의 도전입니다."

대구의 육상 경기장, 광주의 유니버시아드 시설, 부산의 수영장 등. 신설 비용을 줄이고 기존 인프라를 활용하며 전국이 함께하는 '연대의 올림픽'을 제안했다. "사실 서울과 경쟁한다는 게 말이 안 된다고 생각했을 겁니다. 하지만 지방 도시들이 함께하고, 새로운 방식의 올림픽을 제시했을 때 대의원들은 감동했습니다."

그는 '경쟁'이 아닌 '협력'의 프레임으로 전환시켰고, 결과적으로 올림픽이 수도권이 아닌 지역에서 열린다면 어떤 가치가 가능한지를 설득했다. "균형 발전을 말만 했지 실현한 적은 없습니다. 전북 올림픽은 그 최초의 실현이 될 겁니다." 김 지사는 그러한 연대의 가치가 IOC의 철학과도 맞닿아 있다고 설명했다. 지역 간 협력, 사회적 연대, 환경을 고려한 지속 가능성. 전북이 제안한 모델은 IOC의 아젠다와 정확히 일치한다.

전북은 이제 본선을 준비한다. 인도, 인도네시아, 튀르키예, 카타르가 강력한 경쟁 도시다. 특히 인도는 세계 최대 인구와 급성장한 경제력을 내세운다. "하지만 더운 여름, 낙후된 인프라, 그리고 대회 경험 부족. 이건 분명 약점입니다."

김 지사는 전북이 가진 장점이 명확하다고 했다. 대한민국은 이미 88올림픽, 평창올림픽 등 국제대회를 성공적으로 개최한 경험이 있다. 최근 들어 확산된 한국 문화에 대한 전 세계적 관심은 대한민국이라는 브랜드에 큰 힘이 된다.

"IOC는 이미 한 번 서울을 선택하지 않았습니다. 이번은 다시 기회를 줄 수 있는 시간입니다." 그는 전북이 국내 후보 도시가 됐다는 사실만으로도 의미가 있다고 했다. 도민들의 자부심, 가능성에 대한 신뢰, 그리고 국가 균형 발전에 대한 새로운 상징. "이건 전북만의 올림픽이 아닙니다. 대한민국의 도전입니다."

인터뷰를 마무리하며 그는 하나의 장면을 그렸다. "손기정 선생이 베를린에서 금메달을 딴 지 100년 되는 해가 2036년입니다. 그 해에 전북에서 마라톤이 열린다면…… 상상만으로도 눈물이 날 것 같아요." 새만금 방조제를 따라 달리는 마라톤 선수, 그리고 마지막 결승선이 새만금에 있는 메인 스타디움이면 어떨까? "우리가 새만금을 포기하지 말아야 하는 이유입니다. 그것이 대한민국의 균형 발전이고 미래입니다."

올림픽 유치라는 거대한 여정. 그 여정의 첫 관문을 통과한 전북은 이제 세계라는 더 높은 언덕을 바라본다. 김 지사는 그 산이 결코 넘을 수 없는 것이 아니라고 믿는다. "서울을 넘었잖아요. 이제는 세계도 넘을 수 있어요. 우리는 할 수 있습니다."

26
길바닥 신부 문규현

현장을 다니며 느낀 것은 단순히 사건을 전달하는 것이 아니라, 그 사건 속에서 살아온 사람들의 삶과 역사를 듣는 것이 더 깊은 의미를 가진다는 점이었다. 그렇게 해서 나는 '함앵커가 만난 사람'이라는 코너를 만들었다. 그 첫 번째 만남의 주인공은 길바닥 신부라 불리는 문규현 신부님이었다.

그리고 오늘 다시 문 신부님을 찾았다. 신부님은 반갑게 맞아주셨고, 팔순을 넘긴 연세에도 여전히 따뜻한 미소를 머금고 계셨다. 나는 신부님의 건강이 걱정되었다. 작년에 많이 편찮으셨고 한때는 위독하다는 소식까지 들렸다. 이렇게 건강한 모습으로 다시 뵙게 되어 다행이었다.

신부님은 여전히 우리 사회가 나아가야 할 길에 대한 걱정이 많았다. 의사들의 파업으로 응급실이 마비된 현실을 보며 "이렇게 살아가도 되는 걸까?"라며 한숨을 쉬셨다. 신부님은 1945년 해방둥이가 아니라 '분단둥이'라고 말씀하셨다. 해방의 기쁨이 채 가시기도 전에 분단의 현실이 그를 감쌌고, 그 후로 한국 현대사의 격랑 속에서 길을 걸어오셨다.

신부님은 익산시(당시 익산군) 황등면에서 태어나셨고, 대가족 안에서 가족의 사랑을 듬뿍 받으며 자랐다. 할머니, 할아버지, 부모님 모두가 신앙심이 깊었다. 신부님의 형이신 문정현 신부님이 먼저 사제가 되셨다. 그 길을 자연스럽게 따르게 된 것은 운명이었을지도 모른다.

하지만 신부님의 삶은 단순히 사제의 길을 걷는 것이 아니었다. 가장 낮은 곳에서, 가장 힘든 이들과 함께하는 길이었다. 신부님은 그것을 '길바닥의 신앙'이라고 표현했다. 항상 길 위에 있었고, 행동으로 신앙을 실천했다.

신부님께 여쭈었다. "그 힘은 어디서 나오는 걸까요?" 신부님은 창세기 3장 9절을 인용하며 답하셨다. "사람아, 너 어디 있느냐." 이 성찰이 자신을 바로 세우는 힘이며, 기도가 그 길을 가게 하는 힘이라고 하셨다. 기도는 언제나 길바닥에서 이루어진다고 하셨다. 사람들의 아픔을 듣고 그 자리에서 함께 기도하며 살아오신 신부님의 삶이 그대로 묻어나는 대답이었다.

그러나 신부님은 길이 반듯해졌다고 해서 세상이 좋아졌다고 보지 않았다. "길은 반듯이 좋아졌는데 사고가 너무 많잖아." 길이 넓어지고 정비되었지만 도로에는 더 많은 사고와 희생이 발생하고 있었다. 반듯한 길이 오히려 더 위험해진 아이러니한 현실을 보며, 신부님은 진정한 변화는 길이 아니라 사람들의 마음에서 시작되어야 한다고 말씀하셨다. 함께 살아가는 공동체의 정신, 서로를 배려하는 마음, 그것이 우리가 나아가야 할 방향이라고 강조하셨다.

전라북도가 특별자치도가 되었지만 인구는 줄어들고 유령마을은 늘어가고 있다. 새만금 개발도 지지부진하고 지역은 점점 더 쇠락하고 있다. 신부님은 새만금이 살아야 지구가 살고, 지구가 살아야 우리가 산다고 말씀하셨다. 세상은 연결되어 있으며 우리가 서로를 살려야만 희망이 있다고 하셨다. "빠르면 빨리 가는 게 아니고, 늦게 가면 사람이 보인다네." 신부님의 말씀은 깊은 울림을 주었다.

27
협력업체의 기적

여름 한복판의 열기는 무시무시했다. 뙤약볕은 아스팔트를 태우고, 먼지는 폐를 파고들었다. 숨이 턱 막혔다. 하지만 나는 이 무더위 속에서도 발걸음을 멈출 수 없었다. 이곳에 다시 공사가 시작됐다는 말을 들었을 때, 나도 모르게 가슴이 뛰었다. 몇 달 전 제일건설의 부도로 멈춰 섰던 바로 그 현장이었기 때문이다. 철근만 삐죽 솟은 채 바람만 스치는 그 공간에서 나는 수많은 좌절의 목소리를 들었다. 그리고 지금, 그 철근 사이로 다시 사람들의 땀이 흐르고 있다는 것을 확인하고 싶었다.

공사장 입구에서 유승혁 대표를 만났다. 제일건설 채권자협의회의 대표이자, 이번 공사 재개를 위해 물밑에서 수많은 협상과 조율을 해온 인물이다. 방송 스튜디오에서 마주했을 땐 다소 날카로운 눈빛이었는데, 이날은 달랐다. 피로가 묻어 있는 얼굴에는 왠지 모를 단단함이 깃들어 있었다.

"대표님, 지난번 스튜디오에 나오셨을 땐 정말 힘들어 보이셨어요. 지금은 좀 어떠십니까?" 그는 잠시 웃었다. 하지만 그 웃음 뒤에는 수많은 고뇌가 숨어 있다는 것을 나는 직감했다. "그때는 정말 앞이 안 보였어요. 부도 소식 듣고, 협력업체 대표들 전화 오고, 입주 예정자들은 날마다 찾아오고……. 무슨 정신으로 살았는지 모르겠어요. 새벽 두세 시까지 서류 들여다보고 대책 짜고……. 근데 이제는 조금 희망이 보입니다."

그가 말한 '희망'은 단순한 기대가 아니었다. 수많은 이해 당사자들을 설득하고 조율한 결과였다. 그는 도청과 시청, 농협, 협력업체, 분양자들을 하나의 '협의체'로 묶어내는 데 성공했다. 모두의 입장이 달랐고, 처음에는 모두가 서로를 의심했다. 하지만 결국 그는 '공사 재개'라는 공동의 목표 아래로 모았다.

"농협 채권만 300억 원이었어요. 원래는 다 회수해야 정상인데 그쪽에서 150억 원만 먼저 가져가고, 협력업체들이 먼저 회수한 뒤 나머지를 받기로 했습니다. 금융기관이 그런 결단 내리기 쉽지 않아요. 그만큼 절박했다는 뜻이죠."

나는 그의 말에서 '타협'이라는 단어가 얼마나 어렵고 얼마나 절실했는지를 느낄 수 있었다. 이 타협은 결국 모두가 '조금씩 손해'를 감수함으로써 가능해졌다. 손해를 감수한 이유는 단 하나였다. "이대로 가면 모두가 무너진다"는 절박감이었다.

"대표님도 사비를 투입하셨다고 들었습니다."

"예. 법인 자금도 넣고, 제 자산도 일부를 넣었습니다. 안 그러면 안 됐어요. 공사는 멈출 수 없었거든요. 공사를 멈추는 순간, 모두가 더 큰

이 공사장은 단순히 아파트가 세워지는 공간이 아니다.
이곳은 한 도시의 생계가 오가는 현장이고, 수백 명의 인생이 엮여 있는 삶의 터전이다.

피해를 입게 되니까요. 끝까지 가야 했습니다."

그는 단호했다. 그의 말 한 마디 한 마디에는 책임감과 동시에 묵직한 피로가 담겨 있었다. 그는 영웅이 아니었다. 하지만 책임지는 사람이었다. 책임지는 사람만이 가질 수 있는 말투와 표정, 그리고 땀의 결이 그에게 있었다.

그때였다. 지게차 한 대가 우리 앞에 멈춰 섰고, 땀에 젖은 작업복을 입은 중년 사내가 내려왔다. 그는 손에 생수 한 병을 들고 있었다. "방송에서 많이 봤습니다. 날도 더운데 이거라도 하나 드세요." 나는 고개를 숙여 감사 인사를 건넸다. 그리고 자연스럽게 그와 이야기를 나눴다. 익산에서 20년 가까이 지게차를 운전해온 그는 이번 사태로 직격탄을 맞은 또 한 명의 피해자였다.

"처음엔 단순히 돈이 늦게 나오나 싶었어요. 그런데 부도났다는 얘기 듣고 나서는 멍했습니다." 그는 그렇게 말했다. 담담하게. 하지만 담담함은 고통의 다른 이름이라는 걸 나는 안다.

"공사 다시 한다고 해서 일단 현장에 나왔습니다. 본사에서도 일 좀 해달라고 하고, 협의체에서도 와서 설명해주고……. 그래서 다시 일을 시작했습니다. 하지만 솔직히 불안합니다. 며칠 전엔 법원에서 서류 하나가 날아왔어요. 무슨 내용인지도 모르겠고……. 변호사 사무실 가서 물어보려고 해요."

"그래도 나오셨잖아요. 그 이유는 뭘까요?"

"하루를 살아야 하니까요. 오늘 일하면 오늘은 버틸 수 있잖아요. 일 없으면 그냥 끝나는 거고요."

나는 다시 유승혁 대표에게 돌아왔다. "이 공사를 끝까지 마무리하려면 앞으로 필요한 건 뭐라고 생각하세요?"

"정책입니다. 지금도 미분양이 많고 부동산 거래가 없어요. 수도권이야 몰라도 지방은 다릅니다. 다주택자 규제 같은 걸 전북에 그대로 적용하면 여긴 살아남기 어렵습니다."

그는 정부가 '지역'을 너무 하나의 틀로만 보고 있다는 데 깊은 아쉬움을 드러냈다. 서울과 경기의 논리를 전북 익산에 그대로 가져다 붙이는 건 '현실'을 무시하는 일이라는 거였다. "여긴요, 집을 세 채 가진다고 부자가 아닙니다. 시세 차익으로 버는 사람도 없고요. 그런데 규제는 똑같아요. 그런 구조 속에서 현장은 말라 죽어갑니다."

그 말은 통계로는 잡히지 않는다. 하지만 나는 안다. 매일 마이크를 들고 도로를 걷고 사람들을 만나며 그들의 숨결을 듣는 나는 그 말이야말로 '현장의 진실'이라는 것을.

이 공사장은 단순히 아파트가 세워지는 공간이 아니다. 이곳은 한 도시의 생계가 오가는 현장이고, 수백 명의 인생이 엮여 있는 삶의 터전이다. 입주 예정자들이 협력업체를 향해 "고맙습니다"라고 써 붙인 현수막, 협력업체들이 응답하듯 다시 돌아온 공사 차량들, 농협의 양보, 행정의 빠른 승인, 그리고 맨 앞에서 책임지고 뛰는 대표들. 이건 단순한 '재개'가 아니라 무너졌던 '신뢰'를 다시 쌓는 과정이었다.

현장을 떠나며 마신 음료수 한 병. 그건 단순한 생수가 아니었다. 그건 서로가 "여기 있어줘서 고맙다"는 또 다른 말이었다.

28
강준만 교수에게 묻는 지역의 미래

나는 전북에 산다. 태어나 자란 곳이며 이곳은 나의 삶이 뿌리를 내린 땅이다. 전북에 살면서 늘 느끼는 것은 '지역'이란 단어가 가지는 이중성이다. 따뜻하고 정겨운 사람들, 소박하지만 풍성한 문화. 그러나 동시에 서울로부터 멀다는 이유만으로 '주변부'로 밀려나버린 현실. 그래서 나는 늘 궁금했다. 우리가 사는 이 지역을 정말 제대로 바라보고 있는가. 그 질문에 마주 앉아 답해준 이가 있었다. 강준만 교수님이었다.

교수님과 마주 앉은 그날을 잊지 못한다. 수십 년간 지역에서 살아오신 분, 글로 세상에 끊임없이 질문을 던져온 분. 그러나 그날의 교수님은 지식인의 날카로움보다도 깊은 체념과 속상함을 안고 계셨다. "30년 동안 떠들었는데도 변한 게 없다"고 한 그 말은 겸손을 가장한 체념이 아니었다. 우리 모두가 가슴 깊이 새겨야 할 자조였다.

나는 그 체념의 이유를 물었고, 교수님은 곧 '수요와 공급'이라는 표현으로 정리해주었다. 지방이 이렇게까지 소외된 것은 중앙정부의 잘못, 즉 공급의 문제지만 동시에 지역민들의 침묵, 즉 수요의 부재도 문제라고 말이다.

지역의 미래를 이야기할 때 우리는 언제나 '중앙정부가 해줘야 한다'는 당위로 말문을 연다. 그게 익숙하다. 요구하고 또 요구한다. 그러나 교수님은 이렇게 되묻는다. "우리는 정말 요구했는가?" 표를 줄 땐 정당을 보고, 그 당이 공천한 후보면 그 사람이 누구든 상관없이 지지해왔다. 지역 현안이나 정책은 뒷전이었다. 그렇게 30년 넘게 한 정당에 몰표를 주며 우리는 스스로의 수요를 지워버렸다.

교수님은 이어 "정치는 종교가 됐다"고 말했다. 너무나 정확한 표현이었다. 진영 논리에 따라 정당은 교단이 되었고, 지지자는 신도가 되었다. 그래서 어떤 정치적 사안이든, 심지어 민생 문제조차 종교처럼 받아들이며 소통은 불가능해졌다. 나 역시도 그러한 경험이 있다. 내가 누군가와 정치 이야기를 하다가 다툼으로 번졌던 그 수많은 기억들. 정치가 아닌 종교적 교리의 차이처럼 느껴졌던 그 간극들.

그렇다면 이 단단한 패러다임은 언제 어떻게 깨질 수 있을까? 교수님은 솔직히 말했다. "이 틀 속에서 살던 분들이 다 돌아가셔야 바뀐다." 무거운 말이지만 어쩌면 가장 현실적인 진단이다. 우리는 체념하지 않으면서도 이 구조의 완고함을 인정해야 한다. 그 인정을 기반으로 새로운 가능성을 모색할 수 있다. 그리고 그 가능성은 2030 세대, 청년들의 '참여'에서 시작된다.

그러나 참여하라는 말 그것이 얼마나 공허한지 나도 잘 안다. 교수님은 그 문제를 꿰뚫고 있었다. "기성세대가 말하는 '참여'는 이타성을 전제로 한다. 시간과 노력, 때로는 돈까지 내놓아야 한다고 말한다. 그러나 그런 방식으로는 청년들의 참여는 불가능하다."

그래서 교수님은 제안했다. 사이버 만민공동회. 과거 일제강점기에 서울뿐만 아니라 전국 곳곳에서 열렸던 만민공동회처럼, 이제는 디지털 시대의 시민들이 온라인 공간에서 모여 말하고 연결되고 함께하자는 것이다. 교수님의 말씀처럼 청년들은 아이디어가 넘친다. 다만 그들에게 물어보는 어른이 채널을 열어주는 구조가 없을 뿐이다.

나 역시 청년들의 목소리를 들을 기회를 찾고 있었지만, 정작 '어떻게' 들을지에 대해선 무력했다. 지역을 떠나는 청년들을 보며 안타까워만 했을 뿐이었다. 그들이 남을 수 있도록, 또는 남고 싶어지도록 공간을 만들어보자는 생각은 하지 못했다.

교수님은 "전북은 협치, 화합, 통합의 정신이 살아 있는 곳이다. 전북의 정체성은 바로 화이부동和而不同이다." 전북 사람들은 다르다는 것을 인정하면서도, 갈등 없이 함께 살아가는 법을 안다. 온순하고 물러 터졌다고 누가 말하든, 그것은 약점이 아니라 지금의 대한민국이 배워야 할 미덕이라는 것을.

그러나 동시에 교수님은 지역을 떠나는 청년들, 몰려나는 인재들, 무너지는 지방 대학들을 보며 가슴 아파했다. "인재 육성이라면서 서울로 보내기만 한다. 그들은 돌아오지 않는다." 그러면서도 우리는 그 구조에 동참하고 있다는 사실을 직시하자고 했다. "서울로 보내려는 학부모를 탓할 수는 없다. 하지만 공적으로는 달라야 한다. 지역 대학을 경쟁력 있게 만들자는 합의, 거기서부터 출발해야 한다."

교수님의 말씀 속에서 우리 지역의 과거와 현재, 그리고 미래가 모두 압축되어 있음을 느꼈다. 교수님의 말씀은 날카로운 비판이었지만 지극한 애정의 다른 표현이기도 했다. "우리가 우리를 존중하지 않으면 누가 우리를 존중하겠는가?" 그래, 맞다. 서울 중심의 언론과 정치, 교육 구조를 탓하기에 앞서, 우리는 우리 스스로를 어떻게 대하고 있는가. 우리 지역의 언론은, 정치인은, 시민들은 지역을 정말 '사랑'하고 있는가.

글을 마무리하며 다짐해본다. 이제는 '구경꾼'이 되지 않겠다고. 사이버 만민공동회든, 청년들의 목소리든, 작은 창구든, 무엇이든 좋다. 내가 할 수 있는 방식으로 참여하겠다. 때로는 쓰고, 때로는 말하고, 때로는 들어주며 우리 지역이 가진 힘을 믿고 퍼뜨리는 작은 바람이 되겠다고.

강준만 교수님은 나에게 지역을 새롭게 보는 법을 가르쳐주셨다. 무력감이 아닌 분노, 체념이 아닌 실천을 선택하라고 하셨다. 그리고 무엇보다 '평온하게 살면서도 연대할 수 있다'는 걸 일깨워주셨다. 쉽지는 않겠지만 아마도 연대의 첫걸음은 '함앵커가 간다' 발걸음일 것이다.

감사의 글

이 지면을 통해 감사의 마음을 전할 분들이 있습니다.

우선 현장에서 기꺼이 목소리를 내어주신 모든 인터뷰이들에게 깊이 감사드립니다. 때로는 눈물로, 때로는 떨리는 목소리로, 때로는 침묵으로 건네주신 그 마음들이 모여 이 책의 이야기를 만들었습니다. 그리고 보이지 않는 곳에서 함께 뛰어준 스탭들이 있었습니다. 현장의 열기 속에서 카메라를 들고 음향을 체크하고 보이지 않는 곳에서 발로 뛰며 방송을 완성해준 이들이 있었기에 모든 게 가능했습니다.

특별히 늘 곁에서 큰 힘이 되어준 김로연 작가에게 이 자리를 빌려 진심 어린 감사를 전하고 싶습니다. 사상의 토대를 만들어주신 청곡 김종회 선생님께도 감사의 인사를 드립니다. 안근욱, 이상구 두 사람에게도 고맙다는 말 전합니다. 도움 주신 인물과사상에도 감사의 인사를 드립니다.

그리고 이 책이 세상에 나오기까지 저의 삶과 아나운서 생활의 절반을 함께해준 〈패트롤 전북〉 라디오 프로그램에 고개 숙여 감사드립니다. 30년 역사를 가진 이 프로그램 속에서 저는 20년을 함께할 수 있었습니다다. '함앵커가 간다'가 존재할 수 있었던 것도, 소수의 목소리를 마이크에 담아낼 수 있었던 것도 결국 이 프로그램이 있었기에 가능했습니다.

〈패트롤 전북〉은 저에게 단순한 방송이 아니었습니다. 그것은 저의 아나운서 인생의 학교였고, 삶을 기록하는 훈련장이었으며, 무엇보다 이 지역의 목소리를 세상과 연결해주는 다리였습니다.

끝으로 지난 20년 동안 〈패트롤 전북〉의 이름으로 함께해주신 모든 지역 주민들, 제 목소리에 귀 기울여주신 청취자들, 그리고 이 책을 끝까지 읽어주신 독자 여러분께 깊이 감사드립니다. 이 여정은 저 혼자 만든 것이 아닙니다. 현장에서 목소리를 내준 이들, 그리고 그 목소리를 들어준 여러분 모두가 함께 써 내려간 기록이기 때문입니다.

이 책이 단지 한 권의 기록이 아니라, 소외된 목소리에 귀 기울이고 지역의 가치를 되새기는 작은 울림이 되기를 간절히 바랍니다.

국가가 보지 못한 국민들
ⓒ 함윤호, 2025

초판 1쇄 2025년 11월 20일 찍음
초판 1쇄 2025년 12월 10일 펴냄

지은이 | 함윤호
펴낸이 | 강준우

인쇄·제본 | 지경사문화

펴낸곳 | 인물과사상사
출판등록 | 제17-204호 1998년 3월 11일

주소 | (04031) 서울시 마포구 동교로 22길 29 성지빌딩 3층
전화 | 02-325-6364
팩스 | 02-474-1413

ISBN 978-89-5906-819-7 03300
값 20,000원

이 저작물의 내용을 쓰고자 할 때는 저작자와 인물과사상사의 허락을 받아야 합니다.
파손된 책은 바꾸어 드립니다.